원하는 것을 얻는 10가지 질문법

ASK FOR MORE

10 Questions to Negotiate Anything

by Alexandra Carter

원하는 것을 얻는 10가지 질문법

10 Questions

알렉산드라 카터 지음 | 한재호 옮김

Ask for More

21세기북스

머리말

세상을 의미 있게 만드는 것은 용기 있는 질문과 깊이 있는 대답이다.[1]

—칼 세이건

당신은 왜 이 책을 집어 들었는가?

아마도 좀 더 여유 있게 협상을 하고 만족할 만한 협상 결과를 얻고 싶어서일 것이다. 협상을 통해 승진하거나 더 많은 임금을 받고 싶을 수도 있다. 자신의 가치를 자신 있게 주장하고 싶을 것이다.

당신이 사업가라면, 자기 사업을 성장시키고 싶을 것이다. 더 많은 고객을 사로잡고 거래에서 더 많은 이득을 얻고 싶을 것이다. 아니면 직업을 바꿔서 천직을 찾으려 하고 있는지도 모른다.

어쩌면 이 책을 집어 든 이유가 일과는 아무런 관련이 없을지도 모른다. 누군가와 갈등을 겪느라 정신적 에너지를 소모하고 있다면, 자신의 인간관계에 대해 좀 더 이해하고 싶을 것이다.

어떤 상황에 직면해 있든, 이제 당신은 돌파구를 마련해줄 도구를 두 손에 들고 있다. 그것은 바로 협상력을 높여줄 10가지 질문이다.

질문을 통해 협상하는 법을 배운다고 하면, 언뜻 우리의 직관에 어긋나 보일지도 모른다. 나는 20년 전 갈등 해결을 처음 연구하기 전에는 협상이란 자신의 주장을 관철하는 것, 즉 자신이 원하는 바를 요구하는 것이라고 생각했다. 하지만 20년 후, 중재자로서 훈련을 받은 후 수백 건의 갈등을 해결하면서 놀랄 만큼 단순한 사실을 알게 됐다. 그것은 협상할 때 논쟁보다 질문을 통해 더 많은 이득을 얻는다는 것이다.

자신과 타인에게 올바른 질문을 하면, 상상을 훌쩍 뛰어넘는 가치를 창출해주는 문이 열린다. 질문을 통해 협상을 이끌면, 더 나은 결과를 얻을 뿐만 아니라, 사람들과 교류하는 동안 개인적, 직업적 관계가 완전히 바뀔 수도 있다.

질문을 바꾸면, 대화가 바뀐다. 이 책에서 우리는 질문, 그것도 평범한 질문이 아니라 열린 질문의 힘에 대해 이야기할 것이다. 열린 질문은 합의와 기회를 열어주는 새로운 협상 도구가 될 수 있다.

더 많이 질문한다는 것은 가장 먼저 자신과 협상을 시작한다는 것을 의미한다. 어떤 상황에서든 첫 번째 협상은 자신과의 협상이다. 다른 사람과 마주하기 전에 먼저 자신에게 질문하는 시간을 갖는다면, 더 충실하게 협상을 준비할 수 있을 뿐만 아니라 협상 과정에서 더 많은 이익과 즐거움을 얻을 수 있다. 무엇보다 이 책에서 제시하는 자신에 관한 질문을 알고 나면, 어떤 협상이든 자신 있게 임할 수 있을 것이다.

마지막으로, 이 책을 읽으면 협상을 생각하는 방식이 달라질 것이다. '협상에 관한 책은 이미 많이 읽어봤으니 나는 아니야'라고 생각한다면, 오늘날 협상의 개념이 완전히 달라졌음을 알아야 한다. 협상이란 기업 이사진이나 정치인들이 서로 촌철살인의 발언을 주고받는 것을 넘어서 우리가 일하고 살아가며 꿈을 꾸는 일상생활로까지 확장되었다. 새로운 의미의 협상에서는 행동보다는 듣기가 더 중요하다. 또한 새로운 협상의 법칙을 활용한다면 어떤 관계에서든 더 많은 가치를 창출하는 동시에 당신이 자신의 모습을 찾을 수 있도록 하며 단순한 화해를 뛰어넘어 평생 지속되는 가치를 만들어준다.

좋은 질문이 좋은 협상을 만든다

우리는 흔히 협상이란 질문이 아니라 대화라고 배운다. 다시 말하면, 자신의 주장을 펼치면서 대화를 장악하는 것을 협상이라고 생각한다. 이런 협상은 모든 답을 정해놓은 다음, 내가 원하는 대로 하기 위해 다른 사람이 원하는 바를 막는 것을 의미한다. 그래서 질문을 한다면, 이미 답을 알고 있는 질문만을 해야 한다.

협상을 이렇게 정해진 행동 위주로 설명하는 것은 사람들이 협상에 흥미를 잃고 협상을 꺼리게 할 뿐만 아니라 비효율적이다. 자신의 주장을 관철시키기 위해 거울을 보며 예행연습을 한다고 해서 전문 협상가가 되지는 않는다. 그건 협상이 아니라 연설이다. 그리고 다른 사람과 마주하는 자리에서 자신의 주장만을 앞세운다면, 상대방은 당신의 말을 귀담아듣지 않을 가능성이 크고 당신이 하는 말의 신뢰도도 크게 떨어질 것이다.

나는 수많은 협상가와 일해본 경험을 바탕으로 회의실 안에서 전문가가 누구인지 단번에 가려낼 수 있다. 전문 협상가는 협상의 가장 강력한 무기는 엄포가 아니라 지식이라는 것을 알고 있다. 또한 당신이 자신과 상대방을 충분히 이해해서 양쪽 모두에 이득이 되는 대화를 하도록 이끈다. 하지만 사람들은 대체로 그런 지식을 얻기 위한 올바른 질문을 하지 않는다. 연구에 따르면, 협상에 임하는 사람들 중에서 고작 7퍼센트만이 좋은 질문을 한다.[2] 심지어 자신에 대한 정보를 공유하거나 상대방에 대한 올바른 정보를 얻으면 큰 이득을 얻을 수 있는 상황에서도 그렇다. 협상을 시작할 때 자신의 주장을 내세우거나 잘못된 질문을 하면, 협상을 타결할 기회를 놓치게 될 뿐만 아니라, 결국 불만스러운 결과에 만족해야 할 수도 있다.[3]

하지만 꼭 그럴 필요는 없다.

협상은 타협이 아니다

이 책을 쓰기 시작했을 때, 10여 개국에서 다양한 직종을 가진 수백 명을 대상으로 그들이 생각하는 협상의 정의를 조사했는데, 대부분이 협상이라는 단어를 부정적으로 여기리라고 짐작했다. 실제로 설문에 응한 사람 중 상당수가 협상을 "합의에 도달하기 위해 밀고 당기는 논의"와 같은 것으로 정의했고, 절반은 "타협"이나 "양보"라는 단어를 사용했는데, 이는 사실상 손실을 의미한다. 우리가 조사한 사람들에게 협상은 포기 또는 항복이나 마찬가지였다.

다시 말하면, 사람들은 협상을 특정한 결과를 얻기 위해서만 하는 것으로 보고 있었다. 그리고 협상할 때는 뭔가를 잃는다고 생각했다.

사전이든 책이든 텔레비전이든 간에, 우리가 시선을 돌리는 곳마다 협상에 대한 비슷한 시각을 찾아볼 수 있다. 사람들은 합의에 도달하기 위해 정치를 논하거나 숫자를 거래한다. 예를 들어, 일부 사전에서는 협상을 다음과 같이 정의한다.

- **사람이나 집단이, 특히 사업이나 정치적 상황에서 합의에 도달하기 위**

해 하는 공식적 논의.[4] (맥밀런)

· 목적이나 의도가 다른 사람이, 특히 사업이나 정치에서, 합의에 도달하기 위해 하는 공식적 논의.[5] (콜린스)

그 결과 우리는 협상을 대부분의 사람과 문제를 배제하는 제한적인 것으로 생각하게 된다. 정말 숫자나 정치적 입장을 교환하는 것만이 협상일까? 협상은 합의나 계약 직전의 밀고 당기기에 불과한 것일까?

협상의 새로운 정의

나는 사람들에게 협상을 가르칠 때, 먼저 여러 개의 해식동굴 앞에 선 카약에서 바라본 사진을 붙여놓는다. 뱃머리, 노, 맑고 푸른 물, 그리고 여러 개의 동굴이 보인다. 그러고 나서 묻는다. "이게 협상과 무슨 관련이 있을까요?" 사람들은 대체로 그 사진을 보고 이렇게 말한다. "협상은 전략적 결정에 관한 것입니다. 원하는 동굴을 골라야죠." "협상은 앞에 놓인 선택지 중 최선을 선택하는 것을 의미합니다." "협상은 자신이 원하는 결과를 옹호하는 것입니다."

이것은 협상을 아주 제한적이고 결과에 초점을 맞춘 방식으로 말하는 것이다. 내가 생각하는 협상의 개념은 사전에 있는 정의 목록에서 가장 아래에 있는 다른 정의에서 비롯한다.

- **협상하다: 성공적으로 지나가거나 넘어가다 (메리엄 웹스터)**

카약을 타고 해식동굴을 통과하거나 등산로를 따라간다는 것은 특정 방향으로 나아가고 있다는 것을 의미한다. 나는 협상이란 이처럼 관계를 특정 방향으로 나아가게 하는 모든 대화라고 가르친다. 내가 카약 은유를 좋아하는 이유는 협상에 대해서 아주 많은 것을 보여주기 때문이다. 카약을 타고 원하는 방향으로 나아가려면 어떻게 해야 할까? 계속 노를 저어야 한다. 원하는 방향으로 계속 나아가기 위해서는 일정한 리듬으로 왼쪽, 오른쪽 노를 저어야 한다. 노 젓기를 멈추면 카약은 어떻게 될까? 계속 움직이기는 하겠지만, 내가 원하는 방향으로 가지는 않을 것이다. 바람이나 파도 같은 외부의 힘에 휩쓸릴 수도 있다.

카약 은유가 협상에 대해 알려주는 바가 하나 더 있다. 그것은 정확한 방향으로 나아가려면 올바른 정보가 필요하다는 것이다. 눈과 귀를 닫고서 목적지에 도착하기를 기대할 수는 없다. 파도를 주시하고 바람의 방향을 느껴야 한다. 당신이 보고 듣고 느끼는 모든 것이 목표를 향해 정확하게 나아가는 데 도움이 된다.

더 나은 정보를 가지고 일관성 있게 나아가면, 모두가 이익을 얻을 수 있다. 하지만 우리는 그러지 않을 때가 너무 많다. 우리는 협상이란 오로지 돈에 관련된 것이고 정치인이나 사업가를 위한 것이라고 배웠기 때문에 노를 저어 나아가기를 그만두곤 한다. 노를 내려놓고 1년에 한 번뿐인 연봉 협상 때까지 혹은 자신이 위기에 처했다고 느낄 때까지 기다린다. 때로는 노를 저어도 되는 대로 가게 되는 이유는 목적지를 정하는 데 도움이 되는 올바른 정보가 없기 때문이다.

그렇다면 협상을 카약을 조종하는 것처럼 생각하면 어떻게 될까? 첫째, 상사나 고객과 협상하기 위해 계약서가 나올 때까지 기다리지 않게 된다. 관계가 위기에 처해서 시급히 대화를 나눠야 할 때까지 기다리지 않게 된다. 대신 대화를 나눌 때마다 관계를 지속적으로 주도할 수 있다. 둘째, 목표를 향해 나아가는 데 도움이 되는 올바른 정보를 얻는다. 고급 듣기 기술을 사용해서 거래를 성사시키는 데 도움이 되는 정보를 얻는 것이다. 요컨대, 의도적으로 그런 대화에 접근한다. 이 모든 사항을 그 관계에 대한 협상의 일부로 취급한다.

관계를 꾸준히 원하는 방향으로 이끈다면, 돈이나 고객에 대해 말할 필요가 있을 때나 여름 캠프에 아이들을 등록시키는 것을 깜박했을 때, 훨씬 나은 결과를 얻을 것이다. 그 결과는 더 많은 거래, 더 유리한 거래뿐만 아니라, 돈을 훨씬 뛰어넘는 가치를 창출하는 강력한 관계를 가져다줄 것이다.

전형적인 협상법처럼 들리지 않는다고? 맞다. 나는 늘 협상을 다른 방식으로 생각해왔는데, 그건 내가 처음 협상을 배운 방식 때문이다. 컬럼비아 대학 로스쿨에 다니는 동안 나는 협상보다는 중재를 먼저 공부했다. 협상과 중재의 차이점은 무엇인가? 협상이 자신이 원하는 바를 지켜내는 과정이라면 중재는 둘 이상의 사람이 상호 이익이 되는 목표를 달성하도록 외부에서 제3자가 협상을 돕는 과정이다. 중재자는 어느 한쪽을 편들지 않고 협상 당사자에게 해답을 주지도 않는다. 대신 사람들이 올바른 질문을 제기하도록 도와서 그들이 자신의 상황을 더 거시적이고 분명히 보게 해준다. 그렇게 함으로써 그들이 스스로 할 수 있는 것보다 더 정확히 협상하고 숨겨진 가치를 찾아내도록 돕는다. 내 분야 사람들은 대부분 협상을 먼저 공부한 뒤에 중재를 공부하기(혹시라도 공부한다면) 때문에 훨씬 더 나은 협상가가 되도록 해주는 중재 기술을 그냥 지나치곤 한다.

나는 지난 15년 동안 중재자, 즉 제3자로서 수많은 사람들이 자신의 목표를 달성하기 위해 협상하는 것을 도왔다. 나는 중립적인 의자에 앉아서 많은 사람이 자신을 우선시하는 논쟁적 접근법을 채택함으로써 협상 테이블에서 거듭 역효과를 내는 광경을 똑똑히 봤다. 또 실제로 효과가 있는 협상법도 봤다. 내가 중재자로서 한 일 중 상당 부분은 방 안에 있는 두 사람 모두에게 귀를 기울이고 좋은 질문을 하는 것이었는데, 협상 당사자들이 그 방법을 터득했을 때, 그들은 최고의 결과를 얻었다.

협상을 가르칠 때, 내 목표는 사업가와 정치인뿐만 아니라 모든 사람이 자신 역시 협상가라는 사실을 깨닫도록 돕는 것이다. 당신이 누구든, 무슨 일을 하든, 이 책에 있는 질문들은 당신이 협상할 때 도움을 줄 것이다. 그리고 그것을 배우는 동안 인사나 악수를 뛰어넘는 일종의 마법, 즉 부가가치와 명확성, 이해, 개인적 변화를 경험하게 될 것이다. 나는 중재를 통해 수많은 사람이 이와 같은 성취를 하도록 도왔다.

이것이 이 책에서 당신이 배워야 할 것이다.

원하는 방향으로 나아가는 최고의 방법

협상에서 방향을 제대로 잡으려면, 당신이 어디로 가고 있는지 보고, 듣고, 이해해야 한다. UN의 고위 외교관인 니킬 세스 사무차장은 협상과 외교의 낡은 수법, 즉 속내를 숨기고 있다가 상대방을 깜짝 놀라게 하는 수법은 더는 통하지 않는다고 말한다. 인터넷을 통해 수많은 정보가 세계를 누비는 시대에 상대방을 놀라게 하기가 훨씬 힘들다. 그 대신, 그는 협상의 열쇠가 투명성, 즉 올바른 정보를 얻고 공유하는 것이라고 생각한다.

협상과 리더십에 대한 최근의 연구가 그의 생각을 뒷받침한다.[6] 최고의 협상가와 지도자는 올바른 질문을 함으로써 더 나은 협상을 하는 데 도움이 되는 올바른 정보를 얻는 사람이다.

하지만 이런 정보 과잉 시대에 투명성을 획득하는 것은 보기보다 훨씬 힘들다. 우리는 인터넷의 수많은 소음과 다른 사람의 의견, 심지어 자기 자신의 기대를 멀리하려고 애쓰며, 우리가 누구인지와 우리에게 필요한 것이 무엇인지 정확히 알아내려고 애쓴다. 우리가 자기 자신을 보려고 애쓰는 동안, 필연적으로 주변 사람, 즉 고객과 동료, 배우자, 적을 살피지 못한다. 이렇게 균형 잡힌 시각을 잃으면 협상에서 실패하고, 관계가 단절되거나 멀어지며, 고객 서비스가 정체되는 등 온갖 난제를 맞닥뜨리게 된다. 협상에서 더 많은 것을 요구하려면, 자신과 상대방 모두에게 올바른 질문을 해야 한다. 그렇다면 우리를 방해하는 질문은 무엇이고, 우리가 앞으로 나아가는 데 도움이 되는 질문은 무엇일까?

낚싯줄이 아닌 그물로 고기를 잡아라

협상하는 사람들이 질문을 충분히 하지 않는다는 것은 사실이다. 설령 충분히 질문을 하더라도 질문을 통해 목표에 가까이 가는 게 아니라 목표로부터 멀어지는 경향이 있다.

나는 교수와 중재자로 경력을 쌓던 초기에 질문에 대한 연구에 흥미를 느꼈다. 컬럼비아 로스쿨 재직 2년 차에 초청을 받아 포르탈레자라는 브라질 해변 도시에서 중재에 대해 강의하게 되었다. 그곳에서 어느 날 아침, 대학으로 출강하기 전에 무쿠리페 해변을 산책하려고 동이 틀 무렵 호텔을 나섰다.

해변에서는 어부들이 물고기를 잔뜩 실은 장가다라는 전통 어선을 해안으로 끌어 올리고 있었다. 어부들이 모래 위에 그물을 펼치자 대구와 참치, 새우, 팬케이크를 닮은 가오리까지 형형색색의 어획물이 모습을 드러냈다.

나는 해변에 서서 뉴욕 코피아그 해안가에 있는 할머니 집을 생각했다. 어린 시절 우리는 그곳의 부두에서 바닷물에 낚싯줄을 드리우고 물고기 한 마리를 낚아 올리기를 바라며 몇 시간을 서 있었다.

문득 어떤 생각이 떠오른 나는 얼른 호텔로 돌아가서 강의용 슬라이드를 수정했다.

내가 그날 아침 포르탈레자의 해변에 서서 깨달은 것은, 사람들이 질문할 때 그렇게 막막해하는 이유 중 하나는 질문할 때 그물이 아니라 낚싯줄을 가지고 고기를 낚기 때문이라는 것이었다. 다시 말해, 우리는 아주 하찮고 거의 도움이 되지 않는 정보를 제공하는 닫힌 질문을 한다.

닫힌 질문은 다음과 같다.

- 내가 이 고객을 설득해서 프로그램을 우리 회사 것으로 업그레이드하게 만들 수 있을까?
- 정규직으로 돌아가서 출퇴근해야 하나, 아니면 계속 집에서 넋 놓고 지내야 하나?
- 올해는 우리가 돈을 절약해야 한다는 걸 모르겠어?
- 사장님이 기본급에서 1만 달러를 올려줄까?

그렇다면 자신이 닫힌 질문을 하고 있는지 어떻게 알 수 있을까? 예를 들어보자. 내가 최근에 인도 여행을 다녀왔고, 당신이 내게 그에 대해 질문한다고 해보자. 당신은 어떤 질문을 할 것인가?

협상 워크숍에서 이런 인터뷰 연습을 진행하면, 사람들은 대개 이런 질문을 한다. "인도가 좋았나요?" "어느 도시에 있었죠?" "음식이 매웠나요?" 이런 것은 열린 질문 같다. 하지만 전부 다 닫힌 질문이다. 예/아니오 또는 한 단어 답변을 유도하기 때문이다. 닫힌 질문을 한다는 것은 낚싯줄로 낚시를 하는 것과 같다.

닫힌 질문을 피하게 해주는 손쉬운 방법이 있다. 비행위동사(이를테면, 'be'나 'do'의 변형)로 시작하는 질문을 하지 않는 것이다. "인도는 더웠나요?Was India hot?" "교육은 잘 진행되었나요?Did the training go well?" "시차에 잘 적응했나요?Were you jet-lagged?" "타지마할에서는 안내를 받아야 하나요?Should I get a guide for the Taj Mahal?" 이런 질문은 대체로 닫힌 질문이다.

우리는 보통 자신이 그렇게 질문을 하는지도 깨닫지 못한다. 친한 친구라면 "인도가 좋았니?"처럼 닫힌 질문을 했을 때, "그래, 아주 좋았어! 제일 좋았던 거는…"처럼 당신의 질문이 요구하는 것 이상을 말할 것이다. 하지만 그냥 아는 사람이나 갈등을 겪는 사람과 얘기하는 중이었다면, 십중팔구 그저 "네"라고 답할 것이다.

이런 사실을 알고 나면 자신이 일상생활을 하면서 자기 자신이나 타인에게 닫힌 질문을 얼마나 많이 하는지를 깨닫고 충격을 받을 것이다. 닫힌 질문을 하면, 낚싯줄로 고기를 낚는 셈이다. 기껏해야 고기 한 마리를 낚거나, 최악의 경우에는 빈손으로 돌아가게 될 것이다.

열린 질문의 힘

열린 질문은 많은 주제에 대해 폭넓은 답변을 유도한다. 열린 질문은 화자가 사실적인 정보와 솔직한 감정, 각각의 활동과 자기 자신에 대한 더 깊은 이해를 털어놓게 만든다.

포르탈레자에서의 첫날 내가 학생들에게 말했듯이, 그물로 고기를 잡으면 유용하고 흥미로운 정보를 풍부하게 얻을 수 있다. 살아 있는 물고기 1톤과 함께 죽은 물고기 약간, 그물을 짓누르는 해초 무더기를 건질 수도 있다. 물속에 낚싯줄 한 줄을 드리운 사람보다는 1광년 앞서나가는 셈이다.

이와 같은 '열린 질문'과 '닫힌 질문'의 구분이 협상 분야 외에도 적용될까? 어린이 놀이 전문가인 리지 아사는 어린이 장난감에도 열린 것과 닫힌 것이 있다고 말했다. 차이점이 뭘까? 열린 장난감, 이를테면 기본 형태가 다양한 블록 세트를 가지고 놀면, 어린이(또는 어른)는 뭐든 만들 수 있다. 하루는 암벽, 다음 날은 나무, 그다음 날은 사람이 사는 마을을 만들 수도 있다. 열린 장난감은 언어 능력과 타인과의 사회적 연결 능력, 창의력을 높인다.

반면에 소방서 블록 세트로는 오로지 소방서 하나만을 만들 수 있다. 닫힌 장난감은 주의를 기울이고 과제를 완수하는 법을 배우는 어린이에게 적합하다.

이와 마찬가지로, 단순한 일을 빨리 끝내는 것이 목적이라면, 닫힌 질문이 효과적일 것이다. 하지만 도전적인 문제를 해결하고, 더 잘 이해하며, 타인과 더 가까워지고, 창의력을 발휘하고 싶다면, 열린 질문을 해야 한다.

자, 이제 당신은 궁금할 것이다. 나의 인도 여행에 관해 할 수 있는 최고의 열린 질문은 무엇일까? 이에 대한 답은 좀 묘하다. 왜냐하면 이 질문에는 끝에 물음표가 없기 때문이다. 그 질문은 바로 "당신의 인도 여행에 대해 말해주세요!"이다.

이 질문은 아주 넓은 그물을 던진다. 이 질문에 답하면서 나는 이번에 인도에 처음 방문했다고 말할지도 모른다. 발 수술을 받고 회복 중이라 아직 발을 저는 탓에 가기가 겁났었고, 델리 대법원을 위한 워크숍에 청중이 많이 몰려서 신이 났었다고 말할지도 모른다. 대법원장이 우리를 집으로 초대해서 어머니와 함께 가정식을 차려주는 따뜻하고 가족적인 직장 문화에 놀랐다는 이야기를 할 수도 있다. 타지마할에서 해돋이를 맞이할 때 느낀 경외감, 제자들의 뛰어난 연구에 대한 자부심, 어린 딸이 나를 그리워한다는 죄책감, 또는 양파 쿨차에 대한 내 사랑을 묘사할지도 모른다. 그리고 내가 반드시 다시 오겠다고 생각했다는 것도 말할지 모른다. "말해주세요"는 온 세상을 당신의 눈앞에 열어주는 마법 같은 질문이다.

나와 상대방을 이해하기 위한 10가지 열린 질문

이 책은 거의 모든 협상과 사업 문제, 관계 갈등을 완전히 바꿔
놓을 힘이 있는 10가지 질문을 제시한다. 이 10가지 질문은 당신
이 협상하고, 거래하며, 관계를 유지하고, 꿈을 추구하는 방식을
변화시킬 것이다.

이것은 안전한 질문이 아니다. 아마추어 어부들이 낚싯대와 양
동이를 들고 집을 나설 때 익숙한 것은 닫힌 질문이다. 그러나 우
리는 용기가 필요한 질문을 던질 것이다. 열린 질문, 즉 전혀 예상
하지 못했던 숨겨진 보물의 깊이를 밝혀줄 질문을 던져야 한다.

협상을 공부하는 사람들은 상대방과 마주할 때(또는 전화나 이
메일을 할 때) 어떤 일이 일어나는지에 집중하는 경향이 있다. 먼
저 제안을 해야 하나? 상대의 전략을 평가한 다음 내 전략을 결
정해야 하나? 나의 요구를 어떻게 표현해야 하지? 협상을 앞두고
있는 많은 사람들은 대체로 이런 질문에 빠져 있다.

상대방과 마주하는 순간에서부터 협상 연구를 시작한다는 것
은 토마토 소스가 파스타 면에 닿는 순간에 요리가 시작된다고
생각하는 것과 같다. 당신은 이미 협상을 성공적으로 이끌고 맛
있는 파스타를 만들 수 있는 순간을 놓쳤다. 어떤 협상이든, 어떤

대화든, 자신으로부터 시작해야 한다. 가장 먼저 다른 사람과 마주하기 전에, 자신에게 올바른 질문을 함으로써 방향을 잡아야 한다. 최고의 협상과 관계, 고객과의 소통은 당신으로부터 시작되며, 이것은 자신이 누구이고 무엇을 성취하고 싶은지를 명확히 해주는 자기 발견 과정이다.

1부의 다섯 가지 질문은 자신에게 던지는 질문이다. 이 열린 질문은 먼저 당신 두뇌의 가장 깊숙한 곳에 넓은 그물을 던지고 거울을 들어 자신을 비춰보도록 해줄 것이다. 자신에 대한 이해는 협상하고 갈등을 해결하는 데도 중요하지만, 동시에 자신의 목적을 발견하고 인생의 행복을 찾는 데도 결정적인 역할을 한다. 이 질문들은 당신이 이 목적을 달성하는 데 도움이 될 것이다.

사람들이 내 중재 사무실을 처음 찾는 이유는 그들이 마음속으로 가장 염려하는 것이 아니다. 그들은 재산 분쟁이나 최근에 배우자와 벌인 말다툼, 중재 사무실에 분쟁을 의뢰하게 만든 (계약서 이외에) 분쟁의 진짜 이유와 자신이 원하는 바에 대해서 질문하는 법을 알지 못했다. 1부에서 자신을 돌아보게 만드는 다섯 가지 질문에 대답을 하다 보면, 실제로 무엇 때문에 논쟁이 벌어졌고 앞으로의 협상에서 자신이 얻고자 하는 것이 무엇인지 명확하게 알 수 있을 것이다.

자신을 되돌아보게 만드는 질문 다음에는 협상할 때 상대방에게 던지는 다섯 가지 질문을 살펴볼 것이다. 당신은 이 질문을 사용해서 맞은편에 있는 사람에게 당신을 창문을 열게 될 것이다.

자신에게 하는 질문을 사용해서 자신을 올바로 바라보게 되듯이, 상대방에 대한 질문을 통해 다른 사람을 올바로 바라볼 수 있다. 이 능력이 지금처럼 절실히 필요한 적은 없었다. 미국의 정치와 사회 풍토에 관한 연구에 따르면, 지금 미국은 그 어느 때보다도 양극화돼 있다.[7] 게다가 입증된 연구에 따르면, 노동 시장에 편입되는 사람들은 갈등 해결 능력이 부족하다.[8] 우리가 자신에게 유리한 위치를 넘어서서 사람들을 대화에 끌어들이지 않는다면, 우리의 가족과 회사, 사회를 앞으로 나아가게 하는 깊이 있는 대화를 나눌 수 없다. 우리는 서로 대화하기 위한 용기와 도구가 필요하다.

니킬 세스도 UN과 관련해 나와 같은 견해를 피력했다.

"생각이 비슷한 사람들과는 대화하기 쉽습니다. 우리는 보통 생각이 다른 사람들에게 다가가기보다 집단 내에서 훨씬 많이 대화합니다. 협상이 진정으로 효과를 발휘할 때는 그 걸음을 내디딜 용기를 낼 때, 즉 다가가서 다른 사람이나 집단의 관점을 이해하려고 노력할 때입니다. 그 단계를 밟아야 합니다."

상대에게 질문을 하고 답을 듣는 과정에서, 당신은 애인과 상사, 적의 견해, 즉 그들이 그렇게 행동하는 이유와 그들이 믿고 느끼고 필요로 하는 것을 있는 그대로 알게 될 것이다. 이런 시각은 아주 소중한 것으로, 거래를 성사시키고 관계를 강화하며 가장 첨예한 갈등을 해소하는 힘을 갖고 있다.

협상에서 승리하기 위한 질문의 힘

이 책을 다 읽고 나면, 자신과 타인에게 이전과는 다른 질문을 하게 될 것이다. 더 나은 질문을 함으로써 더 나은 답을 얻을 것이다. 올바른 질문은 세상을 보는 관점과 그 안에서 당신의 자리, 더 나아가 주변 사람을 보는 시야를 넓혀줄 것이다. 그리고 긍정적이고, 현실적이며, 창의적인 사고방식으로 상황에 접근해서 인생의 새로운 장을 열도록 해줄 것이다.

하지만 이 여정은 질문 자체로 끝나지 않는다. 앞에서 인용한 칼 세이건의 말이 암시하듯이, 용기 있는 질문을 하는 것은 이 세상을 의미 있게 만드는 시작이지 끝이 아니다. 당신이 이 '의미'라는 단어를 어떻게 받아들이든, 우리는 깊이 있는 답으로 이 세상을 의미 있게 만든다.

차례

2부 상대방을 파악하기 위한 다섯 가지 질문   174

6장 가장 넓은 그물을 던져라   191
: 말해주세요

7장 상대방의 욕구를 파악하라   215
: 당신이 원하는 것이 무엇인가요?

8장 상대방의 우려를 먼저 해결하라   234
: 걱정하시는 것이 무엇인가요?

1부

나를 돌아보는
다섯 가지 질문

올바른 질문을 한다는 것

한 잠재 고객이 전화를 걸어 "의뢰를 하고 싶은데, 수수료가 얼마죠?"라고 묻는다. 배우자나 동거인이 왜 청구서 요금을 납부하지 않았냐는 문자를 속사포처럼 보낸다. 채용 담당자가 희망 연봉을 묻는다. 10대 자녀가 선생님이 보낸 쪽지를 내미는데 아이가 숙제를 또 하지 않았다고 적혀 있다. 부동산 중개인이 이메일을 보내서 지금이 매물을 내놓을 때라고 말한다.

그러면 당신은 당장 전화기를 집어 들어 통화를 하거나 자판을 두드려 즉각 대답을 하고 싶을 것이다.

그러나 잠깐. 이 책의 1부를 읽고 난 후에 당신은 30분도 안 되는 짧은 시간 동안 자신에게 다섯 가지 질문을 하고 그 질문에 답을 함으로써 협상에서 훨씬 더 좋은 결과를 얻고 자신감을 느낄 수 있음을 알게 될 것이다.

일을 하는 과정에서 우리는 대부분 직접적인 행동이나 타인에게 초점을 맞추는 외부 지향적인 시각에 익숙해 있다. 그런 상황에서 자신에게 질문을 한다는 것이 부자연스럽게 느껴질 수도 있다. 우리는 직업을 불문하고 협상 능력과 리더십은 대화에 관한 것이라고 배웠다. 또는 단순히 대화에 관한 것이라고 배우는 것을 훨씬 넘어서, 협상이 성공하면 모든 해답을 얻는다고 배웠다.

자신에게 질문하는 것이 협상과 관계를 효과적으로 이끄는 것과 무슨 관련이 있을까? 알고 보면, 상당히 깊은 관계가 있다. 조직심리학 박사 타샤 유리치의 최근 연구에 따르면, 협상 숙련도를 포함해 자기인식과 효과적인 리더십 사이에는 결정적인 연관성이 있다.[1] 하지만 모든 자기인식이 똑같지는 않다. 사실, 자기인식은 두 가지 종류로 나뉜다.[2] 하나는 내적 자기인식이고, 다른 하나는 외적 자기인식이다.

내적 자기인식은 자신의 내면으로 깊이 파고들어 자신이 진정으로 누구인지, 즉 자신의 우선 사항과 욕구, 감정, 목표, 강점, 약점을 알아내는 능력이다.[3] 외적 자기인식은 다른 사람이 자신을 어떻게 볼지 고찰하는 능력이다.[4] 사람들은 둘 중에 어떤 것을 우선시할까? 다른 사람이 자신을 어떻게 보는지에 초점을 맞추느라 자신을 있는 그대로 이해하기를 등한시하면(다시 말해, 외적 자기인식은 높지만, 내적 자기인식은 낮으면), 자신의 가치관과 우선 사항에 어긋나는 선택을 할 가능성이 크다.[5]

더 나아가 유리치 박사와 연구팀은 자기인식을 증진하는 방법에 대해 연구하면서 한 가지 사실을 발견했다.[6] 그것은 정확한 자기성찰은 자신에게 질문하는 것에 달려 있다는 사실이다.[7] 하지만 아무 질문이나 해서는 안 된다. 그들이 알아낸 바에 따르면, 우리는 대부분 자신에게 완전히 잘못된 질문을 한다.[8]

자신을 올바른 관점으로 바라보려 할 때 가장 비효율적인 질문 중 하나가 "왜"다. 예를 들어보자. "왜 그 협상이 그렇게 형편없이 진행됐을까?" "왜 나는 내 주장을 하나도 제시하지 못했을까?" "왜"는 우리가 자신이나 타인을 탓할 때 주로 사용하는 질문이다. 연구에 의하면, 자신에게 "왜"라고 질문할 때 우리는 자기정당화에 빠져들어서 왜곡되고 이기적인 답을 내게 된다. 이런 경향은 어디에서나 볼 수 있을 만큼 만연하며, 종종 파괴적인 결과를 낳기도 한다. 2017년 라스베이거스 만달레이베이 호텔 스위트룸에서 한 남성이 돌격 소총을 발사해 50명 이상을 살해했다. 이 총기 난사 사건이 발생하고 며칠 뒤, 내가 〈뉴욕 타임스〉에서 읽은 한 기사는 이 비극의 여파로 지금 미국을 가장 무겁게 짓누르는 질문은 "왜"라고 주장했다.[9]

하지만 "왜"는 어려운 시기에 가장 절실히 물어야 하는 질문이 아니다.

"왜"라는 질문은 과거를 돌아보며, 종종 문제를 가해자에게만 해당되는 특수한 것으로 만든다. 하지만 "왜"의 훨씬 더 큰 문제는 거리를 두게 만든다는 것이다. 우리는 누군가가 어떤 일을 왜 했는지 안다고 느끼면, 그 이유를 탓하고 자신은 그와 무관하다고 할 방법을 찾게 된다.

이 책에서는 "왜"라는 질문을 찾을 수 없을 것이며, 나는 협상에서도 "왜"라는 질문을 사용하지 않는다. 자신이나 타인에게 "왜"라고 질문하면, 이기적이고 부정확한 답을 얻는다. 그 대신 나는 "무엇"으로 시작하는 질문을 선호한다. 예를 들어, 나는 "내가 왜 그랬을까?" 대신 "무엇이 그 결정에 영향을 미쳤을까?"라고 물을 것이다. 자신에게 "무엇"이라는 질문을 하는 협상가는 더 높은 수준의 내적 자기인식을 얻음으로써 비즈니스와 관계에서 더 나은 결과를 이끌어낸다.[10]

우리는 자신에게 질문하는 데 능숙하지 않다. 그 이유는 이해하기 쉽다. 자신에게 질문하는 연습을 거의 하지 않기 때문에 질문을 할 때 적절한 질문을 찾지 못한다. 인사 담당 임원인 재닛이 이 점을 잘 보여주는 이야기를 들려줬다. 재닛은 고위 간부 데버라와 함께 일했는데, 데버라는 최근에 자신의 팀으로 전입한 직원을 몹시 못마땅해했다. 데버라는 재닛에게 분통을 터뜨리며 이 직원은 일을 할 줄 모르고 자신은 누군가를 가르칠 시간이 없다고 말했다. 데버라는 재닛에게 다른 사람이 필요하다고 말했다. 데버라는 훌륭한 직원을 필요로 했다.

재닛은 데버라에게 "훌륭한 직원은 어떤 사람이죠?"라고 물은 다음 데버라가 질문에 대해 생각할 시간을 줬다. 데버라는 잠시 생각한 뒤 말했다. "글솜씨가 있고, 침착하며, 자신감 있는 사람. 세부적인 것을 꼼꼼히 챙기고, 태도와 판단력이 훌륭한 사람. 왜냐면 내가 그런 것들을 항상 가르칠 수는 없으니까…." 목소리가 점차 잦아들었다. 데버라는 잠시 말을 잇지 못하다가 이내 눈빛을 번뜩이며 재닛에게 말했다. "그래, 이제야 알겠어. 그는 내가 원하는 것을 가지고 있어. 그저 내가 인내심을 갖고 요령을 가르쳐주기만 하면 되는 거야." 재닛은 내게 말했다. "이 질문이 신통한 건 제가 아무것도 더 말할 필요가 없다는 거였어요. 실제로 데버라는 나중에 전화해서 제가 천재라고 말했어요. 새 직원이 배우는 속도가 엄청 빨랐거든요!"

그 한 가지 질문(2장 참고)의 결과로, 데버라는 자신의 말을 듣고 상황에 대한 자신의 관점을 총체적으로 바꿔놓은 강력한 것을 알게 됐다. 그리고 상황 자체를 변화시켰다. 즉, 데버라는 약간의 투자가 필요한 훌륭한 직원을 얻었다. 그 대화 이후 데버라는 시간을 들여서 직원에게 요령을 가르쳤고, 팀 전체가 긍정적인 방향으로 나아갔다.

올바른 질문을 위한 조언

1부에서 우리는 어떤 협상에서든 도움이 되는 다섯 가지의 질문을 자신에게 던질 것이다. 먼저 이 다섯 가지 질문을 하는 데 도움이 될 만한 몇 가지 조언을 살펴보자.

의식을 준비하라 일반적으로, 내가 중재자로서 하는 중요한 역할 중의 하나는 협상가들이 소음을 듣지 않고 문제에 귀를 기울이도록 의식을 준비하는 것이다. 나는 그들이 집중할 수 있는 조용하고 중립적인 장소를 마련한다. 음료와 간식으로 그들을 편안하게 만든다. 그리고 이야기를 끝낼 때까지 그렇게 해준다. 자신에게도 똑같이 하라! 외부와 차단된 시간을 정해라. 그리고 그 시간을 병원 진료 예약이나 상사와의 회의처럼 확실히 지켜라.

답을 적어라 우리는 다른 사람의 생각을 경청해야 하는 중요한 회의에 들어가면 메모지나 전자 장비를 가지고 가서 내용을 적는다. 필기는 단순히 존중의 표시가 아니라 내용을 잘 기억하도록 돕는다는 것이 증명됐다.[11] 그렇다면 자신에게 귀를 기울일 때도 그렇게 해보는 게 어떨까? 당신은 나보다 신중하거나 체계적일 수도 있겠지만, 나는 뭔가를 적어두지 않으면 다음 날 그걸 기억해내는 데 애를 먹는다. 또 연구에 의하면, 목표를 적으면 그걸 달성할 가능성이 커지는데,[12] 그것이 바로 당신이 해야 할 일이다. 그러니 자신에게 질문을 하는 시간을 자신과의 회의 시간으로 여겨라. 그리고 질문에 대한 답을 떠오르는 대로 적어라.

생각하는 것을 적어라 생각하기를 바라는 것을 적는 게 아니다. 답을 작성하는 동안, 자기가 쓴 글을 보며 움츠러드는 자신을 발견할지도 모른다. 더 심하면, 아예 답을 적다가 자신을 검열할지도 모른다. 우리 사회는 그만큼 비판에 익숙하며, 그 누구보다도 자신을 가혹하고 가차 없이 비판한다. 실제로 많은 사람이 "음, 아마 이건 효과가 없을 겁니다. 하지만…" 또는 "이건 좀 터무니없는 의견인데…"라는 말을 먼저 한 뒤에 내게 유용한 조언을 해줬다. 이처럼 우리는 내부의 비판자로부터 자유로워지는 데 큰 어려움을 겪는다.

하지만 나는 이 대목에서 자기 자신에 대한 비판에 맞서라고 요구할 것이다. 이것은 몇 가지 이유에서 중요하다. 첫째, 자신을 너무 가혹하게 비판하면, 자신을 정확히 볼 수 없다. 내가 중재 작업을 하면서 알게 된 바에 의하면, 가장 흔한 분쟁의 원인 중 하나가 자신을 있는 그대로 보지 않고 또 보여주지 않는 것이다. 원래보다 더 날씬하고 더 생기 있게 보이기 위해 온라인에 올리는 사진을 페이스튠과 같은 앱으로 보정하는 것도 하나의 사례겠지만, 어떤 이상적인 "갈등 조정"용 자신으로 대화에 임하려는 시도는 언제나 더 많은 문제를 낳는다.

예를 들어, 당신이 누군가에게 화가 났지만, 그걸 스스로 인정하려 들지 않을 때 어떤 일이 일어날까? 그 사람과 마주했을 때, 정제되지 않은 당신의 또 다른 자아가 어디선가 불쑥 나타나서 헷갈리는 메시지를 전하고, 수동적인 공격성을 보이며, 나중에 후회하게 될 거친 말을 내뱉는다. 이런 상황에서 자신을 명확하게 파악하는 것은 더 나은 자기인식으로 이어지며, 이는 결국 상대방과 더 분명하고 정확히 의사소통하는 데 도움이 된다. 그 결과 상대방은 당신의 진정성에 반응할 것이다. 요컨대, 그들 또한 자신의 진짜 자아를 드러내 보이며 당신의 생각에 긍정적으로 반응하게 될 가능성이 훨씬 커질 것이다.

후속 질문을 하라 1부에서는 자신을 전보다 더 잘 알게 도와주는 다섯 가지 중요한 질문을 살펴볼 것이다. 하지만 거기서 멈추지 않고 당신이 각각의 질문을 깊이 탐구해서 자신의 목소리를 더 잘 이해하도록 도울 것이다. 후속 질문은 복잡할 필요가 없다. 나는 종종 협상 당사자들에게 첫 번째 질문에 대한 대답을 들은 후에 간단한 추가 질문을 하나 던져서 최고의 정보를 얻어낸다. 그들의 대답을 들은 뒤 나는 감사를 표한 다음, 이렇게 묻는다. "우리가 또 무엇을 알았으면 좋겠죠?" 그때 비로소 그들은 자신이 가장 많이 고민하고 있던 것, 말할 기회를 찾고 있는 것들을 털어놓곤 했다. 이런 사례는 헤아릴 수 없을 만큼 많다. 자신에 대한 질문에서도 이런 경험을 이용해볼 수 있다.

답을 요약하라 각 질문에 답을 다 하고 나서 자신의 대답을 읽어보라. 그런 다음 잠시 시간을 가지고 그 대답을 통해 자신이 알아낸 것에 대해 생각해보라. 다른 사람이 당신에게 그것을 말해줬다면, 그 답을 몇 줄로 어떻게 요약하겠는가? 믿을 수 있는 친구에게 설명하는 것처럼 자신의 이야기를 큰 소리로 말해보라. (효과가 있다면, 진짜 친구를 찾아가서 말해봐도 좋다.) 그런 다음 원래의 답 아래에 요약한 내용을 적어보라. 요약할 때에는 반복해서 나오는 패턴이나 단어를 찾아보자. 그것들은 특별한 의미가 있으니, 주목할 필요가 있다.

이제 준비가 되었다면 나 자신을 들여다보게 해줄 다섯 가지 질문으로 들어가보자.

1장

문제를 올바로 정의하라
: 내가 해결하고자 하는
문제는 무엇인가?

알베르트 아인슈타인은 문제를 해결하는 데 한 시간이 주어진다면, 55분은 문제를 생각하고 5분은 해결책을 생각할 것이라고 말했다.[1]

문제에 대해 생각하기를 즐겼던 또 다른 사람은 스티브 잡스다. 2001년 아이팟이 성공을 거둔 직후, 스티브 잡스는 사람들이 아이팟에 빠져서 어디에 가든 그걸 들고 다니며 음악을 듣는 모습을 지켜봤다.[2] 하지만 이런 현상을 지켜보면서, 잡스는 소비자들이 가지고 다녀야 하는 짐만 하나 더 추가했다는 사실에 점차 불만을 느꼈다.[3] 소비자들은 휴대전화, 크고 무거운 노트북 그리고 팜Palm과 같은 '개인용 정보 단말기PDA'와 같은 장비까지 짊어지고 다녔다.[4] 당시 스마트폰과 PDA에는 소비자들이 다루기 힘든 고정식 키보드가 달려 있거나, 때로는 작동하지 않고 잃어버리기 쉬운 스타일러스(정전식 터치펜)가 딸려 있었다.

잡스는 다른 사람들이 보지 못한 것을 봤다. 사람들은 전화를 걸고, 컴퓨터 작업을 하고, 음악을 듣고, 업무를 처리하는 등 모든 일을 손쉽게 사용할 수 있는 단 하나의 장치를 원했다.[5] 키보드와 스타일러스, 분실할 수 있는 다른 입력 도구는 필요 없었다.[6] 오직 하나의 장치만 필요했고, 거기에 필요한 유일한 부가 장치는 사람의 손가락이었다. 잡스는 애플의 기술자들에게 이 문제를 해결할 하나의 장치를 만들어내라고 했다.[7]

몇 년 뒤, 잡스는 AT&T와 협상을 벌여서 그들의 자회사인 싱귤러 와이어리스에서 최초의 아이폰을 공급한다는 계약을 체결하고 회의장을 나섰는데,[8] 놀랍게도 아이폰은 아직 개발 중인 상태였다. AT&T는 새로운 아이폰에 대한 유통권을 독점하고,[9] 애플은 그 대가로 매달 각 고객의 통신 요금에서 대략 10달러를 받기로 했다.[10] 애플은 또한 아이폰의 소프트웨어와 가격, 유통, 상표에 대한 통제권을 유지했다.[11] 이런 종류의 거래는 무선 전화 산업에서 전례가 없는 일이었다.[12] 잡스는 애플만이 해결할 수 있다고 믿는 문제와 그에 대한 획기적인 해결책을 조리 있게 설명해서 AT&T를 포섭했다.

이 협상은 잡스가 아이폰에 생명력을 불어넣기 위해 했던 대규모 협상의 일부에 불과하다. 당시 잡스와 함께 일했던 컨설턴트인 라즈 아가르왈이 〈포브스〉에 말한 바에 의하면, AT&T와의 협상이 성공한 원인 중 하나는 잡스가 모든 관련 업체와의 관계를 이끄는 방식이었다.[13] "잡스는 모든 통신사의 CEO를 만났습니다. 저는 회사가 하는 모든 일에 직접 관여해서 성공을 거두려는 그의 기질과 욕망에 충격을 받았습니다." 잡스는 제품이 자신이 상상하는 대로 작동할 때까지 엔지니어와 함께 제품의 모든 세부사항을 시험하고 또 시험했다. 그는 아가르왈과 같은 컨설턴트, 애플의 직원들, 시장 분석가, 그리고 가장 중요한 고객과의 관계를 주도했다.

2007년에 출시된 애플의 아이폰은 곧 이동통신 시장의 상당 부분을 점유했다.[14] 무엇이 잡스와 애플에 이런 혁신적인 성공을 가져다주었을까? 잡스에 대한 인물평을 쓴 영국의 기술 사업가 케빈 애슈턴은 후일 이렇게 말했다. "잡스가 아이폰을 개발하는 과정에서 결정적인 지점은 해결책을 찾는 것이 아니라 문제를 알아내는 작업이었다. 그 문제는 더 스마트한 폰을 더 사용하기 어렵게 만드는 고정식 키보드였다. 그 밖의 모든 것은 부차적인 문제였다."[15]

협상의 첫 단계

어떤 협상에서든 자신에게 해야 하는 첫 번째 질문은 "내가 해결하고자 하는 문제는 무엇인가?"이다.

협상에서 가장 중요한 것은 방향을 잡는 것이다. 모든 협상의 방향은 자신이 스스로 정의한 문제나 목표에 의해 결정된다. 다시 말해, 카약을 타고 노를 저을 작정이라면 먼저 어디로 갈지 알아야 하지 않겠는가? 이 단계를 건너뛰는 사람(실제로 많은 사람이 그렇게 한다)은 온종일 노를 저어 파도가 일렁이는 바다를 헤쳐나간 뒤에 엉뚱한 섬에 도착하는 위험에 처하곤 한다.

사람들은 협상에서 재미있는 부분이 해결책을 알아내는 것이라고 생각한다. 하지만 문제를 정의하는 것이야말로 협상에서 가장 흥미진진한 작업이다. 일단 문제를 정의하는 법을 배우고 나면, 곧바로 그것이 얼마나 만족스럽고, 창의적이며, 심지어 재미있는지 알게 될 것이다. 협상 코치인 나는 당신이 해결해야 할 문제를 찾도록 도울 때 어떤 사람들이 스카이다이빙을 즐기거나 이탈리아에서 신선한 파스타 한 접시를 먹을 때 느끼는 것만큼이나 엄청난 희열을 느낀다. 그리고 그 이유는 당신이 이 질문을 한 뒤에 아주 놀라운 것을 찾아내거나 성취할 수 있음을 알기 때문이다.

문제를 정의하면 해결책을 찾아낼 수 있다. 규모가 큰 외교적 갈등에 직면했든, 아니면 이제 걸음마를 시작한 아기에게 아이스크림이 저녁이 아니라고 설득하든, 어떤 협상에서든 마찬가지다.

문제를 정의한다는 것

　문제를 정확히 정의하려면, 시간이 걸린다. 하지만 처음에 시간을 들인 만큼 나중에 시간을 절약할 수 있다. 한 임원은 내 협상 강의를 듣고 이 질문에 대한 대답을 작성한 뒤 내게 이렇게 말했다. "15분이라는 시간을 들여서 십중팔구 사흘 동안 쳇바퀴 안에서 돌고 있었을 저 자신을 구한 것 같네요." 어디로 가고자 하는지 알면, 그렇지 않았을 때 다시 지도를 확인하고 길을 되돌리는데 들일 시간을 절약할 수 있다.

　문제를 정의하는 작업은 규모가 크고 시간이 많이 걸리는 복잡한 협상을 할 때 아주 중요하다. 예를 들어, 누군가 내 사무실에 찾아와 자신의 문제에 대한 해결책을 즉시 물어본다면, 나는 그가 볼 수도 없는 것을 자세히 설명해달라고 할 것이다. 예를 들어, 산을 오른다고 해보자. 산이 높을수록 지금 서 있는 산기슭에서는 꼭대기가 잘 보이지 않는다. 산 정상에 오르기 위해서는 밑바닥에서 시작해서 한 걸음 한 걸음 올라가야 한다. 바윗길을 가로지르거나 개울을 건널 때마다 산행을 계속하는 데 도움이 되는 경험과 자신감을 얻는다. 그러다 보면 어느 순간 정상이 보인다. 정상이 어떻게 생겼는지 그리고 그곳에 어떻게 도달할 것인지 마음속으로 그려볼 수 있게 된다.

　협상도 등산과 비슷하다. 자신이 해결하려는 문제가 무엇인지 스스로에게 질문함으로써 출발선에 서게 되고, 자신의 목표인 해결책을 시각화하고 얻어내는 데 도움이 되는 정보를 얻을 수 있다.

예를 들어보자. 미국이 직면하고 있는 한 가지 큰 문제는 일부 학생이 학교에 장기간 결석하는 것이다. 어떤 이유로든 수업 일수에서 10퍼센트 이상 결석하는 것을 장기결석이라고 하는데,[16] 그럴 경우 3학년이 읽기를 익히지 못하고, 6학년이 일부 과목에서 낙제하며, 9학년이 고등학교를 중퇴할 수 있다.[17] 장기결석을 줄이기 위해 학교와 지역사회의 협력 단체가 힘을 합치도록 돕는 비영리단체인 어텐던스 웍스Attendance Works에 따르면, 미국에서 매년 800만 명 이상의 학생이 수업 일수를 채우지 못하고 앞에서 설명한 것과 같은 학업 위기에 처한다.[18]

전통적으로 장기결석 문제를 검토하는 사람들은 '무단결석'에만 초점을 맞추는 경향이 있는데, 무단결석은 학생이 부모로부터 결석계를 받지 못했음을 의미할 뿐이다. 이처럼 문제를 편파적으로 정의하면 학생이나 가족이 부적절한 행위를 했다고 가정하여 자동적으로 가혹한 해결책을 제시하게 된다. 그것은 더 나은 행위를 강제하기 위해 학생과 부모를 둘 다 처벌하는 것이다. 하지만 이 문제에서 처벌은 효과가 없었다.

어텐던스 웍스의 상임 이사인 헤디 창은 이 문제를 정의할 때, 무단결석과 정학에 초점을 맞추지 않았다. 그 대신 이 문제를 어떤 이유로든 학교에 상당히 많이 결석한 아이들로 정의했다. 그녀가 알아본 바에 의하면, 실제로 저학년 학생들 중에서는 가정

환경이 좋지 않은 많은 학생이 결석을 면제받지 못하고 있었다. 이는 무단결석에 초점에 맞춰서는 문제를 제대로 파악할 수 없음을 의미했다.

창은 문제를 새롭게 정의한 뒤, 그것을 길잡이 삼아 학교가 학생들 그리고 부모들과 대화함으로써 아이들의 등교를 가로막는 실질적인 문제를 알아내도록 했다. 그리고 이런 노력이 예상치 못한 해결책으로 이어졌다. 학교가 학생 그리고 가족과 소통을 시작하면서 몇몇 학교의 교장은 뜻밖의 사실을 발견했다. 때때로 아이들이 결석하는 이유는 공부하기 싫어서가 아니라, 부모가 학습을 우선시하지 않거나 옷이 더러웠기 때문이었다. 옷을 빨 줄 모르는 학생은 또래 친구들 앞에서 창피함을 느끼기보다는 그냥 집 밖으로 나가지 않는 것을 선택했다.

이런 사실을 알게 되자, 많은 학교가 지역 기업이나 재단과 협력해서 학교에 세탁 서비스를 제공했다. 한 학교의 발표에 따르면, 세탁 프로그램과 돌봄 멘토의 출석 체크를 병행하자 90퍼센트의 경우에서 출석률이 46퍼센트에서 84퍼센트로 뛰어올랐다.[19] 장기결석 문제를 폭넓게 정의함으로써 어텐던스 웍스와 교육자 그리고 전국의 지역사회 협력 업체는 가족과 지역 모두에 이익이 되는 혁신적이고 효율적인 해결책을 찾을 수 있었다.

이 사례에서 알 수 있듯이, 규모가 크거나 복잡한 협상을 다룰 때는 문제가 무엇인지 정의하는 것이 아주 중요하다. 그리고 이는 개인적인 상황에도 적용된다. 예를 들어보자. 경제적으로 성공한 보험 전문가 안토니아는 지난 5년 동안 언니 카르멘과 갈등을 겪어왔다. 카르멘은 안토니아에게 반복적으로 경제적인 도움을 요청했고, 안토니아가 돈을 주면 생활비로 쓰는 것이 아니라 친구들에게 자랑하기 위한 사치품을 사는 데 쓰곤 했다. 설상가상으로 카르멘은 가족에게 이야기할 때 안토니아의 직업적 성공을 깎아내렸다. 안토니아는 점점 더 화가 났지만, 그럼에도 카르멘과 대화를 하려고 했다. 하지만 그때마다 분노 때문에 어떤 것도 제대로 표현하지 못한다.

대화는 전혀 상황을 나아지게 하거나 안토니아를 안정시키지 못했다. 왜 그럴까? 이 지점에서 안토니아는 자신이 해결하고자 하는 문제를 다시 정의해야 한다. 카르멘에게 자신이 도와준 것을 고마워하라고 요구하고 싶은 것인가? 돈 문제에 대해 선을 긋고 싶은 것인가? 자연스럽게 언니와 멀어질 방법을 찾는 것인가? 안토니아는 자신이 해결하고자 하는 문제를 알아내면, 자신에게 필요한 대화를 위한 청사진을 얻을 것이다.

다른 사람과 함께하는 자리에서 정보를 정리하거나 자신이 최우선으로 여기는 것을 정하는 데 어려움을 겪은 적이 있는가? 아니면 10년 동안 경력을 쌓으며 다양한 사업에 몰두했지만, 결국 자신이 어디로 향하고 있는지 모르겠는가? 그렇다면 안토니아처럼 문제를 정의하는 중요한 단계를 건너뛰었을지 모른다.

복잡하고 골치 아픈 사안에 대해서만 문제를 정의해야 하는 것은 아니다. 우리는 암을 치료하거나 앞으로의 진로를 결정하는 것처럼 중요한 문제만 마주하는 것은 아니다. 많은 사람들이 매일 욕실 보수 공사를 위해 시공업자와 이야기를 하거나 집주인에게 수리를 요구하는 등의 아주 사소한 문제를 마주하고, 그 문제를 해결해야 한다. 이처럼 작은 사안에 대해서도 자신이 해결하고자 하는 문제를 정확하게 정의할 때 올바른 해결책을 찾을 수 있다.

욕실 수리를 예로 들어보자. 당신은 곧 있을 보수 공사를 검토하기 위해 시공업자와 자리를 함께할 준비를 하고 있다. 이럴 때도 당신이 해결하려는 문제가 무엇인지 질문하는 것이 합리적이다. 집을 팔 생각인가? 그렇다면 아마도 집을 구매할 사람들이 매력적으로 느낄 만할 욕실을 적당한 가격으로 디자인하려 할 것이다. 꿈의 집에 정착해서 그곳에서 여생을 보낼 생각인가? 그렇다면 그동안 사용하고 싶었던 모든 최첨단 사양을 포함하려 할 것이다. 아니면 배우자가 사고를 당해 현재 휠체어 신세를 지고 있어서 욕실을 급히 개조해야 하는가? 그렇다면 전혀 다른 선택을 고려해야 한다.

이처럼 단순한 협상에서도 문제를 이해하기 전에는 해결책을 생각할 수 없다.

협상이 곧 혁신이다

카약을 조종할 때는 앞에서 급류를 먼저 통과한 사람이 개척한 경로를 선택하듯이, 협상을 할 때도 먼저 성공적으로 협상을 이끈 사례를 따르는 것이 일반적이다. 하지만 따라야 할 선례가 없을 때에는 스스로 새로운 길을 개척해야 한다.

이 장의 앞부분에서 언급한 스티브 잡스의 혁신에 관한 이야기는 협상에 관한 이야기이기도 하다. 애플은 가야 할 곳을 알아내고 유통업체와 시장, 고객과의 중요한 관계를 그 방향으로 이끌었다. 그리고 그 모든 것의 시작은 문제를 정의하는 것이었다.

사람들은 협상을 대체로 후진적인 것이라고 생각하지만, 협상은 앞으로 나아갈 방향을 잡는 것이다. 협상이란 창의적이고, 생산적인 과정이며, 궁극적으로 미래를 창조하는 방법이다. 그 방법 중의 하나가 다른 사람이 문제를 인식하기도 전에 그 문제를 해결하는 것이다. 그런 창의력을 발휘할 때 협상은 혁신이 된다.

잡스는 이 사실을 잘 알고 있었다. 잡스는 항상 다음 문제를 이해하고(소비자가 아주 좋아하는 것처럼 보이는 제품에도 문제가 있다는 것을 인식했기 때문이다) 그것을 해결하려 했다. 때로는 사람들이 문제가 있다는 것을 인식하기도 전에 해결책을 내놓았다. 애플 본사에는 '무한 루프INFINITE LOOP'라는 문구가 적혀 있다. 무슨 뜻일까? 케빈 애슈턴이 잡스를 연구하면서 기술한 것처럼, "창조는 천재성과 무의식적인 숙고, 순간적인 깨달음의 결과가 아니다. 문제와 해결, 반복이라는 일련의 정신적 단계를 거치는 사고의 결과다."[20]

롤스로이스에서 수석 기술자를 역임한 세계적인 혁신 전문가 대럴 만은 기업의 혁신 노력과 그 노력을 효과적으로 만드는 것이 무엇인지 수십 년 동안 연구했다. 그에 따르면, 기업의 혁신 노력 중 고작 2퍼센트만이 성공을 거둔다. 그리고 실패의 원인 중에서 "25퍼센트는 잘못된 문제를 해결하려고 했기 때문이다."[21]

더 큰 시각으로 문제를 파악하라

"내가 해결하고자 하는 문제는 무엇인가?"라는 폭넓은 질문에 정확히 답하려면 자신에게 도전장을 던져야 한다. 대니얼 카너먼의 《생각에 관한 생각》에 나오는 신경과학 연구에 따르면, 인간은 도전적인 질문을 회피하고, 그 대신 제한적이고 쉬운 질문에 답하는 경향이 있다.[22] 그 이유는 우리가 어떻게 대답해야 할지 또는 어떻게 맞서야 할지 모르는 것을 다루지 않으려고 하기 때문이다. 하지만 문제를 해결할 때 그물을 던져서 고기를 낚으면 모든 것을 바꾸는 엄청난 발견을 할 수 있다.

전국 규모 기업의 지역 사무소장 마커스는 최근에 불거진 한 가지 문제를 해결하기 위해 매니저들과 함께하는 자리를 마련했다. 로저라는 직원이 승진을 요구했다가 거절당해서 불만을 품고 있었기 때문이었다. 매니저들이 처음 회의를 요구한 것은 법정에 가지 않고 로저의 불만을 처리하기 위해서였다. 하지만 그들은 결국 훨씬 더 큰 문제에 직면했다.

마커스는 로저의 주장에 대해 생각하면서 도대체 자신이 관할하는 사무실에서 무슨 일이 일어나고 있는지 혼란스러웠다. 예전에 이들은 긴밀하게 소통하는 행복한 팀이었다. 하지만 지난해에 세 명의 직원이 업무 할당과 야근, 매니저와의 의사소통과 관련해 부당한 대우를 받고 있다고 불만을 제기했다. 경영 부분에서 변한 것은 아무것도 없었고, 업무는 평소처럼 분배된 것 같았다.

마커스는 로저의 불만을 잠시 미뤄두고 시야를 넓혀서 팀원들에게 올해 사무실이 전반적으로 어떻게 돌아가고 있는지 물어봤다. 매니저들은 현재의 직원 수, 그들이 다루는 일의 종류, 건물의 개조 상태에 대해 이야기했는데, 바로 마지막 요소가 마커스의 관심을 끌었다. 지난해에 사무실을 수리하고 개조했던 일이 떠올랐다. 이 공사 때문에 직원 중 3분의 1이 훨씬 더 낡은 사무실로 자리를 옮겨야 했다. 마커스는 로저와 불만을 제기한 다른 두 직원이 지금 어디에 앉아 있는지 물었다. 세 사람 모두 이전한 낡은 사무실에 있었다.

마커스는 "어떻게 법정에 가지 않고 로저의 불만을 처리할 수 있을까?"가 문제가 아니라는 사실을 깨달았다. 문제는 "어떻게 하면 사무실 직원들을 화합하고 잘 돌아가는 팀으로 되돌릴 수 있을까?"였다. 마커스는 로저와 직접 상담을 하며 승진에 대해서

만 이야기하지 않고 사무실 생활 전반에 대해 질문했다. 로저는 사실 최근에 사무실을 이전하는 과정에서 자신이 배제됐다고 느끼고 있었다. 아무도 그가 왜 이전한 집단에 포함됐는지 말해주지 않았다. 그의 팀은 서로 의사소통에 어려움을 겪었다. 예전에 그들이 모두 같은 공간에서 일할 때는 로저가 상사의 사무실에 정기적으로 들를 수 있었지만, 이제는 그럴 수 없었다. 게다가 승진에 대한 결정이 내려진 뒤 아무도 로저에게 그 사실을 말로 전해주지 않았고 이메일을 통해 모든 내용을 전달받았다.

이처럼 더 큰 문제를 이해하는 것은 마커스가 로저의 승진에 대한 불만과 그 이상의 것을 해결하는 데 열쇠가 됐다. 마커스와 관리팀은 사무실의 모든 직원을 만나서 자신들이 사무실과 공간에 대한 결정을 내리는 과정에서 효과적으로 소통하지 못한 책임을 인정했다. 그리고 직원들이 보수공사에 대해 토론하도록 했다. 또한 직원들이 두 공간을 가로질러서 더 잘 소통할 방법을 찾는 데 전 직원이 참여하도록 했다.

마커스는 세 직원의 불만을 성공적으로 해결하고 팀원들의 분위기를 다시 정상 궤도에 올려놓았다. 로저가 제기한 문제를 더 폭넓은 관점에서 이해함으로써 마커스는 로저뿐만 아니라 사무실 전체에 적용되는 협상 전략을 세울 수 있었다.

이 장의 목적은 문제를 해결하기 위한 첫발을 떼는 것이므로, 가능한 한 폭넓은 시각을 갖기 위해 더 넓은 그물을 던지는 데 시간을 들일 필요가 있다. 이것을 혁신 전문가들은 "더 큰 그림^{bigger}

picture" 관점이라고 부른다. 일단 문제를 정의하고 나서, 그 문제를 멀리 떨어진 시각에서 바라보면서 더 큰 그림을 놓치지 않았는지 확인해야 한다.

문제를 정의하는 잘못된 방법

많은 사람이 협상의 과정에서 자신의 문제를 정의하는 단계를 건너뛴다. 그리고 자기 문제를 제한적이고 쓸모없는 방식으로 정의해서 협상에서 손해를 본다. 예를 들어보자.

CEO인 로자나는 인사 담당자로부터 직원 설문 결과를 받았다. 부하 직원들이 평소보다 이직을 많이 하는 것을 보고 인사부에 설문을 의뢰해서 직장 만족도를 물어본 터였다. 설문 결과에 따르면, 부하 직원들의 사기가 상당히 떨어져 있었다. 로자나가 자신의 문제를 다음과 같이 정의하고 적는다고 상상해보자.

부하 직원들의 만족도가 극도로 낮다.

이 정의에 무슨 문제가 있을까? 사실 몇 가지 문제가 있다. 첫째, 이 정의는 과거를 돌아보게 만든다. 우리는 해결책을 찾는 작업에 뛰어들기 전에 문제에 초점을 맞춰야 하지만, 문제를 정의할 때 우리가 향해야 하는 분명한 목적지를 정해야 한다. 이 정의는 로자나가 자기 사업의 미래를 생각하는 데 아무런 도움이 되지 않는다.

둘째, 부정 형식이다. 즉, 어디에 있고 싶은지가 아니라 어디에 있고 싶지 않은지에 초점을 맞춘다. 카약에 타고 싶지 않은데 누가 어디로 가냐고 물으니 "음, 암초에 부딪히고 싶지 않다는 것은 알죠"라고 말하는 셈이다. 마지막으로, 서열을 말하는 것은 낚싯줄로 낚시하는 것처럼 문제를 아주 좁게 정의하는 것이다. 아마도 이 서열은 로자나가 해결해야 할 훨씬 더 큰 문제의 상징에 불과할 것이다.

문제를 올바르게 정의하기 위한 다섯 단계

첫째, 5분 동안 심사숙고해서 해결하고자 하는 문제를 적어라. 안토니아와 같은 심각한 가족 불화든, 욕실 수리를 맡긴 시공업자와 협력하는 것이든, 직원들이 사기를 되찾게 하는 것이든, 어떤 문제라도 좋다. 현재 상황의 원인이라고 생각하는 문제뿐만 아니라, 그 문제가 당신의 삶이나 경력, 회사, 사회에 미치는 영향까지 포함시켜야 한다.[23] 예를 들어, 로자나는 지원들의 이직률, 설문 조사, 그 결과 및 이 문제의 일부라고 생각하는 모든 것을 이야기함으로써 이 항목을 완성할 수 있다.

둘째, 문제를 다 적고 나면, 로자나가 한 것처럼 적은 것을 한 문장으로 요약하라. 문제를 한 문장으로 요약하면 가장 명확하고 간결한 그림을 얻을 수 있다.[24] 로자나의 사례에서는 "부하 직원들의 만족도가 극도로 낮다"가 그것이다. 욕실 시공 사례에서는 "총 견적이 예상보다 너무 높게 나왔다"가 될 수 있다. 안토니아 사례에서는 "언니가 나를 무시하고 내가 도움을 준 것에 대해 고마워하지 않는다"가 될 것이다.

셋째, 그 문장에서 부정적이고 과거 지향적인 것을 긍정적이고 진취적인 것으로 재구성하라. 해결할 문제를 정의할 때는 과거에 원하지 않았던 것이 아니라 미래에 원하는 것을 기술해야 한다. 로자나는 "부하 직원들의 만족도가 극도로 낮다"를 "부하 직원들의 만족도 수준을 높여야 한다"로 바꿔야 한다. 집주인은 "총 견적이 예상보다 너무 높게 나왔다"를 "내 예산에 맞는 욕실이 필요하다"로 바꿔야 할 것이다. 그리고 안토니아는 "언니가 나를 무시하고 내가 도움을 준 것에 대해 고마워하지 않는다"를 "나는 언니가 나를 존중하고 인정해주기를 바란다"로 바꿔야 한다. 카약을 조종할 때, 장애물(암초)이 아니라 목표(해변)에 초점을 맞추면 더 나은 결과를 얻을 수 있다.[25] 이런 변화를 통해 우리는 두렵거나 불만스러운 상황에서 벗어나 우리를 목적지로 데려다주는, 문제 해결을 위한 긍정적인 사고방식으로 나아갈 수 있다.

넷째, 문장을 언제, 어디서, 무엇을, 어떻게로 시작하는 질문으로 바꿔라. 로자나는 "무엇을 해야 부하 직원의 만족도를 높일 수 있을까?" 또는 "어떻게 하면 부하 직원들의 만족도를 높일 수 있을까?"라고 질문해야 한다. 집주인은 "어떻게 하면 내 예산에 맞게 욕실을 새로 꾸밀 수 있을까?"라고 하면 될 것이다. 안토니아는 "어떻게 해야 언니가 나를 존중하고 인정해줄까?"라고 하면 좋을 것이다. 비슷한 내용을 질문 형식으로 표현하면, 더 구체적인 정보를 얻고 그에 따라 행동하게 된다. 다시 말하지만, 협상에서는 질문이 곧 답이다.

마지막으로, 질문을 폭넓게 정의하고 전체 그림을 포착해야 한다. 만약 처음에 로자나처럼 문제를 좁게 정의했다면, 그럴만한 이유가 있다. 당신의 두뇌는 그물 대신 낚싯줄로 고기를 낚기 원하기 때문이다. 방금 적은 질문을 보고 자신에게 "이것이 실현되면 어떤 일이 일어날까?"라고 물어보라. 그런 다음, 답을 적고 더 큰 그림을 얻을 수 있도록 원래의 질문을 수정하라.

로자나의 경우에는 "어떻게 하면 부하 직원의 만족도를 높일 수 있을까?"라는 질문을 보고 자신에게 "부하 직원들의 만족도가 올라가면 무슨 일이 일어날까?"라고 물을 수 있을 것이다. 그리고 직원들의 만족도가 높아지면, 최고의 직원들을 유치해서 훨씬 더 높은 성과를 올릴 수 있다는 결론을 내릴 수 있다. 이런 방식으로 수정한 질문은 다음과 같다. "이 회사를 업계 최고의 사람들이 지원하고, 머물며, 회사를 더 발전시키기 위해 최선을 다해 일하는 곳으로 만들기 위해 우리가 할 수 있는 일이 무엇인가?" 이렇게 해서 로자나는 서열에 관한 대화를 회사와 그와 관련된 모든 관계를 발전시키는 데 도움이 되는 행동을 촉구하는 것으로 바꿔놓았다.

집주인은 자신의 질문을 보고 욕실 예산을 더 합리적으로 책정하면 올해 퇴직연금에 돈을 더 많이 넣을 수 있음을 알게 될 수도 있다. 그러면 수정된 질문은 "어떻게 하면 은퇴를 위한 돈을 더 저축하도록 욕실 예산을 적절히 책정할 수 있을까?"가 될 것이다. 안토니아는 "어떻게 해야 언니가 나를 존중하고 인정해줄까?"를 "어떻게 하면 언니와의 관계를 감정적으로 건전하게 만들어서 계속 유지할 수 있을까?"로 바꿀 것이다. 이 질문은 이 작업이 단지 돈에 관련되거나 무시당하지 않기 위한 것이 아니라는 점을 명백히 보여준다. 이는 안토니아가 카르멘과의 관계를 계속 유지하기 위해 필요한 것을 평가하는 작업이다.

이와 같은 사례에서 볼 수 있듯이, 우리는 문제를 단 하나의 상호작용이나 상황에 기초해서 반사적으로 정의하곤 한다. 각각의 수정된 질문은 관련자들이 설문 조사와 낡은 욕실, 자매와의 다툼과 같은 직접적인 계기가 되는 사건을 넘어서 성공적인 회사와 든든한 퇴직연금, 전반적인 정서적 건강이라는 더 폭넓은 목표를 좇도록 해준다. 협상에서 더 많은 것을 요구하려면, 더 큰 그림을 가지고 문제를 정의해야 한다.

문제가 무엇인지 알 수 없을 때

다음은 "내가 해결하고자 하는 문제는 무엇인가?"에 대해 토론할 때 내가 일반적으로 받는 몇 가지 질문이다. 이런 경우에는 어떻게 하는 것이 좋을지 살펴보자.

해결할 수 없는 문제가 있을 때

갈등 해결 전문가들조차 어떤 문제는 해결할 수 없다는 것을 인정한다. 때때로 우리가 할 수 있는 최선은 그저 관리하는 것이다. 나는 이 책을 쓰는 동안 죽어가는 아버지를 어떻게 보살펴야 할지 도무지 갈피를 잡지 못하고 있었다. 아버지가 24시간 보살핌을 받아야 하는 상황에서 우리는 아버지를 병원으로 보낼지 아니면 집에서 모실지 결정해야 했다. 병원에 계시면 숙련된 간호사들 덕분에 안전하게 지내겠지만, 가족이 많이 보고 싶을 것이다. 집에 계시면 위급한 상황이 언제 닥칠지 모르고 새어머니와 간병인들이 스트레스에 시달릴 것이다. 여기에 완벽하거나 행복한 해결책은 없다.

어떤 협상 전략도 아버지가 불치의 퇴행성 뇌 질환을 앓고 있다는 사실과 병이 진행되면서 돌아가실 때까지 고통받으리라는 사실을 바꿀 수는 없다. 그럼에도 나는 결정을 내릴 때 도움이 될 수 있는 질문에 대해 계속 고심했다. 해결할 수 없는 문제가 있을 때도 그 문제를 이해하면 그것이 삶이 미치는 악영향을 최소화하고, 그 결과로 느끼는 스트레스와 불안을 줄일 수 있으며, 심지어 새로운 전략을 발견할 수도 있다.

그리고 근본적인 문제는 해결할 수 없더라도(나는 "우리가 전측두엽 치매를 어떻게 치료할 수 있을까?"에 아무런 답도 할 수 없다), 여전히 고심해야 할 무언가를 찾아낼 수 있다. 나는 아버지를 위한 의학적 결정을 내릴 때 이 질문에 대해 고심했고, 내가 마지막으로 정의한 문제는 다음과 같았다. "어떻게 하면 아버지가 가장 편안해하고 품위를 잃지 않으면서 동시에 가족들이 아버지를 간호하는 과정에서 도움을 받을 수 있을까?" 문제를 이런 식으로 보고 나머지 질문들을 검토하자, 결정을 확실히 내릴 수 있었다. 우리는 아버지를 전문적인 치료를 받을 수 있으면서 가족이 매일 방문할 수 있는 기억 돌봄 시설로 옮겼다. 우리는 아버지를 치료할 수 없지만, 아버지의 편안함과 품위, 그리고 가족의 안녕을 우선시할 수는 있다. 보통은 해결할 수 없는 문제의 한가운데에서 달성할 수 있는 목표를 찾으면 평온함을 누릴 수 있다.

협상의 대상이 자기 자신일 때

협상이란 자신과의 대화를 이끄는 작업이다. 경영진 회의에서 목소리를 높여야 하나? 내가 직접 사업을 시작할 때인가? 어떻게 하면 개인적 관계에서 나 자신을 옹호할 때 자신감을 더 가질 수 있을까? 이 질문, 그리고 이 책의 거울 부분은 이런 협상에서 언제든 아주 유용할 것이다.

때때로 사람들이 협상 코치를 찾는 이유는 다른 사람과 마주할 일이 있어서가 아니라, 결정할 때 막막한 느낌이 들고 결정을 명쾌하게 내리고 싶기 때문이다. 그 막막한 느낌은 대체로 내적 협상이다. 인생을 어떻게 살아야 하지? 어떤 일을 해야 할까? 직장으로 돌아가야 하나? 어떻게 하면 더 행복할까? 사람들은 충돌이 일어나려면 둘이 필요하다고 하지만, 사고를 내려면 차 한 대로도 충분하다!

당신이 무엇 때문에 여기에 왔는지 검토하면, 이곳을 통과하는 데 크게 도움이 되는 정보를 얻을 수 있을 것이다. 내적으로 막막하다고 해도, 여전히 상황의 양면을 살펴보고 상반된 감정과 패턴, 그 막막함의 원인이 되는 사실을 볼 수 있다.

내면의 소리를 들어라

내가 중재나 협상 상담에서 다루는 주요 문제 중 하나는 사람들이 자기검열과 싸워서 스스로 목표를 정의하도록 돕는 것이다. 당신은 자신의 목표가 X라고 느낄지 모르지만, 사실 당신은 Y를 간절히 원하고 있을 수도 있다.

나는 예전에 한 학생을 내 사무실로 부른 적이 있다. 그는 내 수업에서는 물론이고 다른 수업에서도 가장 성적이 좋은 학생 중 한 명이었다. 최우등을 기록한 그는 최고의 회사에 들어가겠다는 목표를 세웠다. 로스쿨 학생들은 여름방학에 졸업 후에 가고 싶은 로펌에서 인턴을 한다. 만약 정규직 제안을 받는다면, 직장이 결정된 상태로 로스쿨에 돌아와서 마지막 해를 보낸다. 지금부터 데이비드라고 부를 이 학생은 미국 최고의 로펌 여러 곳에서 취업 제의를 받는 데 성공했고, 자신이 최고로 꼽는 회사에서 여름 인턴십을 했다. 그곳 사무실에서 여름을 보낸 뒤, 회사는 그를 정규직으로 눌러 앉히려고 공을 들였다.

데이비드는 9월에 학교로 돌아와서 내게 상담을 요청했다. 그는 내 사무실에 들어오자 문을 닫고 마치 누가 엿듣기라도 할까봐 걱정하는 듯이 주위를 살폈다. 그는 조용한 목소리로 여름 인턴십에서 멋진 경험을 했다고 말했다. 그리고 잠시 말을 멈췄다.

"그래서…?" 내가 물었다.

"그래서…" 그가 말을 이었다. "잘 모르겠어요. 제 원래 목표는 그저 최고의 회사에 가는 것이었어요. 그리고 그 회사는 정말 멋진 곳이에요. 거기서 일자리를 얻는 건 행운이죠. 그런데 솔직히 말하면, 그게 제가 원하는 삶인지 모르겠어요. 저는 가족과 함께 시간을 보내고 싶어요. 그리고 … 밴드도 하고 싶어요. 저는 음악을 만들 시간을 정말 갖고 싶어요."

"좋아요, 그런데 왜 저한테 사과하는 것처럼 보이죠?" 내가 말했다.

그가 말했다. "음, 그게 … 자기 삶을 원한다는 게 사회적으로 받아들여질 수 없는 것 같아서요."

나는 큰 소리로 웃었고, 곧 그도 따라 웃었다. 때로는 자기 삶을 갖는다는 것이 혁명적인 목표처럼 느껴진다. 그날, 우리는 그의 목표와 그것을 달성할 방법에 대해 이야기를 나누었으며, 더불어 직업적 목표에 대해서도 대화를 나누었다. 기쁘게도 그는 지금 자신이 원하는 삶을 살 수 있는 곳에서 일하고 있다. 또한 그는 음악을 하며, 아이들을 열심히 키우고 있다. 이것은 그에게 가치 있는 목표였고, 그는 그 목표를 달성했다.

이 질문에 대한 답을 적는 동안 당신의 머릿속에서 다른 사람의 목소리가 들린다면, 어떻게 하겠는가? 당신은 다른 사람이 문제라고 생각하는 것 때문에 혼란을 느끼거나 그것에 집착하고 있는지도 모른다. 그렇다면 그 질문에 맞서라. 당신의 문제를 바라보는 다양한 주변인, 이를테면 직장 동료, 고객, 배우자, 자식 등을 적고, 문제에 대한 그들의 견해가 무엇인지 자신에게 물어보라. 그리고 그것을 검토하라. 당신이 적은 내용 중에서 옳다고 생각하는 것은 무엇인가? 공감이 가지 않는 것은 무엇인가? 결국 당신의 목표는 다른 사람들의 견해를 옆으로 치워버리고 문제에 대한 자신의 감각에 귀를 기울이는 것이다.

모든 해결책은 문제를 파악하는 데서 시작된다

만약 이 질문을 읽었는데 아무런 결과도 얻지 못한다면? 이 책을 왜 읽고 있는지 모르겠다고 생각할 것이다. 당신은 협상을 회피하는 사람인지도 모른다. 내가 아는 몇몇 사람은 협상을 회피하는 데 너무 능숙해서 협상을 할 생각 자체를 하지 않는다. 이것은 카약의 노를 내려놓는 짓일 뿐만 아니라 무릎 사이에 머리를 박고 물살에 몸을 맡기는 것이나 다름없다.

아니면 협상을 해야 한다는 것은 알지만, 문제를 생각하는 작업을 도대체 어디서부터 시작해야 할지 모르는 것일 수도 있다. 갈등을 겪거나 힘든 협상이 한창 진행될 때, 우리는 모든 것이 뒤죽박죽인 것 같고 어디서부터 그것을 풀어야 할지 알지 못한다.

그렇다면 다음과 같은 방법이 도움이 될 것이다.

최근에 불만족, 불안, 불행, 또는 지긋지긋함을 느꼈는지 자신에게 물어보라. 그런 순간 직전에 무슨 일이 있었는가? 이런 질문은 당신이 해결하고자 하는 문제를 정의하는 데 도움이 될 수있다.

아니면 반대로 해보라. 최근에 행복감이나 만족감을 느끼거나 일이 잘 풀리고 있는 느낌을 받았는지 자신에게 물어보는 것이다. 언제 그런 느낌이 들었는가? 이와 같은 질문은 당신이 목표를 발견하도록 이끌 수 있다.

여전히 아무런 결과를 얻지 못하고 있다면, 일단 휴식을 취해보는 것도 좋다. 대신, 다음에 불행이나 행복을 느끼는 순간에 초점을 맞추고 그 감정을 느끼기 전에 무슨 일이 있었는지에 주목하길 바란다. 그러면 자신이 이 책을 읽고 행동하게 만든 이유를 찾아낼 수 있을 것이다.

해결하고자 하는 문제를 파악하는 것은 협상에 능숙해지기 위한 첫 번째 단계다. 이제 문제를 철저히 정의했으니, 당신 문제의 기저에 무엇이 있는지 파헤쳐보자.

2장

자신의 욕구를 파악하라
: 나는 무엇을 원하는가?

릴리아는 새 직원들이 침울한 표정으로 사무실을 나서는 모습을 보았다. 당시는 2013년이었고, 교수이자 변호사이자 연구자인 릴리아는 최근 브라질 북동부의 사립대학인 포르탈레자 대학교의 부총장으로 승진한 상태였다. 그녀는 이 직책을 맡으면서 대학원 과정 전체를 책임지게 됐다.

부총장직에 임명되었을 때, 릴리아는 포르탈레자 대학교의 대학원 과정을 새로운 수준으로 끌어올려서 학생 수를 늘리고 국내 순위를 높이기를 꿈꿨다. 하지만 그날, 직원들은 그녀에게 와서 대학원 과정의 전반적인 건전성이 좋지 않다며 걱정을 털어놓았다. 브라질의 경제 상황이 불안정하고 실업률이 7퍼센트를 웃도는 탓에, 포르탈레자 대학교는 대학원생 유치에 애를 먹었다.

포르탈레자 대학교는 학비를 충당하기 위해 직업을 갖고 재정적 수단을 동원하는 사람들에게 크게 의존하는 사립대학이었다. 일자리가 없으니 사람들은 대학원 교육에 투자하고 보상이 불확실한 곳에 많은 돈을 쓰기를 주저했다. 포르탈레자 대학교와 동급의 학교들은 대학원생 수를 공개하지 않았지만, 릴리아의 직원들은 다른 대학의 대학원 역시 고군분투하고 있다는 소식을 들었다. 직원들은 충격에 대비해야 한다고 경고했으며, 전망이 대단히 어둡고 경제가 전반적으로 나아질 때까지는 누구도 이 상황을 바꿀 수 없을 것이라고 했다. 이 문제에 대한 그들의 정의를 요약하면 다음과 같을 것이다. "브라질이 경제 위기에서 벗어나 더 많은 사람이 일자리를 얻기 전까지는 학생 수를 늘리고 학교 순위를 올릴 수 없을 것이다."

하지만 릴리아는 상황을 다르게 봤다. 릴리아는 어떻게 하면 포르탈레자 대학교의 대학원 과정을 이용하여 사람들이 새로운 일자리를 찾아 위기를 극복하도록 도울 수 있을지 고민했다. 그리고 그 과정을 통해 포르탈레자 대학교가 단순히 학비가 드는 곳이 아니라 희망을 주는 기관으로 거듭나기를 바랐다. 릴리아는 이 문제를 해결하려면 포르탈레자 대학교에 무엇이 필요한지 탐구했다. 그 결과, 학교가 단지 비즈니스와 법, 도시 계획처럼 학생들이 선택한 분야에 대한 수업만 제공할 것이 아니라, 학생들이 고용주의 눈길을 사로잡게 해줄 관리 능력을 가르칠 필요가 있음을 깨달았다. 또 대학이 대학원 과정을 통해 학생들에게 일자리를 연결해줄 방법을 찾아야 한다는 것을 알게 됐다. 마지막으로, 릴리아는 자기 자신이 원하는 것에 대해 생각했다. "연구자로서 나는 문제를 파악하고 해결하는 데 익숙하다. 불가능해 보이는 것에 대해서 혁신적인 해법을 가까스로 찾아낼 때마다 희열을 느꼈다. 그리고 교육을 채 마치기도 전에 아주 일찍 첫 아이를 낳은 전문직 여성으로서, 개인 생활에서도 창의력과 끈기를 발휘하는 데 익숙하다. 나는 다른 사람뿐만 아니라 나를 위해서도 우리 대학원 과정을 확장하겠다는 꿈을 포기할 수 없다. 그것은 단지 포르탈레자 대학교만이 아니라 나에게 해를 끼칠 것이다. 나는 이 학교만큼이나 이 도전을 원한다."

이 필요 사항 목록을 바탕으로, 릴리아는 포르탈레자 대학교의 대학원 과정을 개편해서 각 선택 분야의 전문적 기술뿐만 아니라 갈등 해결과 복잡한 문제 해결, 창의력, 팀워크와 같은 관리 기술도 제공했다. 또 졸업 프로젝트를 고안해서 모든 대학원 과정에 적용했는데, 학생들은 문제를 해결하기 위해 자기 연구를, 지역적이든 국제적이든, 외부 세계와 연계하는 최종 프로젝트를 진행해야 했다. 그러면 포르탈레자 대학교는 그 연구를 원하는 기업이나 정부 기관에 학생들을 연계해줬다. 릴리아는 이런 새로운 형태의 대학원 교육을 "변화하는 리더"라고 불렀으며, 대중과 직접 소통해서 포르탈레자 대학교의 대학원 교육이 어째서 '경제가 어려움에도 불구하고'가 아니라 '경제가 어렵기 때문'에 유익한지 홍보했다. 실제로 포르탈레자 대학교 대학원에 등록한 무직

1부 나를 돌아보는 다섯 가지 질문

학생들은 릴리아가 실무와 연계된 수업을 진행한 결과로 일자리를 얻기 시작했다. 그리고 마침내 학생 수가 늘기 시작했다.

2019년, 릴리아는 다시 자리에 앉아 포르탈레자 대학교의 대학원 과정을 평가했다. 브라질의 경제 상황은 2013년에 "변화하는 리더"를 시작했을 때보다 훨씬 더 나빠졌다. 실업률이 거의 13퍼센트까지 올랐다. 그럼에도 그녀의 대학원 과정에 등록한 전체 학생 수는 두 배가 됐다. 게다가 모든 대학원 과정을 관리하는 브라질 정부 기관은 석사와 박사 과정의 질을 평가하는 기준을 "연구/프로젝트가 사회에 미치는 영향"을 포함하도록 개정했는데, 이는 포르탈레자 대학교에서 진행된 작업의 직접적 결과물이었다.

릴리아는 문제를 재구성하고 개인적, 제도적 필요에 초점을 맞춤으로써 포르탈레자 대학교의 대학원 과정 전체와 브라질 전역 수많은 사람의 삶을 변화시킬 수 있었다.

모든 행동의 동기는 욕구다

욕구needs는 우리가 하는 모든 행위에 동기를 부여한다. 욕구는 우리의 원동력이고, 인간이 하는 모든 행위 이면에 있는 이유다. 결핍이 당신에게 일종의 고통이나 역경을 야기한다면, 당신은 그것이 단순한 소망이나 바람이 아니라 욕구임을 알게 된다.[1] 우리가 어떤 순간에 욕구에 대해 생각하든 안 하든 또는 심지어 욕구를 인식하든 못 하든 간에, 그것은 존재한다. 그리고 우리 삶의 매 순간 우리가 하는 것 또는 하지 않는 것에 영향을 미친다.

사람들은 협상을 준비하면서 '최종 결과'를 생각할 때 거래의 결과로 발생할 수 있는 최악의 시나리오를 떠올린다. 그러나 연구에 의하면, 최종 결과가 아니라 열망이라고도 할 수 있는 목표를 파악하는 데 초점을 맞추는 사람이 협상에서 더 많은 것을 얻는다.[2] 특히, "낙관적이고, 구체적이며, 정당한" 열망을 품은 사람이 그렇다.[3] 이런 열망을 어떻게 찾아낼 수 있을까? 그 답은 바로 자신의 욕구를 파악하는 것이다.[4] 자신의 진정한 욕구를 바탕으로 목표를 정할 때, 우리는 명료하고 확실하게 협상함으로써 더 많은 것을 열망한다.[5] 또한 목표를 향해 더 자신 있고 더 정확하게 나아간다.

나는 다음과 같은 질문을 자주 받는다. "협상에서 물러나야 할 때를 어떻게 알죠?" "목표를 어떻게 고수하죠?" "어떻게 더 많은 것을 더 자신 있게 요구하죠?" 이 세 가지 질문에 대한 내 대답은 같다. 자신의 가장 깊숙한 곳에 있는 욕구를 철저히 이해한 뒤에 그에 기초해 협상하는 것이다. 당신의 욕구가 당신의 명확성이자 강점이다.

이와 반대로 자신의 욕구를 이해하지 않은 채로 협상을 시작하거나 삶을 살아가면, 방향을 잃고 만다. 카약에 타서 노를 무릎 위에 놓은 채 바람과 파도에 몸을 맡기는 셈이다. 정신이 완전히 나가서 공황상태에 빠질지도 모른다. 어느 방향으로 가야 할지 모르므로 목적지를 절대 찾을 수 없다.

    욕구는 협상에서 대단히 중요한 것임에도 우리는 자신에게 올바른 질문을 하지 않아서 그것을 알아내지 못한다. 이 장에서는 바로 자신의 욕구를 파악하는 법에 대해 배울 것이다.

나의 욕구를 파악한다는 것

    "나는 무엇을 원하는가?"는 중요한 질문이다. 문제나 협상의 근원에 도달하는 데 항상 도움이 된다. 그리고 이 질문에 완전히 답하려면 인내심을 갖고 연습해야 한다.

    이 장에서는 당신은 자신이 무엇을 원하는지 자문하고 답을 적어볼 것이다. 나는 사람들이 이 질문에 답할 때 나올 수 있는 다양한 유형의 욕구를 소개할 것이다. 그리고 그 질문을 실천할 수 있게 만들기 위해 자문해야 할 아주 중요하고 구체적인 후속 질문을 제시할 것이다. 그 질문을 통해 당신은 열망을 향해 자신 있게 나아갈 수 있을 것이다. 또 자기 자신에게조차 숨기고 있는 욕구를 알아내는 법과 상충하는 욕구가 있을 때 어떻게 해야 하는지에 대해서도 검토할 것이다.

    우선 자신에게 무엇이 필요한지에 숙고하는 시간을 가진 후에 이 연습을 시작하길 바란다. 일반적인 인간의 욕구라는 더 넓은 주제를 파고들기 전에 먼저 자신의 욕구가 무엇인지 적어보자.

편안한 장소에 들어가서 전화기를 끄고 집중해서 거울을 들여다보자. 그리고 5분 동안 마음속에 떠오르는 것은 무엇이든 적어보자. 명심해야 할 것은 자기검열을 해서는 안 된다는 것이다. 아주 잠깐이라도 생각나는 것을 있는 그대로 적어보자. 혹시 침묵만 계속된다고 해도 괜찮다. 몇 분 동안 조용히 앉아서 '나는 무엇을 원하는가?'라는 질문에 답할 수 있는 인내와 시간을 자신에게 선물해보자. 5분이면 충분하다.

몇 가지를 적은 뒤에 막막함을 느낀다면, 내가 당신에게 이렇게 묻는다고 상상해보라. "다른 건요?" "(방금 적은 것에 대해) 더 말해줄래요?" 이 과정을 5분 동안 계속하면서 자신의 욕구가 무엇인지 생각해보자.

욕구와 감정의 차이

나는 의도적으로 이 장을 당신에게 질문을 던지는 것으로 시작했다. 왜냐면 타인의 욕구에 관한 연구와 더 많은 사례를 알려주기 전에 이 질문에 스스로 답할 자유를 주고 싶었기 때문이다. 이제 자신의 욕구에 대해 생각을 해보았으니, 욕구를 좀 더 일반적으로 분석해보자. 욕구란 무엇인가? 우리는 욕구를 어떻게 생각할까? 우리가 원하는 것과 욕구가 협상에서 의미하는 바를 어떻게 이해할 수 있을까?

우리는 자신의 욕구를 확인하는 연습을 거의 하지 않기 때문에 욕구를 다른 것과 혼동한다. 예를 들어, 욕구는 감정과 다르다. 만약 당신이 어떤 상황에서 특정한 감정을 느끼고 있다면, 그것은 일반적으로 당신이 충족된 (또는 충족되지 않은) 욕구를 가지고 있기 때문이다. 어떤 감정을 느끼는 이유는 어떤 욕구를 가지고 있기 때문이다.

또 우리는 욕구를 협상에서의 요구나 입장과 자주 혼동한다. 예를 들어, 우리는 종종 다음과 같은 말로 자신의 욕구를 표현한다. "저는 부사장으로 승진하기 위해 10년을 기다렸습니다. 이제 제 차례입니다. 우리 부서에서 다음에 승진할 사람은 바로 저입니다." "항상 내가 아이들 소풍을 준비하잖아. 오늘은 안 할 거야." 법적인 사건의 경우, 요구는 사건 문서에 들어 있는 다음과 같은 것이다. "그는 우리 계약을 위반했고, 나는 5만 달러의 손해를 입었다."

욕구를 확인할 때 어려운 점은 욕구가 항상 분명하지만은 않다는 것이다. 그래서 우리는 요구에 초점을 맞추는데, 요구는 보통 돈이나 실체적인 것에 관련되기 때문에 확인하기가 더 수월하다.

그렇다면 욕구와 요구의 차이는 무엇일까? 자신의 욕구를 알아내면, 다른 사람과 더 성공적으로 협상하는 데 도움이 되는 귀중한 정보를 얻을 수 있다.

욕구의 종류

나는 10년 동안 모든 종류의 갈등을 중재하면서 똑같은 인간의 기본적 욕구가 반복해서 나타나는 것을 봤다. 그러나 욕구는 또한 인간 자체만큼이나 다채롭고 다양할 수 있다. 인류학에서부터 심리학, 법학에 이르기까지 여러 분야의 전문가들이 욕구를 체계화하고 그에 대해 생각하는 방법을 궁리하고 고안했다.

이 부분에서 나는 인간이 경험하는 욕구의 몇 가지 범주를 강조할 것이다. 심리학 연구에 따르면, 그것들은 성별과 문화, 주제를 초월한다.[6] 먼저 기초적인 육체적 욕구에 대해 말한 뒤 사회적, 정서적 및 기타 욕구로 옮겨갈 것이다. 이 범주들을 간략히 살펴본 뒤 그중 어떤 것에 공감이 가는지 알아보자.

기초적인 생물학적 욕구

인간의 가장 근본적인 욕구는 기본적인 생리적 욕구, 즉 음식과 옷, 주거, 수면, 섹스, 공기, 물이다. 대부분의 사람에게는 이런 욕구가 가장 중요하다. 인간이 경제적인 발전이나 감정적인 만족과 같은 고차원적 욕구에 관심을 돌릴 수 있으려면 그 전에 반드시 기본적인 생리적 욕구가 충족되어야 한다.

나는 생리적 욕구가 무엇보다 우선한다는 것이 엄연한 사실이라고 생각한다. 내가 뉴욕시 민사법원에서 다루는 소송에서는 분쟁 당사자 중 한 명이 형편이 어려워 식사를 제대로 하지 못하거나 노숙자인 경우가 많다. 그중에서 집주인이 임대료 체납 때문에 전 세입자를 고소한 사건이 있었다. 우리는 양 당사자를 법원 내에 있는 조정실로 불렀다. 방 안이 꽤 따뜻했지만 피고는 탁자 한쪽에 조용히 앉아 몸을 웅크린 채 떨고 있었다. 그는 말할 차례가 되자 겸연쩍어하며 생각을 조리 있게 표현하지 못하겠으니 잠시만 시간을 달라고 했다. 상황을 주시하던 내 제자들은 비공개회의(중재자가 각 당사자와 개별적으로 대화를 나누는 과정)를 요청했고, 그는 상대방이 있다는 압박감 없이 우리에게 말할 수 있었다.

집주인이 자리를 뜨자마자, 그는 우리에게 마음을 열었다. 그는 자신이 노숙자이며, 그전에도 한동안 먹을 걸 제대로 먹지 못했다고 했다. "호들갑을 떨 생각은 없지만, 맹세컨대 … 냉장고가 비어 있을 때는 생각을 하기 힘듭니다." 나는 고통과 굶주림에 시달리고 있음에도 협상에 참여하는 그의 노력에 크게 감탄했다. 결국, 차라리 이 시간을 활용해서 그에게 생리적 욕구를 충족시켜줄 재원을 연결해주기로 했다. 우리는 그에게 중재 상담소 전화번호를 건네면서 처지가 좀 나아져서 소송에서 협상할 준비가 되면 전화하라고 했다.

굶주림과 갈등 간의 이런 관계는 세계 무대에도 존재한다.[7] UN 세계식량계획의 사무총장 데이비드 비즐리는 다음과 같이 말한다. "굶주림과 갈등을 잇는 연결고리는 그 파괴력만큼이나 강력하다. 갈등은 식량 불안으로 이어진다.[8] 그리고 식량 불안은 불안정과 긴장을 고조시켜서 폭력을 유발할 수 있다."[9] 비즐리에 따르면, 전 세계적으로 만성적 식량 불안에 시달리는 8억 1,500만 명의 사람 중 60퍼센트가 분쟁 지역에 산다.[10]

식량 불안이나 전쟁의 결과를 마주하지는 않더라도, 우리는 모두 이런 기본적인 인간의 욕구를 공유한다. 생리적 욕구는 내가 분쟁을 중재할 때 모든 당사자가 음식과 음료를 충분히 섭취하고 휴식 시간을 충분히 갖도록 하는 이유다. 생리적 욕구가 충족되지 않으면 협상에 집중하기 힘들다. 협상할 때, 당신과 다른 사람을 위한 음식과 음료, 휴식을 챙기는 것을 잊어서는 안 된다.

안전과 안심에 대한 욕구

욕구의 다음 범주는 안전이며, 여기에는 안심과 경제적 안정이 포함된다. 일반적으로 인간은 이 관심사를 우리가 나중에 논의할 욕구보다 더 절박하게 느낀다.

안전, 즉 위험으로부터 보호받는다는 느낌은 모든 인간의 근본적 욕구다. 나는 예전에 코소보의 외교관들을 컬럼비아 로스쿨로 초청해서 그들의 국가를 탄생시킨 평화 협상 과정에 대해 들은 적이 있다. 그들 모두가 한결같이 한 말은 기근과 폭력으로 피폐해진 코소보의 시민들이 밥을 먹고 안전해진 뒤에야 그들의 '자유' 또는 자주권이 시작됐다는 것이었다. 시민들은 두려움이 가라앉고 난 뒤에 진보나 정치적 성장에 대해 생각할 수 있었다. 당신의 욕구 목록에 안전과 같은 기본적인 요소가 포함된다면,

1부 나를 돌아보는 다섯 가지 질문

아래에 나올 이차적인 욕구를 다루기 전에 먼저 안전에 대한 욕구에 초점을 맞춰야 한다.

안심에 대한 욕구는 우리의 일상적 선택과 관심사에도 영향을 미친다. 일상적인 결정을 내릴 때, 우리 중 일부는 이른바 "안심 협상가"다. 즉, 돈을 절약하거나 다른 욕구를 채우는 것보다 확실성을 늘리고 위험성을 줄이는 것을 우선시한다.

내가 미국 정부 공무원을 위해 개최한 협상 훈련 워크숍에 참가했던 미케일라는 최근에 아들의 보육기관에 대해 남편과 대화를 나눴는데 소통이 잘 안 돼서 불만이라고 했다. 그녀의 아들이 다니던 보육기관은 방문 서비스를 줄이는 중이었고, 이 때문에 그녀와 남편은 새로운 보육기관을 찾아야 했다. 그녀는 집에서 가까운 곳에 있는 훌륭하고 안전한 시설을 찾아냈다. 가격대가 그들이 감당할 수 있는 수준에서도 가장 높은 축이었지만, 그들의 요구에 맞았기에 그녀는 그곳에 아이를 보내려고 했다. 그런데 남편은 비용이 많이 든다고 주저하면서 더 저렴한 곳을 알아보자고 했다. 몹시 화가 난 미케일라는 이 상황에 대해 동료와 이야기를 나눴다.

"당신은 안심에 대한 욕구가 경제성을 극대화해야 한다는 욕구보다 앞서는 것 같군요." 내가 말했다.

그녀가 말했다. "네, 사실 그래요! 저에게는 안도감을 느끼는 게 중요해요. 저는 큰 결정을 마무리 짓지 못하면 머릿속에서 걱정이 떠나질 않아요. 그 보육시설 정원이 다 차면 어떡하죠? 아무것도 나아지지 않는다면요? 그때 결정을 했어야 하는 건데. 남편과 함께 집을 구하러 다닐 때도 전 그랬어요. 괜찮은 곳을 찾자마자 그걸로 끝이었죠. 그 일을 마무리 짓자 마음이 놓였어요."

미케일라는 보육시설을 확보했다는 안정감을 우선시했다. 반면에 남편은 경제적 효율성에 대한 욕구가 더 컸다. 그들은 해당 보육시설과 협상해서 결정을 내릴 시간을 달라고 했다. 그리고 미케일라와 남편은 그 기간에 좀 더 저렴한 다른 보육시설을 정하지 못하면, 그녀가 찾아낸 보육시설에 가서 예산에 맞게 비용을 절감할 다른 방법을 찾기로 했다. 일정을 정하자 미케일라는 안도감을 느꼈고, 남편은 어느 쪽이든 재정적인 측면에서 노력할 것이라는 확신을 얻었다.

재정적인 안정은 이런 근본적인 욕구 목록을 정리해준다. 돈이 있으면 생활필수품을 살 수 있다. 돈은 식품과 건강보험, 보육, 응급상황에 대비한 안전망을 의미한다. 사람들은 급여나 계약서의 금액에 대해 협상할 때, 그 돈으로 충족할 수 있는 구체적인 욕구를 염두에 둘 것이다. 경제적 욕구가 절박한 사람은 직함이나 삶의 질을 비롯한 다른 어떤 것보다도 경제적 안정을 우선시할 것이다. 하지만 이 장의 뒷부분에 나오는 것처럼, 돈은 구체적이지 않은 다른 욕구와도 연결된다.

심리적·정서적 욕구

협상에서 심리와 감정을 제거할 수 있을까? 그렇지 않다. 모든 협상, 심지어 돈을 중심으로 하는 협상조차도 심리적·정서적 욕구를 수반한다.

이 욕구는 사랑과 소속 욕구를 포함하고, 이것은 또 사랑, 수용, 사회적 지원, 소속감, 친밀함, 애정, 그리고 귀속감(이것은 직장에서든, 친구 관계에서든, 집에서든 간에 자신을 집단의 일부로 느끼는 것을 말한다)을 포함한다. 이런 욕구가 개인적 협상에서 나타나는 것은 놀랄 일이 아니다. 가장 가까운 사람의 사랑과 지지보다 우리에게 더 필요한 것은 거의 없다.

사람들은 '사랑', '소속감', '존경'과 같은 단어를 읽고 이런 욕구가 업무 중심적인 협상에서 실제로 나오는지 묻곤 한다. 실제로 대부분의 협상에서 사람들은 이런 단어를 언급한다. 내 경험에 의하면, 사람들이 돈을 요구하거나 소송을 하는 이유는 사랑과 감사, 수용과 관련해서는 계약을 맺을 수 없기 때문이다. 우리는 삶의 많은 부분을 직장에서 보내는데, 연구에 따르면 우리가 소속감을 느끼는지, 즉 직장에 우정과 인맥의 여부가 행복과 생산성 모두를 결정짓는 주된 요인이다.[11]

존경 욕구는 자존감(품위, 자신감, 성취감, 업적)과 다른 사람에 대한 존경(존중, 평판, 인정, 지위) 모두를 일컫는다. 내가 협상하는 사람들에게 도움을 주면서 가장 보람을 느끼는 순간 중 하나가 그들이 굉장한 결과를 성취했을 때 자신감과 성취감을 발산하는 모습을 보는 것이다. 사실, 당신은 자존감에 대한 욕구 때문에 이 책을 집어 들었는지도 모른다. 당신도 자신감과 성취감을 높이고 더 큰 업적을 이루기를 원할 것이다. 그렇다면 이 책을 끝까지 읽어보라. 이 장의 후반부에서 그런 강렬한 욕구를 실현하는 데 도움이 되는 실천 방안에 대해 이야기할 것이다.

존경 욕구는 사업과 외교 협상뿐만 아니라 개인적 협상의 근간이다. 이 범주의 네 가지 주요 욕구는 존중, 품위, 인정, 평판이다. 내가 경험한 모든 협상에서 존중, 즉 다른 사람에게 받는 존경이나 다른 사람의 감정과 권리, 바람에 대한 고려가 성공에 결정적인 역할을 했다.[12] 결혼 연구가인 존 가트맨은 수십 년 동안 존중에 대해 연구했는데,[13] 배우자에 대한 존중 부족이 이혼을 예측할 수 있는 네 가지 부정적 요소 중 하나라는 것을 알아냈다.[14] 연구에 따르면, 결혼과 마찬가지로 사업에서도 사람들은 존중받을 때 그에 대한 반응으로 상대를 존중할 가능성이 더 크다.[15] 존중은 신뢰와 합의를 낳는다.[16]

어떤 문화권에서는 '체면'이라고 부르는 품위가 모든 상황에서 아주 중요하다.[17] 요람에서 무덤까지, 모든 인간은 자부심과 고귀함을 갈망한다.[18] 그 욕구가 충족되는지 여부가 행복 또는 살아갈 의지에 대단히 큰 영향을 미친다.[19] 호스피스 측이 아버지가 마지막으로 가족과 시간을 보내기 위해 집으로 돌아가는 길을 도왔을 때, 나는 아버지가 차에서 내리려고 안간힘을 쓰면서도 손에 꽃을 들고 있는 모습을 보고 놀라고 감동했다. 아버지를 담당한 호스피스 간호사 패트리샤는 아버지가 집에서 저녁 식사를 할 계획을 잡자, 아내에게 꽃을 선물하고 싶냐고 물어봤다. 아버지는 그렇다고 대답했고, 패트리샤는 아버지를 모시고 가서 꽃을 샀다. 패트리샤는 육체적으로 엄청나게 쇠약해진 아버지의 품위를 지켜주었다.

품위는 직장에서도 대단히 중요하다. 고위 외교관들은 상대방에게 공개적으로 도전하는 것은 상대방의 품위에 도전하는 것이라고 말한다. 그로 인한 당혹감은 흔히 극심한 분노와 방어로 이어져서 합의를 어렵게 만든다. 협상에 능한 외교관들은 까다로운 대화는 일대일로 해야 한다는 것을 안다. 한 외교관의 말에 따르면, 중요한 다국적 협상이 자신의 품위가 손상됐다고 느끼는 지도자 때문에 한밤중에 결렬된 적이 있다. "그는 화를 내며 건물을 빠져나갔습니다. 저는 무슨 일인지 알아보려고 그를 쫓아갔고, 협상장을 벗어난 곳에서 그의 요구를 존중하며 돕고 싶다고 말했습니다. 결국 그는 협상장으로 돌아왔습니다. 그의 품위를 지켜준 것이 전 세계에 영향을 미칠 주요 정책 계획을 살렸습니다."

인정은 이 범주에 들어가는 또 다른 큰 욕구다. 내가 중재했던 수많은 사건 중 거의 모든 경우에서 사람들의 인정 욕구가 얼마나 강한지를 확인했다. 내가 중재하는 인간관계에 대한 시건 중 상당수가 알고 보면 자신이 그 관계에 기여하는 바를 인정받고 싶어 하는 개인의 욕구에 대한 것이었다. 이와 마찬가지로, 비즈니스 상황에서도 사람들이 자신의 견해가 인정받지 못한다고 느끼면 협상이 결렬되고 조직이 와해된다. 의사결정자 중 한 명이 각각의 견해를 충분히 인정한다면 모든 사람들의 견해를 계획에 포함하지는 않더라도 사람들을 포섭할 수 있을 것이다.

마지막으로, 협상에 임하는 사람들은 대체로 자신의 평판에 신경을 많이 쓴다. 많은 협상에서 나는 평판이 결정적인 욕구로 반복해서 수면 위로 올라오는 것을 보았다. 사실 평판은 당사자가 그것을 인식하지 않는 한 보통은 수면 아래에 묻혀 있다. 연봉 협상에 대해 나와 의논하는 사람들은 돈이 생활필수품을 구입하는 데 필요할 뿐만 아니라 평판을 쌓는 데도 도움이 된다고 말한다. 만약 당신이 다루는 협상이 당신이 씨름해야 할 많은 비슷한 협상 중 첫 번째라면, 예를 들어 새 제품이나 서비스에 대해 고객과 협상을 시작했다면, 당신은 회사 대표로서의 자신의 평판이나 시장에서 당신 제품의 평판에 대해 걱정할 것이다.

한 연기자 에이전트는 그가 초기에 담당했던 배우 중 한 명과 계약 협상을 진행했던 이야기를 떠올렸다. 그 에이전트는 신입이었고 자신이 융통성을 보이지 않아 제작사와 불협화음을 일으키고 있다는 것을 깨달았다. 그래도 밀고 나갔다. 그는 일을 막 시작한 시점에 부드러운 협상가로 알려지기를 원치 않았다. 평판이 협상에서 당신에게 필요한 것으로 보인다면(보통 실제로 그렇다), 지금 잠시 시간을 두고 그것에 대해 숙고해보라.

자유나 자율성을 포함하는 자주적 욕구도 있다. 사람에게는 법이나 조직(여기에는 가족도 포함된다!)의 규범 안에서 가능한 한 자신이 스스로 결정을 내리고자 하는 강력한 욕구가 있다.[20] 설사 당신의 협상 대상이 궁극적으로 의사결정권을 갖고 있지 않다고 해도, 그들과 상의하고 그들의 목소리에 귀를 기울이거나 고를 수 있는 선택지를 제시하면, 이런 자주적 욕구를 충족하는 데 도움이 될 것이다.[21]

이런 심리적·정서적 욕구가 우리가 매일 접하는 법적, 사업적, 가족적, 지역적, 외교적 협상도 지배한다.

기타 욕구

인간의 욕구 범주를 더 나열하면 다음과 같다.

- **초월:** 개인의 자아를 초월하는 가치(예를 들어, 신앙, 신비적 경험과 자연에 대한 특정한 경험, 타인에 대한 봉사, 심미적 경험, 성적 경험, 과학에 대한 추구 등)
- **인지:** 지식과 이해, 호기심, 탐구, 의미에 대한 욕구, 예측 능력
- **심미:** 아름다움, 균형, 형식 등에 대한 감상과 탐구
- **자아실현:** 개인적 잠재력과 성취감을 실현하고 개인적 성장과 변혁적 경험을 추구하는 것

내가 협상가로 활동하며 이 책을 쓸 수 있었던 것은 나의 자아실현 욕구를 인식한 덕분이다. 18년 전 컬럼비아 로스쿨 학생일 때, 나는 우중충한 뉴욕시 법원 회의실에 앉아 영화에서 흔히 보

는 변화의 순간을 경험했다. 나는 로스쿨 친구의 조언에 따라 중재 실습이라는 강좌에 등록했는데, 친구는 "말을 많이 해야 하니까, 넌 아주 잘할 거야"라고 말했다. 교수들은 중재 훈련 강의를 짧게 한 다음 나에게 법정으로 가서 첫 번째 사건을 중재하라고 했다.

내 앞에 앉아 있는 양 당사자가 분쟁을 해결하는 것을 도운 그 날, 나는 내가 이 세상에 태어난 이유를 완벽하고 명료하게 깨달았다. 나는 사람들이 협상을 더 잘하도록 도울 때, 내가 가진 가장 큰 잠재력이 깨어나고 있음을 알 수 있었다. 그리고 그 어느 때보다 큰 성취감을 느꼈다. 다음 학기에 나는 실습 조교로 일하면서 다른 학생들이 중재를 더 잘 배우도록 도왔다. 나는 그게 너무 좋았다.

컬럼비아 로스쿨을 졸업한 뒤, 나는 미국 최고의 로펌 중 한 곳에서 변호사로 일하게 됐다. 나는 나의 직장과 동료들이 마음에 들었다. 보수도 상당했다. 부모님은 내가 안정적인 직장에서 일하게 된 데에 기뻐했다. 하지만 나는 더 많은 것을 갈망했다. 법정에서의 그날을 회상하며 당사자들이 갈등을 해결하고 학생들이 자신의 잠재력을 끌어내도록 도왔을 때 느꼈던 성취감을 다시 느끼고 싶어 한다는 것을 깨달았다. 나는 컬럼비아 대학으로 돌아가서 중재를 가르치면 더 성장할 수 있다고 생각했다. 이 글을 쓰고 있는 지금, 나는 내 자아실현 욕구를 깨달은 순간이 내 인생 최고의 결정, 즉 일류 로펌을 떠나서 가르치고 중재하는 일을 택한 것으로 이어졌음을 안다. 나는 내 일에서 느끼는 성취감으로 충만한 상태에서 매일 아침을 맞는다.

욕구에도 순위가 있다

사람들은 일반적으로 기본적인 육체적 욕구와 안전 욕구를 다른 어떤 것보다 우선시하지만, 항상 그런 것은 아니다. 인간은 사물이나 상황의 가치를 다르게 평가한다. 예를 들어, 협상을 수차례 하다 보면, 어떤 사람들은 종교적 욕구를 경제적 안정보다 우선시한다는 것을 알게 된다. 나는 예전에 종교 단체와 관련된 소송을 중재한 적이 있다. 사망자의 가족이 그가 속해 있던 종교 단체를 상대로 계약 위반 소송을 제기했다. 가족의 주장은, 사랑하는 사람이자 해당 종교의 독실한 신도였던 고인이 생전에 말한 바에 따르면, 만약 자신에게 장례를 치를 돈이 없으면 해당 단체가 장례를 대신 치러주기로 약속했다는 것이었다. 그가 사망하자 가족은 그가 그 종교 단체의 신도였다는 것을 증명하기 위해 종교 단체에 연락했지만, 아무도 응답하지 않았다. 가족은 울먹이며 장례를 치를 돈을 같이 마련하기 전까지 시신을 안치실에 한 달 동안 보관했다고 말했다.

이 사건에는 서면 계약서가 없었다. 하지만 중재 초기부터 같은 종교의 신도인 해당 단체의 변호사는 만약 가족의 주장이 사실로 밝혀지면 법적으로 어떤 결론이 나든 도덕적 의무에 따라 단체가 합의금을 지급해야 한다고 말했다. 그 단체의 종교적 욕구는 경제적 또는 법적 욕구를 능가했다.

유형의 욕구와 무형의 욕구

지금까지 인간이 느끼는 다양한 욕구에 대해 살펴보았다. 어떤 것에 공감이 가는가? 추가적인 욕구가 마음속에 떠오르는가? 그렇다면, 그것도 적어보자. 목록을 다 작성한 후에는 당신의 욕구를 더 깊이 이해하기 위해 그 내용을 더 자세히 검토할 것이다. 그 욕구를 확실히 충족하기 위해 취할 수 있는 실천 단계를 생각해볼 것이다. 첫 단계는 자신의 욕구를 검토해서 유형과 무형이라는 두 가지 범주로 나누는 것이다.

유형의 욕구

유형이란 고객과 달러, 직함, 그림에서부터 상점과 점수, 직장, 선반 위의 상품까지, 만지거나 느끼거나 보거나 셀 수 있는 것을 말한다. 그래서 자신에게 "나는 무엇을 원하는가?"라고 물었을 때 "더 많은 돈" 또는 "부사장으로 승진하기", "새 고객"과 같은 유형의 항목으로 답하기 시작했다면 출발이 좋은 것이다. 당신이 알아낼 수 있는 모든 유형적 욕구를 샅샅이 찾아내라.

하지만 여기서 끝이 아니다. 자신의 욕구를 더 깊이 생각하며 유형이라는 속성을 넘어서야 한다. 그러기 위해서는 목록에 있는 유형 항목을 보고 다음 후속 질문을 해보자.

이것을 중요하게 만드는 것은 무엇인가?

이것은 나의 무엇을 나타내는가?

이 질문을 하면 목록에 있는 유형의 욕구가 당신에게 왜 필요한지 이해할 수 있다. 일단 이유를 이해하면 다음 장으로 넘어가서 '어떻게'를 다룰 수 있다. 예를 들어 당신은 다음과 같이 구체적인 것으로 시작할 것이다. "나는 이번 분기에 새 고객 다섯 명이 필요하다." 무엇이 이것을 중요하게 만드는지 자문해보면, 다음과 같은 것을 깨달을 것이다. "고객이 더 필요한 이유는 그것이 더 큰 재정적 안정감을 가져다주기 때문이다." "내 인생에 도전과 성취감이 필요하다." 일단 구체적인 것을 파고들면, 가장 깊은 곳에 있는 욕구와 가치관을 알아낼 수 있다. 우리는 그것을 사용해서 해결책을 고안할 것이다.

유형의 욕구는 흔히 다른 것, 더 큰 것을 의미한다. 유형의 욕구는 단지 그것의 일부일 뿐이다. 유형의 욕구 아래에 있는 더 큰 욕구를 알아내려면 그 밑으로 파고들어야 한다. 예를 들어, 건강 관련 제품 스타트업의 CEO인 월든에게 회사가 어떻게 되기를 바라냐고 물었더니, 그는 먼저 이렇게 답했다. "주요 체인점에 판로를 뚫은 뒤에 2021년 1사분기까지 중서부 특정 도시에서 목표한 고객 소비율을 달성하는 것입니다." 후속 질문으로 그것이 왜 중요하냐고 묻자 그는 이렇게 답했다. "해안 지방에서 우리 제품이 성공할 수 있다는 건 누구나 압니다. 많은 신상품이 뉴욕과 LA에서 성공을 거두고 있으니 그건 당연한 일입니다. 성공한 제품이라고 할 수 있으려면 미국의 나머지 지역에서도 높은 판매율을 올려야 합니다. 예를 들어, 디모인과 같은 도시에서 높은 판매율을 달성한다면, 투자자와 시장은 우리가 사업을 지속하고 다음 단계로 나아가기 위해 자금을 조달할 준비를 하리라는 것을 알 것입니다." 나는 그를 위해 이것을 요약해서 물었다. "그래서 중서부 지역의 판매율이 당신의 욕구와 실제로 무슨 상관이 있나요?" 그가 말했다. "글쎄요, 생각해본 적은 없지만, 중서부 지역의 판매 수치는 투자를 의미합니다. 그러니까 우리 투자자를 계속 만족시켜서 새로운 투자자를 끌어들인다는 말이죠." 우리는 욕구 목록에 "투자자 유치/만족"을 추가하고, 그 밑에 "중서부 지역의 판매 수치"를 적었다.

월든처럼 더 깊은 욕구를 분명히 하고 나면, 그것과 연관되는 유형의 욕구를 더 전개하거나 정제할 수 있다. 그것들이 당신에게 왜 중요한지 파악한 뒤에 자신에게 다음과 같은 질문을 해보기를 바란다. "투자자를 만족시키려는 내 욕구를 또 어떻게 충족할 수 있을까?" 이를 통해 근본적 욕구를 명확히 하는 동시에 충족해야 하는 선택지 목록도 완성하게 될 것이다.

무형의 욕구

당신의 욕구 목록의 일부는 무형의 욕구일 것이며, 이 장의 앞에서 논의한 많은 욕구처럼, 이것은 덧없지만 우리 삶에 의미를 부여하는 중요한 이상이다. 앞에서 유형의 욕구 목록을 작성한 뒤에 그것을 더 깊은 욕구와 연결했을 때, 그 깊은 욕구가 바로 무형의 욕구다. 일반적인 무형의 욕구는 존중과 평판, 인정, 소통, 성공, 진보, 사랑, 안정, 사생활, 자유다.

무형의 욕구는 보거나 셀 수 없으므로 흐릿하고 희미하게 느껴질 수 있다. 그러나 무형의 욕구는 일반적으로 특정한 어느 하나의 문제를 초월해서 우리 삶 전체에 의미와 목적을 부여하므로 중요하다. 이 무형의 욕구를 인식하는 것은 직업적·개인적 삶의 전반적인 방향을 정하는 작업에 도움이 된다. 명심해야 할 것은 이 책에서 우리는 단순히 지금 당면한 한 번의 협상이 아니라, 장기적인 안목으로 당신의 관계와 미래의 방향성을 정하고 있다는 것이다. 당신은 자신의 개인적 욕구를 알아내서 한 번의 악수와 계약, 포옹을 넘어서는 가치를 창출할 것이다.

그러니 만약 당신의 목록에 아직 무형의 욕구가 없다면, 잠시 시간을 두고 목록에 있는 욕구에 대해 생각해보라. 그중 일부가 이 장에서 본 무형의 욕구와 연결되는가? 그것을 읽는 동안 또 다른 무형의 욕구가 떠오르는가?

이미 무형의 욕구가 있다면, 이제 다음 단계로 넘어가보자. 무형의 욕구를 구체화하는 것이다. 그 무형의 욕구를 현실화해서 그것을 실현하는 방향으로 나아가자. 각각의 무형의 욕구에 대해 다음과 같은 중요한 후속 질문을 해보자.

그것은 구체적으로 어떤 것인가?

예를 들어, 사업상의 갈등을 중재하다 보면, 사람들이 이렇게 말하는 것을 흔히 듣는다. "이 문제에는 공정한 해결책이 필요합니다." 그들은 반복해서 공정성을 들먹인다. 해결책을 향해 나아가기 시작할 때는 내가 다음과 같은 질문을 하고 나선다. "당신이 지금 말하는 공정성은 구체적으로 어떤 것이죠?" 공정성은 보는 사람에 따라 엄청나게 다를 수 있다. 다음은 내가 사람들에게 이 질문을 던졌을 때 들은 답의 사례다.

200,000달러

2,000달러

승진

아이의 병원 예약을 돕는 것

CEO의 멘토링

주말에 한 시간 동안 텔레비전 보기

다음 이용 시에 드라이클리닝 할인

의결권

휴식

아이들 없이 보내는 시간

주거지에서 길고양이 6마리 제거하기(사실이다)

더 나은 사무실 위치

사과

이제 감이 잡히는가? 공정성은 다양한 맥락이나 시점에 따라 당신에게 다른 것을 의미할 것이다. 당신이 묻기 전까지는 절대 알 수 없을 것이다. 그러니 각각의 무형의 욕구에 대해서, "이것은 구체적으로 어떤 것인가?"라고 스스로에게 물어볼 필요가 있다. 일단 최초의 답을 얻으면 자신에게 "이 상황에서 달리 어떻게 공정성(또는 무엇이든 간에 내게 필요한 것)을 달성할 수 있을까?"라고 물음으로써 목록이 완성됐는지 확인하라. 그리고 완전한 목록을 얻었다고 느껴질 때까지 이 과정을 계속하는 것이다.

다른 예를 들어보자. 브렛은 이제 아홉 살, 일곱 살, 다섯 살 된 세 아들과 집에서 10년을 보낸 뒤에 직장으로 복귀할 생각을 하고 있다. 경영 컨설턴트와 프로젝트 매니저를 지낸 그녀는 영양 컨설팅에 관심을 가지게 되었고 집에서 아이들을 키우는 동안 몇 가지 강좌를 수강했다. 그리고 자기 사업을 시작하기 위해 열렬한 소셜미디어 팔로워를 만들어냈다. 하지만 얼마 동안 어느 방향으로 가야 할지 갈피를 잡지 못하다가 지금은 오도 가도 못 하는 상황에 있다. 브렛은 일에 대한 자신의 야망을 명확히 하기 위해 자신의 욕구를 적어보기로 했다.

브렛은 목록에 "성장하는 느낌"을 넣었다. 내가 "성장하는 느낌"이 구체적으로 어떤 것이냐고 묻자, 그녀가 대답했다. "흠, 사람들이 소비할 수 있는 실재적인 것을 만들어내는 것 같아요. 제 조언이 담긴 PDF일 수도 있죠. 아니면 고객을 직접 만날 수도 있고요. 소셜미디어 플랫폼만으로는 부족해요. 직접 또는 스카이프를 통해 사람들을 만나는 것이 성장이라고 느껴져요." 내 질문 덕에 우리는 브렛의 욕구와 그것을 충족하기 위한 수단을 더 알아낼 수 있었다. 그녀의 욕구는 사람들이 보거나 만질 수 있는 실재적인 것을 만들고 함께 일할 고객을 찾는 것이었다.

경제적 욕구가 의미하는 것

경제적 욕구는 현실이다. 돈은 생활필수품을 살 수 있도록 해주므로 인간의 기본적인 유형적 욕구다. 하지만 돈은 다른 것을 의미할 수도 있으며, 그런 측면에서 무형의 욕구도 될 수 있다. 즉, 돈은 존중과 인정, 진보, 공헌, 성취, 심지어 자유의 대용물이 될 수 있다.

나는 수년간 다양한 업계의 많은 사람과 대화를 나눴는데, 그들은 자신들이 제시한 조건이 객관적으로 합당하거나 심지어 엄청나게 좋을 때조차도 재정적 협상을 간단히 마무리할 수 없었다고 말했다. 왜 그런 일이 생길까? 왜냐면 숫자는 종종 피해나 경제적 현실이 아닌 다른 것을 상징할 수도 있기 때문이다. 인정 욕구와 공정성에 대한 욕구, 망가진 관계로 인한 비통함 등이 그런 사례다.

그러니 만약 돈이 유형적인 것으로 나타난다면, 그 돈이 당신에게 무엇을 의미하는지 생각해보라. 그것이 어떤 가치를 나타내는가? 그리고 돈 이외에 달리 어떻게 그 가치를 성취할 수 있는가? 만약 돈이 '경제적 자유'와 같은 무형적인 것으로 나타난다면, 이렇게 스스로에게 물어보라. "경제적 자유는 구체적으로 무엇인가?" 이 질문을 통해 돈을 적절한 맥락에 놓고 그 가치를 성취하기 위해 정확히 무엇이 필요한지를 알게 될 것이다.

자신에게 실제로 무엇이 필요한지를 알면, 하나의 개별 협상 결과를 훨씬 뛰어넘어서 미래를 설계할 수 있다.

아직도 내가 무엇을 원하는지 모르겠다면

지금까지 살펴본 과정에도 불구하고 "나는 무엇을 원하는가?"라는 질문에 쉽게 대답할 수 없는 상황에 처할 수 있다. 그런 순간에도 자신의 욕구가 무엇인지 알 수 있는 몇 가지 방법을 알아보자.

나의 욕구를 파악하기 힘들 때

여기까지 읽었는데도 여전히 아무런 결과를 얻지 못했다면 어떻게 하는 것이 좋을까? 욕구를 파악하기 힘들 때 일반적으로 도움이 되는 두 가지 요령이 있다.

첫 번째는 당신의 상황에서 현재 참을 수 없거나 가장 속상한 일을 생각한 다음, 그걸 뒤집어서 정반대의 내용을 적어보는 것이다. 바로 그것이 당신의 욕구다. 예를 들어, 당신이 중요하게 여기는 문제 중 하나가 다른 사람들과의 관계에서 과소평가 받는다고 느끼는 것이라면, 당신이 추구하는 것은 감사나 존중, 인정일 것이다. 이 책을 읽는 이유가 잠시의 휴식이나 평온함도 허락하지 않는 직업 때문이라면 무엇이 필요한지 알 수 있을 것이다.

또 다른 방법은 다른 사람이 생각하는 것 또는 다른 사람이 당신에게 필요하다고 생각하는 것과 자신을 분리하라. 우리는 다른 사람이 내게 필요하다고 말하는 것에 휩쓸리거나, 다른 사람이 가진 것을 근거로 내게도 그것이 필요하다고 생각하기 쉽다. 당신이 막막한 이유가 다른 사람과 그들이 당신에게 필요하다고 생각하는 것에 대해 생각하고 있기 때문이라면, 일단 그것을 검토해라. 그 사람이 당신에게 필요하다고 생각하는 것을 전부 목록으로 만든 다음 그것을 한쪽으로 치워버려라. 그러면 당신에게 필요한 것과 당신에게 필요하다고 들어왔던 것을 분리하는 데 도움이 될 것이다.

다른 사람이나 조직을 대표해서 협상할 때

"나는 무엇을 원하는가?"라는 질문은 사람들뿐만 아니라 기업이나 기관에도 유용하다. 우선 욕구에 대한 브레인스토밍을 하면 당신이 협상장에서 맡게 될 역할, 정체성, 또는 직책에 따라서 당신의 욕구를 파악하는 데 도움이 된다.

그러면 자신의 다양한 직책이나 역할을 모두 알고 있는지 어떻게 확인할 수 있을까? 공식적이든 비공식적이든 간에, 자신의 (1) 책임, (2) 정체성, (3) 역할에 대해 생각해보자. 예를 들어, 교사이자 자폐증이 있는 소녀의 어머니인 케이샤는 딸 이마니의 IEP(장애아를 위한 교육 계획)를 놓고 학군과 협상을 벌이고 있다. 협상장에 앉을 때, 케이샤는 (1) 자신의 욕구를 분명히 표현할 수 없는 이마니의 부모, (2) 동네의 모든 아이를 대변하는 지역 특수교육 학부모회의 리더, (3) 교사의 역할과 전문성을 소중히 생각하는 교육자로서 자신의 욕구에 대해 생각한다. 이러한 모든 욕구를 인식하는 것은 케이샤가 자신의 주장(이마니를 위한 개인 도우미와 일상적 치료)을 정리한 다음 회의실 안의 교사들이 공감하도록 자신의 주장을 표현하는 방법을 정하는 데 도움이 됐다.

이와 마찬가지로, 당신이 어떤 조직을 대변하고 있다면, 이 장의 초반에 나온 릴리아가 그랬던 것처럼, 개인적 욕구뿐만 아니라 제도적인 욕구도 생길 것이다.

사람들이 협상장에서 맡게 될 모든 정체성을 분석하는 작업이 필요한 이유에는 세 가지가 있다. 첫째, 욕구 목록을 확장함으로써 협상에 필요한 것을 최대한으로 상상할 수 있게 된다. 둘째, 협상할 때 맡게 되는 다양한 역할 중 전에는 생각조차 해보지 않았을 것을 알아낼 수 있다. 마지막으로, 갈등으로 보이는 이해관계를 정확히 파악하는 데 도움이 된다. 나는 이처럼 내적으로 상충하는 욕구가 갈등과 정체의 주요 원인이라고 생각한다.

나의 욕구 중 일부가 상충할 때

자신의 욕구를 밝히는 동안 그중 일부가 상충하는 것으로 보일 때가 있다. 예를 들어, 당신이 대기업에서 스타트업으로 이직하는 것을 고려하고 있다면, 새 제품을 시장에 내놓음으로써 직업적으로 성장하기를 원하는 동시에 가족을 위한 경제적 안정을 원할 것이다. 이것은 대단한 발견이다! 여기서 당신이 이직을 결단하지 못하는 이유에 대한 단서를 찾을 수 있을지 모른다. 그렇다면 두 가지 욕구를 다 적어보자. 자신에게 상충하는 욕구로 보이는 것을 알고 나면, 그것이 실제로 상충하는지, 또는 둘 다 만족시켜서 앞으로 나아갈 방법이 있는지 알아낼 수 있다.

개인적 또는 직업적으로 정체되어 있다고 느껴서 이 책을 펼쳤다면, 자신의 욕구 목록을 훑어보고 그중 일부가 충돌하는지 스스로에게 물어보자. 만약 그렇다면, 그것이 내적 갈등을 불러일으켜서 그 결과로 (1) 정체감과 (2) 상충하는 감정이나 행동이 발생할 수 있다. 이에 대처하는 한 가지 방법은 상충한다고 생각되는 욕구를 보고 그것을 구체화해서 실제로 그런지 살펴보는 것이다.

욕구를 역할과 정체성, 직책으로 나누는 것도 갈등을 밝히는

데 도움이 된다. 브렛의 경우를 다시 생각해보자. 그녀는 집에서 한동안 자식들과 지낸 후에 직장으로 복귀하는 것을 고려하고 있지만, 어느 방향으로 가야 할지 갈피를 잡지 못하고 있다. 브렛은 마치 자기 자신과 다투는 것처럼 느끼고 있었다. 우리가 그녀의 직책과 욕구에 대해 이야기했을 때, 그녀는 그걸 다음과 같이 나눴다.

부모	배우자	나 자신
세 아들과의 관계	남편과의 재정적 균형	다른 사람과의 관계
아들의 읽기 공부를 돕기	가정을 원만하게 운영하기	재정적 기여
아이들 성장에 투자하기	가정의 평화	성장하는 느낌
어릴 때 옆에 있어주기	남편과의 관계	모험

이렇게 자신의 욕구가 무엇인지 윤곽이 드러난 후에, 브렛은 자신의 욕구를 보며 말했다. "아이들과의 관계에 대한 욕구가 여행과 모험에 대한 욕구와 상충하지 않을까 걱정되네요." 그러고 나서 우리는 그녀의 관심사를 하나씩 살펴보며 그것이 실제로 어떤 것인지 알아봤다.

"세 아들과의 관계"가 구체적으로 무엇인지 자문했을 때, 브렛은 그것이 자신에게 다음과 같은 것임을 발견했다.

- 아이들 각자에게 오롯이 쏟는 시간 갖기
- 토요일 아침에 스포츠 및 취미 활동을 하기 전에 꼭 안아주기
- 일주일에 두 번 TV 없이 온 가족이 저녁 식사하기

"여행과 모험"에 대한 욕구는 이렇게 규정했다.

- 일 년에 한 번, 가족을 동반하지 않고, "자신만을 위한" 여행 떠나기
- 여행과 공동체를 중시하는 다른 여성을 위해 자신이 운영하는 워크숍을 다른 도시에서 개최하기
- 프랑스어 수업 듣기
- 자신을 안주하지 않게 할 일을 만들기

이 두 가지 목록을 봤을 때, 두 가지 관심사가 실제로 상충하는 가? 아니면 브렛이 두 가지 모두를 성취할 방법이 있을까? 브렛과 내가 이 목록을 봤을 때, 우리는 브렛이 아주 중요한 이 관심사를 둘 다 성취할 방법이 많이 있다는 것을 즉시 깨달았다. 예를 들어, 주간 수업을 들으면 일주일에 두 번 정도 가족과 TV 없이 저녁 식사를 할 수 있을 것이다. 아이들을 꼭 안아주고, 배우자와 저녁 데이트를 하면서, 자신을 만족시킬 개인적인 여행이나 휴양도 계획할 수 있을 것이다.

때로는 관심사가 크게 상충할 수도 있다. 예를 들어, 최신식 주방에 대한 욕구가 개인 저축과 비상금을 쌓아 놓으려는 욕구와

1부 나를 돌아보는 다섯 가지 질문

충돌할지 모른다. 하지만 대부분은 실제로 자신의 욕구가 어떤 모습인지 깊이 검토해보면 두 가지 모두를 성취할 방법을 찾아낼 수 있다. 2부에서는 다른 사람의 욕구에 대해 질문하는 법을 살펴보며 욕구를 조화시키는 연습을 처음부터 다시 하게 될 것이다.

욕구도 진화한다

아나이스 닌은 "삶은 생성 과정이다"라고 말했다.[22] 욕구는 그것을 소유한 사람과 마찬가지로 절대 정적이지 않으며, 항상 바뀐다. 우리가 변화함에 따라, 우리의 정체성과 역할도 변화한다. 그래서 아들과 여성, 매니저, 의사, 코치로서의 욕구도 모두 우리처럼 진화할 것이다.

현재 교수로서의 내 욕구는 12년 전 컬럼비아 대학에서 일을 시작했을 때와는 다르다. 월든의 회사 CEO로서의 욕구는 초창기에 제품을 개선하고 종잣돈을 구할 때와 회사가 3번째로 자금을 조달하고 전국으로 확장할 때가 다를 것이다. 브렛의 부모와 배우자, 개인으로서의 욕구는 그녀가 발전하고 아이가 성장하고 발달하면서 변화할 것이다.

그러므로 만약 당신이 계속 진행 중인 문제 때문에 협상을 여러 번 해야 한다면, 그 사이에 당신의 욕구도 진화할 수 있다. 상대방과 한 번 이상 만난다면, 자신과도 한 번 이상 만나라.

욕구를 파악하기 위한 또 하나의 질문

당신을 위한 즉석 연습이 하나 더 있다. 시간을 좀 두고 이제 그동안 인정하지 않았던 것을 받아들여보자. 때때로 우리는 자기 자신에게조차 가장 큰 욕구를 감추고 있다. 우리는 자기도 모르는 사이에 자기검열을 한다. 그러니 잠시 숨을 고르고 자신에게 다음과 같은 질문을 던져보자. 이 상황에서 내가 원할 수 있는 최악의 것, 가장 형편없는 것은 무엇인가?

내가 브렛에게 이 질문을 했을 때, 그녀는 가정을 돌보고 남편과의 관계를 발전시키고 싶다는 "사회적으로 용인되는" 욕구를 말한 뒤, 잠시 멈추고 숨을 돌린 다음, 자신의 비밀스러운 욕구 중 일부를 밝혔다. 결국, 그녀는 가정의 범위를 넘어선 성취감이 필요하다는 것을 인정했다. "일에 너무 집중하면 안 된다는 것은 알아요.… 전 엄마잖아요. 물론 아이들이 가장 중요해요. 하지만 더 넓은 세상에서 뭔가를 성취한다는 느낌이 정말 그리워요."

자신이 가지고 있는 '최악의' 욕구를 목록으로 작성하는 연습은 모두에게 중요하다. 우리는 보통 우리가 원하는 것을 검열한다. 우리는 성취감, 매력 또는 돈을 원하는 것은 좋지 않거나 부적절하다고 생각한다. 하지만 이런 욕구가 뭐 그리 잘못됐는가? 왜 이것을 인정하기 힘든 것인가? 이런 욕구를 무시하면, 결국 자기 정체성의 일부를 부정하게 되고, 그로 인해 협상에서 성취하는 것을 제한하고 자신이 될 수 있는 것을 억제하게 된다.

지금까지 이 장의 첫 부분에서 던진 질문에 답을 해보았다. 유형의 욕구와 무형의 욕구를 나열하고 더 깊이 파고들어 자신의 역할에 맞는 욕구까지 구체적으로 살펴보았다. 이제 당신의 욕구를 요약하며 이 장을 마무리하자. 우선 당신이 적은 모든 것을 검토하고, 계속 떠오르는 단어나 주제에 주목하면서 지금까지 적은 것을 한 단락으로 요약해보자. 이 책을 계속 읽어가는 동안 요약한 내용을 유용하게 사용하게 될 것이다.

3장

자신의 감정을 인정하라
: 나는 어떤 감정을 느끼는가?

주요 국제 소비재 회사의 고위 간부인 카라는 사무적이고 유머 감각이 없는 것으로 유명했다. 그녀는 대학을 졸업한 뒤 그곳에서 18년 동안 주요 약국 체인점과 여타 상점에 가정용 세척제와 개인위생 및 미용용품을 팔아서 꾸준히 승진했다.

워낙 빠르게 돌아가는 업무 때문에 카라는 스트레스를 많이 받곤 했다. 하지만 회사에 다니는 동안 가장 가까운 동료와 친구조차도 그녀가 속상해하거나 눈물을 흘리는 모습을 본 적이 없다. 카라는 종종 이렇게 말했다. "나는 속상하지 않아. 속상해할 시간이 없거든." 연례 평가에서 그녀가 받은 주요한 평가는 속도를 좀 늦추라는 것이었다. 카라는 직장에서 서열이 올라가는 동안 결혼하고 부지런히 저축을 했다. 꿈에 그리던 집을 사고 여윳

1부   나를 돌아보는 다섯 가지 질문

돈을 넉넉히 확보하기 위해 월급보다 훨씬 적은 돈으로 생활하고 재정적 위험을 감수할 만한 일은 거의 하지 않았다. 처음 집을 구입하면서 카라는 자신이 원하는 모든 특징을 정리하여 어떤 집이 자신의 기준에 부합하는지 분석한 엑셀 스프레드시트를 만들어서 내게 보여줬다. 그리고 이렇게 말했다. "저는 어떤 일을 하든 스프레드시트를 만들어요." 카라는 스프레드시트에서 체크 표시가 가장 많은 집을 선택했다.

얼마 후 카라는 아들을 두 명 낳았다. 아이들이 태어난 뒤에는 점차 건강한 삶에 관심을 갖게 되면서 음식의 영양 성분을 꼼꼼히 확인했다. 가족에게 건강한 식사를 제공하는 일에 관심을 갖자 어떤 종류의 가정용품을 사용할지에 대해서도 더 깊게 고민하게 되었고, 더 친환경적인 제품에 대해 조사하기도 했다. 그런데 자신이 집에서 사용하는 제품 중에서 자신의 회사 제품은 보이지 않았다. 카라는 선택을 할 때가 된 것 같다고 생각했다.

카라는 지난 1년 동안 친환경 세제 분야의 스타트업을 눈여겨보며 이직할 적절한 기회를 기다리고 있었다. 많은 회사가 그녀에게 눈독을 들이고 있었지만 그녀는 모든 제안을 거부하고 자신이 조사한 내용을 협상 코치인 나와 상의하며 검토했다. 그녀가 만든 방대한 스프레드시트에는 이직할 가능성이 있는 가 기업들의 시장 지배력과 계약 조건, 경영진 프로필에 대한 평가가 기록되어 있었다.

마침내 카라는 다른 기업에 비해 몇 가지 이점이 있는 기업으로부터 스카우트 제안을 받게 되었다. 그 회사는 시장 점유율도 좋고, 성장하는 단계에 있었다. 그녀에게 주어질 직함도 적절했지만, 안정적인 대기업에 비하여 임금이 훨씬 적었다. 그녀는 몇 주 동안 갈팡질팡하며 조건을 협상하고 이직할 것인지 숙고했다. 마침내, 결론을 내릴 시점이 되었다. 협상을 통해 임금과 회사의 전망에 대해 얻을 수 있는 최대한의 정보를 얻었으니, 이제 결정을 내려야 했다. 하지만 카라는 마비된 듯한 느낌이 들었다. "저는 할 수 있는 모든 것을 분석했어요." 그녀가 내게 말했다. "그런데 어째서인지 어느 쪽으로도 결정을 내릴 수가 없네요." 해당 스타트업은 그녀가 결정을 내릴 시간을 일주일 더 주었다.

카라가 우리와 전화로 상담하는 도중에 지나가는 말로 오늘 아침에 잠자리에서 일어날 수가 없었다고 말한 것은 바로 이 시점이었다. 그녀는 몇 달 동안 근육통을 앓아 몸이 쇠약해진 탓에 몇 차례 몸져눕기까지 했다. 할 수 있는 모든 검사를 했지만, 검사 결과에서는 아무런 문제를 찾을 수 없었다. 하지만 그날에도 통증 때문에 아침 식사조차 할 수 없었다.

여기서부터 내가 적극적으로 개입했다. 나는 호흡을 가다듬고 물었다. "이 결정에 대해 어떤 기분이 들죠?" 상소리 한 번 내뱉지 않고 가능한 모든 비교 기준을 검토한 카라는 마침내 마음을 열고 이 결정에 대한 자신의 감정에 대해 곰곰이 생각했다. 그녀는 스타트업으로 이직하면 임금이 줄어든다는 것을 잘 알고 있었고, 경제적으로 타격을 입어도 어느 정도는 버틸 수 있도록 몇 년 동

　　　　　　　　1부　나를 돌아보는 다섯 가지 질문

안 미리 대비해왔다. 하지만 지난 18년 동안 고락을 함께한 안정적인 직장을 떠난다는 것이 얼마나 불안한 일인지는 예상하지 못했다. 비록 장기적으로 큰 보상이 있기를 바라며 하는 행동일지라도, 단기적으로 경제적 위험이 가족에게 영향을 미치는 상황을 감수해야 했다. 또 현재 직장에서 자신의 아이들과 함께 사용할 제품을 판매하지 않는다는 죄책감도 결코 무시할 수 없을 정도로 강렬했다. 최근에 카라의 회사에서는 신뢰할 수 없는 제품을 개발했지만, 그럼에도 잠재적 구매자에게 전화를 걸어서 그것을 팔아야 한다는 데 대해 그녀는 괴로움을 토로했다. 카라는 전화를 끊을 때마다 역겨움을 느꼈다.

스프레드시트에 자신의 감정을 솔직하게 기록하자 상황이 분명해졌다. 그녀는 자신이 느끼는 금전적 불안감을 실제 수치로 따져가며 검토했다. 그 결과 그녀는 자신이 일시적인 임금 감소에는 충분히 준비되어 있으며, 이직하려는 스타트업 기업이 충분히 수익을 내게 되면 자신 역시 더 큰돈을 벌 수 있으리라고 자신하게 되었다. 단기적인 수입 감소로 재정적인 불안을 느끼는 것은 자연스러운 일이지만, 그것은 일시적일 가능성이 높았다. 따라서 실제 재정적 타격은 예상보다 더 적을 수도 있었다.

그다음은 자신이 현재 팔고 있는 제품에 대한 죄책감이었다 그녀는 재정적 불안감과는 달리, 이 죄책감이 자신의 가치관에 더 부합하는 회사에서 일할 때까지 지속되리라는 것을 알았다. 카라는 지난 몇 년 동안 자신 안에서 이런 죄책감이 점점 커지고 있음을 느꼈다. 자신의 아이들과 함께 사용할 수 없는 제품을 다른 가족에게 계속 팔 수는 없었다.

카라는 이번 일자리 협상을 위해 꼼꼼히 준비하고 구하기 어려운 데이터까지 모조리 구해서 분석했지만, 먼저 그 결정으로 인해 겪게 될 감정에 대해 자신과 협상해야 한다는 것을 깨닫지 못했다. 자신의 감정에 대한 추가 정보로 자신감을 갖게 된 그녀는 전화를 걸었고, 그 일을 맡았다. 그러자 통증이 즉각적으로 사라졌다. 그리고 1년 뒤에는 새로운 회사가 그녀에게 정해준 목표치를 뛰어넘는 성과를 올렸다. 그녀는 이런 성공이 직장에서의 행복감 덕분이라고 말했다. 제품에 대한 신념은 그녀가 수년 동안 경험하지 못한 열정과 에너지를 가지고 상품을 판매하도록 이끌었다.

감정이 곧 사실이다

내가 처음 협상을 공부했을 때, 내 멘토인 캐럴 리브먼은 감정이 사실이라고 가르쳤다. 이는 감정이란 시간이나 무게, 온도처럼 객관적인 현실이 아니라, 실재하며 어떤 협상에서든 반드시 다뤄야 하는 것이라는 의미이다. 실제로 감정은 매 순간 현실에 대한 우리의 지각과 의사결정을 구현한다.

우리는 협상 중에 필연적으로 어떤 감정을 경험하게 된다. 예전에 인간의 감정을 화산에 비유하여 예리하게 분석한 기사를 읽은 적이 있다. 화산이 폭발하며 섬이 만들어져서 그 안에 동식물의 생태계가 생성되지만 화산은 한편으로 파괴적일 수도 있다. 화산이 폭발하며 넘쳐흐르는 용암은 재산과 생명 그 자체를 파괴할 수 있다. 화산처럼 당신도 인간의 감정이 분출하는 것을 막을 수 없다. 하지만 준비를 통해 용암의 흐름을 마을 대신 바다로 향하게 해서 이익을 극대화하고 피해를 최소화할 수 있다.

우리는 일반적으로 감정을 숨기거나 감정이 존재한다는 사실을 부정하려고 하지만, 내 경험(그리고 연구)에 의하면, 이런 습관은 도움이 되지 않고 오히려 파괴적이다. 그보다는 감정을 직시하는 것이 더 생산적일 수 있다. 감정을 거울에 비춰보면, 두 가지 일이 일어난다. 첫째, 갈등이나 중요한 결정을 둘러싼 안개나 혼란을 제거해서 정돈된 느낌을 받고 자신감을 얻는다. 둘째, 문제를 해결하는 데 도움이 되는 정보를 얻는다.

이 장에서는 협상의 과정에서 자신이 어떤 감정을 느끼는지 파악하도록 도울 것이다. 그 과정에서 왜 감정이 협상에서 핵심적인지, 그리고 감정을 파악하는 작업이 협상에 어떻게 도움이 되는지에 대해 이야기할 것이다. 마음의 소리를 있는 그대로 듣도록 도움을 줌으로써 다른 사람이 강요한 감정이 아니라, 자신의 진짜 감정을 적어볼 것이다. 또한 당신과 함께 당신의 초기 생각을 되짚어서 당신이 느낄지도 모르는 모든 것을 고려했는지 확인할 것이다. 그리고 당신이 다른 사람과 일대일로 이야기를 나눌 때 자신의 감정을 어떻게 다뤄야 하는지에 대한 전략을 제시할 것이다.

감정이 협상에서 중요한 이유

앞에서 우리는 이 책을 읽는 이유와 자신의 욕구를 확인했다. 다시 말해 해결하고자 하는 문제와 그 상황에서 원하는 것에 대해 감을 잡았다. 이제 자신의 감정에 대해 생각해볼 차례다. 다른 장에서 그랬듯이, 자유롭게 생각할 수 있는 곳에 자리를 잡는다. 그리고 5분 동안 '나는 어떤 감정을 느끼는가?'라는 질문에 대해 생각하고 답을 적어보자.

사람들은 일하거나 심지어 개인적 협상을 하는 동안 감정에 대해 이야기하면 허를 찔린다. 그런 반응을 보이는 데에는 이유가 있다. 지금까지 협상을 할 때 긍정적이든 부정적이든 감정에 대해 생각하는 것은 비생산적이라는 것이 통념이었다. 또한 감정을 갖지 않으려고 애써야 하고 만약 감정을 느낀다면 그것을 억누르고 사실에 대해 협상해야 한다고 배웠다.

하지만 어떤 협상에서든 감정과 씨름하는 것이 곧 성공의 열쇠다. 협상에서 감정이 중요한 이유는 무엇일까? 여기에는 다음과 같이 중요한 두 가지 이유가 있다.

첫째, 모든 협상에는 언제나 감정이 존재한다. 당신이 관계를 주도하는 모든 대화는 곧 협상이다. 동료, 고객, 매니저, 배우자나

애인, 자녀, 그리고 지난주에 당신 차를 들이받은 사람과의 관계를 관리하는 동안 당신은 끊임없이 협상한다. 인간관계는 당신과 다른 인간 또는 집단이 관계를 맺는 한순간(또는 더 긴 시간)이다. 인간으로서 당신은 자기 자신과 관계를 맺을 수도 있다.

인간관계는 아무리 사무적이거나 짧더라도 감정을 수반한다. 우리는 가족 관계처럼 사생활과 관련된 경우에는 감정에 대해 생각하는 데 익숙하지만, 모든 협상에 감정이 존재한다는 것은 인식하지 못한다. (어느 시점에 우리가 전부 컴퓨터로 대체된다면 얘기가 달라질지도 모르겠다.) 어떤 종류의 문제에 직면했는지, 가령 다른 사람이나 기관을 대변해 협상 테이블에 앉았는지 혹은 당신이 평소에 이른바 '감정적인 사람'인지는 중요하지 않다. 당신의 협상이 다른 사람과 관련되어 있다면, 그것은 개인적인 일이고, 감정은 그 일부가 될 것이다.

감정이 언제나 존재한다면 그것을 받아들이는 것이 합리적이지 않겠는가?

둘째, 감정은 의사결정과 협상 능력에 직접적인 영향을 미친다. 협상에서 감정이 중요한 이유는 결정을 내릴 때 크고 작은 도움을 주기 때문이다.[1] 신경과학자 안토니오 다마지오는 (감정을 통제하는) 오른쪽 뇌가 손상됐지만 인지적으로는 온전한 여러 명의 환자를 연구해서 그들이 결정을 내릴 수 없다는 사실을 발견했다.[2] 그들은 논리적으로 자신이 해야 하는 일을 설명할 수 있었지만 정작 저녁에 무엇을 먹을지는 결정할 수 없었다.[3] 결정을 내리는 능력이 없다면, 그것은 곧 협상에서 길을 잃는 것이다.

감정은 혁신과 창조력에도 영향을 미친다. 심리학 연구에 의하면, 연민이나 감사와 같은 긍정적인 감정은 상황을 정확히 판단하고 창의적인 해결책을 떠올리는 데 도움이 될 뿐만 아니라 혁신하는 능력을 향상시킨다.[4] 그리고 협상에서는 이 모든 능력이 중요하다. 부정적인 감정, 특히 두려움과 불안(이 장의 후반부에서 각각에 대해 논할 것이다)은 이런 능력을 억제할 수 있다.[5] 감정을 받아들이고 그것을 협상에서 고려해야 할 다른 자료와 같은 방식으로 다루면, 감정과 행동 사이의 관계를 최대한 활용할 수 있다.

감정도 협상의 일부다

사람들은 이른바 전문적인 협상, 즉 직장에서 하는 협상이나 회사와 정부 같은 조직을 대표해서 벌이는 협상이 감정을 수반할 수 있다는 것에 의심의 눈길을 보낸다. 하지만 사업이나 외교 등의 분야에서 협상을 성사시키고자 한다면, 감정을 이해하고 잘 다뤄야 한다. NBC유니버설의 케이블 엔터테인먼트 부사장 겸 법률 자문위원 안드라 샤피로는 전 세계 사람들에게 최고의 프로그램을 제공하기 위해 협상한다. 그녀가 하는 가장 흔한 협상은 수많은 네트워크와 플랫폼에서 독창적인 콘텐츠를 만들어내는 작가나 제작자들과 거래해서 그들의 작품을 구매하거나 저작권을 확보하는 것이다.

안드라는 다음과 같이 말한다. "사람들은 협상이란 오로지 돈만을 다루는 것이라고 생각하는데, 거의 모든 거래에 경제적 측면이 존재하는 것이 사실이지만, 특별히 콘텐츠 제작자와의 협상에서 감정이 얼마나 핵심적인지 알면 놀랄 것이다. 우리가 작가나 제작자와 그들의 작품을 두고 협상할 때, 그들은 마치 자기 아이를 넘겨주는 것처럼 행동한다. 작가나 제작자의 일은 극도로 감정적인 작업이기 때문에 그것을 존중하고 이해해야 한다. 그렇지 않으면 이 분야에서 성공적인 거래를 할 수 없다."

이와 마찬가지로 사업 거래가 막장으로 치달을 때, 분쟁이 발생하는 이유가 감정을 도외시했기 때문인 경우가 놀라울 만큼 많다. 중재 훈련을 받은 한 변호사는 대기업의 파트너로 일했던 경험을 말해줬다. 미국 건강 관리 업계의 거물인 의뢰인의 기업이 훨씬 더 큰 외국 대기업에 인수됐다. 인수 과정은 두 명의 CEO가 마무리 저녁식사에 참석할 때까지 순조롭게 진행됐다. 그런데 그곳에서 두 사람은 문화적 차이와 합병된 조직 내에서 앞으로 자신이 맡을 역할에 대한 불안감으로 인해 크게 다퉜고, 그 결과 미국인 CEO는 금요일 밤늦게 변호사에게 전화를 걸어서 말했다. "당장 중재 소송장을 작성해. 바로 고소할 거야!"

변호사는 의뢰인의 말에 귀를 기울였다. 하지만 중재 소송은 성공적이지 않으면서 비용은 많이 들어갈 가능성이 컸다. 변호사는 중재 훈련에서 배운 내용을 떠올렸다. 감정적 문제에 성패가 달려 있다는 것을 감지한 그는 주말에 소송장을 작성하는 한편, 의뢰인과 대화를 나누며 이렇게 물었다. "좋아요, 그러면 그 날의 저녁식사에 대해 좀 더 말씀해주시죠." (2부에서 이 질문에 대해 자세히 설명할 것이다.) 의뢰인의 설명을 들은 변호사는 그가 저녁식사에서 일어난 일을 감정적으로 균형 있게 바라보도록 도왔다. 그 결과 그는 마침내 중재 소송 요청을 접고, 대신 합병된 회사를 성공적으로 이끌기 위해 다시 힘을 쏟았다.

감정을 알면 해결책이 보인다

협상에서 감정을 준비하고 다스리는 최고의 방법은 자기 자신의 감정을 파악하는 것이다. 자신의 감정에 대해 생각하면 여러모로 도움이 된다.

첫째, 협상할 때 사용할 수 있는 중요한 자료를 얻을 수 있다. 협상은 우리가 특정 문제와 관련해서 필요로 하거나 믿는 것뿐만 아니라 그것에 대해서 감정을 얼마나 강하게 느끼느냐에 의해서도 좌우된다. 자신이 어떤 문제에 대해 어떤 감정을 느끼는지 알면 협상에서 그 감정을 얼마나 우선시할지 파악할 수 있다. 잠시 시간을 내서 자신의 감정을 살펴보고 그 감정을 고려해서 다른 사람과의 대화에 어떻게 접근해야 할지 생각해보자.

둘째, 자신의 감정을 인식하면 더 나은 해결책을 찾을 수 있다. 또한 마법 같은 후속 질문 하나로 부정적인 감정을 긍정적인 아이디어로 바꿔놓을 수 있다. 부정적인 감정을 느끼고 있다면 자신에게 이렇게 물어보라. "이 상황에서 감정을 없애거나 줄이려면 어떻게 해야 할까?" 예를 들어, 당신이 의사인데 이 장을 읽다가 자신이 느끼는 압도적인 감정이 병원에서 특정 환자들을 치료할 때 따라야 하는 방식에 대한 좌절감이라는 생각이 든다면 스스로에게 다음과 같이 물어보길 바란다. "이 상황에서 좌절감을 없애거나 줄이려면 어떻게 해야 할까?" 이런 식으로 자신의 감정을 활용해서 앞으로 나아갈 방법에 대한 구체적인 아이디어를 만들어낼 수 있다.

마지막으로, 자신의 감정을 사적으로 인정하고 표현하면 다른 사람과 협상하는 동안 그것을 주체할 수 없는 방식으로 느끼거나 표현할 가능성을 줄일 수 있다. 연구에 의하면, 우리가 감정을 억누를 때 그것은 순간적으로 부메랑이 되어 되돌아오거나 판단력을 떨어뜨릴 수 있으며 올바른 결정을 내리는 데 방해가 될 수도 있다.[6]

다시 말하지만, 감정의 화산이 폭발하는 것을 막을 길은 없다. 하지만 자신의 감정을 받아들이고 협상에서 그것을 다스릴 준비를 하면 감정의 힘을 이용해서 엄청난 결과를 얻을 것이다.

스티븐은 미국 대형 로펌의 파트너 변호사다. 그가 은퇴할 때가 가까워지자, 회사는 그에게 새로운 인재를 영입하고 가르쳐서 회사의 파트너 변호사로 만드는 더 큰 책무를 맡아달라고 했다. 8년 전 그는 크레이그라는 젊은 부동산 전문 변호사를 영입했는데, 그는 회사에 크게 기여할 인재로 보였다. 스티븐은 크레이그의 강점을 칭찬하고 개선해야 할 부분에 대해 조언하면서 파트너 변호사가 되도록 이끌었다. 그러나 스티븐이 주목한 것은 크레이그가 새 의뢰인을 유치하는 데 탁월하지만 종종 너무 빨리 행동하느라 회사의 문서 작업과 규정을 무시한다는 것이었다. 어느 날, 스티븐은 회사의 경영 담당 변호사에게 곤란한 전화를 받았다. 그는 크레이그가 법원에 소송을 제기해야 하는 부동산 문제를 맡길 새로운 의뢰인을 데려왔다고 했다. 회사의 정책에 따르면 법정에 제기하는 모든 소송장은 파트너 변호사와 소송 부서 사람의 이름을 표기하고 그들의 검토를 거쳐야 했다. 크레이그는 소송 당사자도 아니었고 파트너 변호사도 아니었다. 그는 이 규정을 알고 있었지만, 그럼에도 직접 소송을 제기했다.

스티븐은 소송장을 검토했다. 크레이그의 작업은 아주 훌륭했다. 하지만 스티븐이나 소송 부서의 다른 사람과 상의했다면, 작업물이 조금 더 포괄적일 수 있었을 것 같았다. 경영진은 회사 정책을 의도적으로 무시한 크레이그의 행동에 분노했다. 스티븐은 이 문제를 해결하기 위해 "나는 무엇을 원하는가?"라는 질문을 꺼냈다. 그리고 자신이 무엇을 원하는지 알게 됐는데, 그것은 크레이그가 앞으로 회사 정책을 반드시 따르도록 하고, 동시에 크레이그가 회사에 계속 머물면서 계속 의뢰인을 유치하도록 동기를 부여하는 것이었다. 또 업무상 관계도 계속 원만하게 유지해야 했다. 마지막으로, 스티븐은 소송 담당자로서 해당 의뢰인이 법정에서 좋은 결과를 얻도록 해야 할 책임감도 느꼈다.

스티븐이 "나는 어떤 감정을 느끼는가?"라는 질문에 도달했을 때 상황이 흥미로워졌다. 그는 상대적으로 확실해 보이는 감정을 나열했다.

- 대화에 대한 불안감
- 크레이그와 경영진 사이가 나빠질 수 있다는 우려
- 크레이그가 정책을 따르지 않은 것에 대한 짜증
- 이 문제를 해결할 수 있으리라는 전망에서 오는 안도감

하지만 이에 대해 생각하는 동안 두어 가지 감정을 더 적었다.

- 크레이그에 대한 공감
- 정책에 대한 상반된 감정

이 부분에서 스티븐은 놀랐다. 자신의 감정을 적자 두 가지 사실을 깨달을 수 있었다. 첫째, 크레이그에게 일어난 일을 자신도 이해힐 수 있게 된 것이다. 크레이그처럼 스티븐도 새로운 고객과 관계를 맺고 문제를 해결하는 데 탁월했다. 그것도 신속하게 말이다. 크레이그의 모습에서 자신을 볼 수 있었고, 크레이그의

의도가 회사를 해치는 것이 아니라 돕는 것임을 마음속으로 느꼈다. 스티븐은 크레이그와 이야기를 나눌 때 이런 부분을 빠뜨리지 않도록 모든 것을 적었다.

둘째, 스티븐은 회사의 방침이 합리적인지 의심스럽다는 것을 깨달았다. 그리고 이 문제를 확실히 해결하려면, 양방향으로 해결책을 찾아야 한다는 것을 알게 되었다. 즉, 하나는 크레이그 측면에서, 그리고 다른 하나는 경영진의 측면에서, 정책에 유연성을 불어넣을 수 있는지 또는 회사의 소속 변호사를 도울 다른 아이디어를 내기 위해 브레인스토밍을 할 것인지 알아내야 했다.

우리는 자신의 감정을 보기 위해 거울을 들여다볼 때, 왠지 상황이 더 나빠질지 모른다고 두려워한다. 그러나 스티븐은 몇 분 동안 자신의 감정을 구체적으로 적어보면서 협상을 망치기는커녕 크레이그와 친해질 수 있었고, 실제 문제를 구체화해서 더욱 완전히 해결하여 몇 단계 앞으로 나아갈 수 있었다. 이 장의 질문을 스티븐처럼 풀어나가면, 당신도 같은 효과를 볼 수 있을 것이다.

긍정적인 감정을 느껴라

협상할 때 자신의 감정을 고려하도록 하면, 사람들은 일반적으로 약간의 두려움을 느낀다. 마치 내가 "불쾌한 감정을 느끼나요?"라고 묻는 것처럼 말이다. 그래서 답을 할 때는 생각나는 모든 부정적인 것을 적는다. 이에 대한 구체적인 해법은 머릿속에 떠오르는 긍정적인 감정을 적어보는 것이다.

협상에 임할 때마다 긍정적인 감정을 느끼는 것이 중요하다. 일반적으로 부정적인 감정이 협상을 장악하지만, 부정적인 감정 아래에는 분명 협상에 대한 긍정적인 감정도 있다. 고객을 응대하거나 파트너와 대화하기 위해 다가갈 때 누구나 긴장한다. 하지만 한편으로 새로운 경력을 쌓을 수 있다는 사실에 신나지 않는가? 누군가와 터놓고 이야기함으로써 갈등의 쳇바퀴에서 벗어나서 상황을 개선할 수 있으리라는 생각에 마음이 놓이지 않는가? 나는 최근에 회의실을 가득 채운 경영 간부들에게 이 질문에 대해 강의했다. 한 참가자는 고용인과의 중요한 재정적 협상을 앞두고 있었는데, 그녀는 "숫자에 대한 현실감이 없다는 좌절감"과 "협상가로서 내 기술을 밀고 나가는 것에서 느끼는 흥분감"을 적었다. "재미(또는 기쁨, 자부심, 흥분, 승리감)를 찾으면," 협상할 때 느끼는 감정에 대한 큰 그림을 그리고 그것과 씨름할 에너지를 얻을 수 있다.

감정의 또 다른 문제

지금까지 감정을 협상의 일부로 간주하는 것이 합리적인 이유를 살펴보았다. 이제 자신의 감정에 대해 생각할 때 경험할 수 있는 모든 문제를 분석해서 해결해보자. 우선 자신의 감정을 느끼는 데 걸림돌이 되는 몇 가지 사항들을 살펴본 다음, 그것을 극복할 방법을 알아보자.

나의 의뢰인 중에는 업무상의 장소에서는 자신의 감정이 어떤지 말하기 힘들다고 말하는 이들이 있다. 그들은 "정장을 입고 있는 동안에는 감정을 느낄 수 없어요"라고 말한다. 이런 경우에는 자신의 감정에 대해 자문하고 있는 장소가 솔직하게 대답을 할 수 있는 곳인지 스스로에게 물어보자. UN에서 강의를 하면서 자신에게 이런 질문을 해보라고 하자, 놀랍게도 남녀를 가릴 것 없이 많은 외교관이 내가 그런 질문을 한다는 것에 펄쩍 뛰었고 답을 적는 데 애를 먹었다. 그중 한 명은 이렇게 말했다. "저는 정장을 입은 채로 이런 감정에 대해 스스로에게 묻는 것이 익숙하지 않습니다. 제가 직장에서 느끼는 감정은 제가 저 자신에게 허락한 감정뿐입니다. 제가 생각하고 있는 것은 '정장을 입은 순간에 적합한 감정'이 아닙니다."

사람들은 자신의 감정에 대해 반드시 말해야 하지만, 자신에게 그런 기회를 허락하지 않는다. 특히 우리는 직장에서 감정을 차단하려 한다. 직장에서 정장을 입든, 유니폼을 입든, 아니면 매일 같은 반바지를 입든 상관없다. 만약 당신이 직장에서 이 질문을 생각하기 힘들다면, 정장에 적합하지 않은 감정을 탐구할 수 있는 곳으로 장소를 옮겨보자.

장소와 상관없이 항상 그저 막막하고 자신의 감정을 전혀 파악하지 못하겠다면 어떻게 해야 할까? 아마도 당신은 자신에게 이 질문을 던졌지만, 지금 아무런 답도 찾지 못하고 있을 것이다.

우리는 자신의 감정에 대해 생각할 수 있는 능력이 있지만, 그것이 누구나 자신의 감정을 쉽게 확인하고 표현할 수 있다는 것을 의미하지는 않는다. 우리는 감정을 억누르는 것, 또는 반대로 감정에 휩싸이는 것에 아주 익숙해서 때로는 감정을 구체적으로 파악하기 어려울 수 있다. 그래서 막막하다고 느낄 때 감정을 파악하게 해주는 몇 가지 전략을 살펴볼 것이다.

자신의 감정을 도저히 알지 못하겠다면, 아래에 있는 가장 일반적인 감정 목록을 보자. 인간이 경험하는 감정은 이 장에서 담을 수 있는 것보다 훨씬 광범위하지만, 특별히 협상이나 갈등 상황에서는 보통 같은 감정을 경험한다. 브레네 브라운 박사를 비롯한 심리 전문가들은 우리가 자신의 삶에서 검토하고 사용할 수 있는 핵심 감정을 분류하는 작업을 해왔다.[7] 아래의 표는 협상에 흔히 나타나는 감정의 목록인데, 그중 일부는 전문가들이 확인한 것이고, 일부는 내가 협상 과정에서 수많은 사람을 지도한 경험을 통해 확인한 것이다.

감탄	연민	공감	공포	자부심	스트레스
분노	혼란	흥분	굴욕	격노	놀라움
불안	경멸	두려움	상심	후회	동정
감사	호기심	좌절	질투	거부감	승리감
소속감	욕망	고마움	기쁨	안도감	나약함
배신	실망	슬픔	비판	슬픔	걱정
비난	혐오	죄책감	외로움	만족감	
침착함	당혹감	행복	사랑	수치심	

일단 이 목록을 검토한 뒤, 필요하다면 언제든 이전에 작성한 목록에 다른 것을 추가하거나 수정해도 좋다.

자신의 감정을 느끼는 방법

자신의 감정을 파악하기 힘들다면, 욕구로 돌아가보자. 욕구와 감정은 동전의 양면이다. 2장으로 돌아가서 당신이 찾아낸 무형과 유형의 욕구를 다시 살펴보자. 흔히 사람들이 갈등을 느끼는 것은 자기 욕구가 충족되지 못했기 때문인 경우가 많다. 이를테면, 직장에서 더 나은 보상을 받아야 한다고 생각한다면, 불안감을 느끼거나, 저평가된 느낌을 받거나, 아니면 자신의 가치를 인정받지 못해서 속이 뒤집어질 것이다. 인간관계에서 더 인정받고 싶다면, 슬프거나, 화가 나거나, 아니면 그냥 인정받지 못한다고 느낄 것이다. 고객 목록을 더 많이 확보하려는 욕구가 절실하다면, 자신이 그 자리에 멈춰 있거나 뒤처졌다고 느낄 것이다.

이 밖에도 사람들에게 지금 어떤 감정을 느끼고 있는지 물어볼 때, 자기 자신에게조차 감정을 감추는 이들이 있다. 자신이 어떤 감정을 느끼는지 알아내기 힘들다면, 자신에게 이렇게 물어보라. "바로 이 순간 내가 느낄 수 있는 최악의 감정은 무엇인가?" 내가 이 질문을 좋아하는 이유는 수치심이나 자기비판을 회피하기 위해 오랫동안 감정을 억누르는 이들이 많기 때문이다. 하지만 유감스럽게도 억누르거나 부정한다고 해서 그 감정이 사라지지는 않는다. 보고 싶지 않더라도 '최악의' 감정에 불을 비추면(강조 표시를 한 이유는 감정이란 나쁜 것도 좋은 것도 아니고 그저 그 나름대로 존재하는 것이기 때문이다), 그것이 우리에게 미치는 영향을 줄이고 우리의 정서적인 부담을 가볍게 하는 데 도움이 된다. 일단 이런 감정의 일부를 거울에 비춰보면, 앞으로 나아가기 위한 출발점을 훨씬 더 명확히 할 수 있다.

위험한 두 가지 감정

'최악의' 삼성과 함께 사람들이 갈등을 겪을 때 느끼지만 표현하지 않는 가장 일반적인 두 가지 감정에 대해 알아보자. 나는 이두 가지 감정을 셀 수 없이 많이 봤다. 우리는 그것을 억누르려 하지만 소용없다. 그것은 바로 죄책감과 두려움이다.

죄책감과 두려움은 우리가 가장 잘 드러내지 않는 두 가지 감정이다. 우리가 가장 회피하려 하는 이 두 감정은 다른 그 어떤 것보다 협상과 관계를 망치는 데 결정적 역할을 하곤 한다. 나는 늘 존 F. 케네디의 명언을 떠올린다. "절대 두려움 때문에 협상하지 말자. 하지만 절대 협상을 두려워하지 말자."[8] 사람들이 협상이나 관계에 대한 논의를 어려워 할 때는 이 감정 중 하나를 느끼고 있을 가능성이 크다.

지난해에 나는 미국을 돌아다니며 교육부 인권 사무소의 여러 지역 사무소에서 연수를 진행했다. 이런 사무소에서는 부모들이 학군을 상대로 자기 자녀의 교육적인 측면과 관련해 제기하는 소송을 다루는데, 그것은 감정적으로 꽤 격한 업무다. 내가 한 사무소의 인권 조사관들에게 부모들이 학군에 대해 느끼는 가장 일반적인 감정이 무엇이라고 생각하냐고 묻자, 그들은 화와 불신, 분노라고 짧게 답했다. 나는 다음 질문을 던졌다. "제가 여러분 앞에 앉아 있는 부모들도 두려움과 죄책감을 느낀다고 말한다면, 뭐라고 하실 거죠?"

방 안의 사람들이 일제히 "오~" 소리를 내며 눈이 휘둥그레졌다. 그들 중 한 참가자는 다음과 같이 말했다.

정말 말이 되네요. 저는 부모들이 엄청난 죄책감을 느낄 거라고 확신해요. 그래요, 학군이 엉망일 수도 있지만, 내가 내 자식을 위

해 더 잘할 수도 있지 않았을까? 내가 왜 여기에 오기 전에 이 문제를 해결하지 못했을까? 그리고 두려움…. 그게 가장 중요한 감정일 거예요. 부모들은 이 소송 하나에 따라서 아이의 미래가 갈기갈기 찢길지 모른다는 두려움에 떨죠. 그래서 폐쇄적으로 되고 협상을 할 수 없게 돼요. 여기에 앉아 있으니, 제가 접한 학군에 대한 분노 중 상당 부분이 사실은 그 상황에 대한 부모의 두려움이나 죄책감이라는 생각이 드네요. 그리고 만약 우리가 이 문제를 처리한다면, 아마도 그런 분노 중 일부는 차츰 사그라들 겁니다.

자신의 감정을 다스리느라 애쓸 때 다른 사람들의 감정에 대한 이 이야기를 떠올리며, 자신이 죄책감과 두려움이라는 감정을 느끼고 있는 것은 아닌지 깊이 생각해보자. 감정에 맞선다는 것은 힘든 일이다. 나는 선생으로서 우리가 이처럼 힘든 문제와 씨름할 때 당신과 함께 걷고 있다고 믿는다. 따라서 먼저 내가 나의 감정을 받아들이지 못해서 가까운 가족 관계를 거의 망칠 뻔한 이야기를 털어놓는 것이 좋을 듯하다.

나는 어린 시절부터 변호사인 아버지를 무척 존경했고, 언제나 아버지가 나를 인정해주길 바랐다. 다섯 살 때 아버지에게 변호사는 무슨 일을 하냐고 물었더니, 이렇게 대답하셨던 것이 생생히 기억난다. "사람들은 나한테 조언을 구하러 온단다. 내가 그 사람들한테 무엇을 해야 하는지 말해주면, 그들은 나에게 돈을 주지." 나는 세상에서 가장 좋은 직업 같다고 생각했다. (내가 20

년 후에 결국 로스쿨에 간 것은 어찌 보면 당연한 일이다.)

　나는 항상 아버지와 더 가까워져서 중요한 것에 대해 더 자주 더 깊이 이야기를 나누기를 간절히 바랐다. 하지만 아버지는 깊고 감성적인 대화를 나누는 분이 아니었다. 아버지는 심부름과 같은 이유를 지어내서 나를 부른 다음, "음, 요새 뭐 새로운 일이라도 있니?"라고 물으며 어색하게 대화의 방향을 바꿔서 개인적인 이야기를 나눴다. 법을 사랑하는 마음이 우리 사이의 유대감을 형성해줬다. 내가 로스쿨 졸업식에서 주요 상을 수상했을 때, 시상자가 내 이름을 부르는 순간에 아버지가 보인 기쁨에 넘친 표정이 내게는 상 자체보다 더 소중했다.

　3년 전, 겨우 일흔 살이던 아버지가 병에 걸렸다. 갑자기 약간 무심하고 냉담한 기색을 보이더니 곧 내 이름을 잊어버렸고, 연결되지 않는 단어를 줄줄이 엮어서 내게 이메일을 보내기에 이르렀다. 형제들과 나는 아버지가 뇌졸중일까 봐 두려웠다. 나는 아버지를 컬럼비아 대학 신경과로 모시고 가서 기억력 검사를 받게 했다. 전부 불합격이었다. 의사는 치료제도 치료법도 없는 퇴행성 질환이라고 했다. 형제들과 나는 병원 예약과 검사를 조율하고 힘을 합쳐서 충격적인 소식에 대처했다.

　아버지의 평생지기이자 대변인이며 유일한 형제인 빌 삼촌은 내게 언제나 제2의 아버지였다. 나는 10대 시절부터 어려운 상황에 처하면, 삼촌과 고모에게 셀 수 없이 전화를 걸어서 조언을 구했다. 삼촌도 아버지의 병을 함께 대처해나가야 하는 가족 중의

한 명이었지만, 삼촌에게 책임을 떠넘겨서 상황을 악화시키고 싶지 않았다. 삼촌도 마찬가지로 자신의 고통을 내게 표현하지 않으려 했다. 이처럼 각자의 방식으로 아버지의 병에 대처하는 동안 우리 가족의 대화는 눈에 띄게 줄어들었다.

문제는 삼촌이 이런 식으로 우리와 거리를 둔 이유에 대해 내가 오해를 하면서 발생했다. 나는 삼촌이 우리가 선택한 아버지의 치료 방식에 불만이 있다고 여겼다. 그 때문에 두려움이 배가 됐다. 내가 감당할 수 있을까? 내가 이 일을 잘 처리할 수 있을까? 마침내 우리 모두 아버지가 얼마나 쇠약해졌는지 직접 마주한 가족 모임에서, 삼촌이 악의 없이 약을 바꾸면 증상이 좀 나아지지 않겠냐고 물었다. 그 순간 나는 이성을 잃었다. 어떤 질문도 하지 않고, 삼촌과 고모에게 화를 내며 말했다. 우리 형제들과 내가 최고의 의사들과 상담했다고 소리를 치고는 아버지는 이 병으로 돌아가실 것이고 어떤 약도 그걸 막을 수 없다고 말했다. 그리고 나가버렸다.

그날 저녁 내내 나의 기분은 최악이었다. 혼란스러운 감정의 소용돌이가 내 안으로 밀려들었다. 잠시 시간을 내서 나 자신에게 어떤 감정을 느끼고 있는지 물었을 때, 가장 먼저 발견한 것은 두려움이었다. 자신감을 보이고, 모임을 주도하고, 올바른 질문만 하려고 노력했지만, 마음속으로는 아버지의 건강을 관리하는 것이 두려워서 떨고 있었다. 나는 여러모로 다시 어린아이가 된 것 같았다. 더는 아버지, 아니 이제는 삼촌에게 조언을 구할 수 없을 때, 이렇게 중요한 결정을 내려야 하는 것이 겁이 났다. 내가 느낀 두 번째 감정은 죄책감이었다. 아버지가 고통받지 않도록 하기 위해 내가 할 수 있는 일이 더는 없다는 사실에 남몰래 죄책감을 느꼈다. 사랑하는 사람들에게 그렇게 말한 것도 끔찍했다. 나는 그들도 나처럼 겁에 질리고 비통해한다는 것을 알았다. 이런 두려움과 죄책감 때문에 나는 방어적인 태도를 보였던 것이다. 삼촌과 고모의 승인이 절실히 필요했지만, 나는 그것을 최악의 방식으로 요구했다.

그날 저녁 늦게 고모가 다가와 얘기를 좀 하자고 했다. 나는 그때 고모에게 느낀 감사한 마음을 평생 잊을 수 없을 것이다. 우리는 계단에 앉았고 고모가 말을 꺼냈다. "있잖아 … 삼촌과 나는 전에 이런 일을 해본 적이 없어. 그저 앉아서 젊은 너희들이 결정을 내리는 모습을 지켜보는 거지. 우리는 어찌할 바를 모르겠어. 하지만 돕고 싶단다."

내가 말했다. "고마워요. 사실 저도 이런 일을 해본 적이 없어요. 저도 어찌할 바를 모르겠어요. 정신이 하나도 없어요. 아버지는 더는 제가 하는 일에 찬성한다고 말할 수 없으니, 고모가 저를 신뢰하고 지지한다는 말을 꼭 듣고 싶어요."

고모는 나를 안심시켰다. "우리는 너를 믿어. 너와 형제들은 아버지에게 아주 잘하고 있어. 약에 대해 물은 건 너를 의심해서가 아니야. 그저 각자 최선을 다하고 있다고 보면 안 되겠니?"

나는 동의했다. "고모 말이 맞아요. 제가 통제할 수 없는 상황을 지나치게 통제하려다가 과민 반응을 보였어요. 다시 시작해요."

나의 감정을 정면으로 마주하고 그것을 솔직하게 고모와 공유함으로써, 우리는 각자 서로의 깊은 두려움을 인정하고 존중할 수 있었다. 우리는 까다로운 가족 갈등을 서로 더 가까워지는 기회로 바꿔놓았다. 현재 삼촌과 고모는 힘겨운 시기에 나를 지켜주는 든든한 지원군이다. 아버지를 담당한 의사들은 최근에 이렇게 단결된 가족은 거의 본 적이 없다고 말했다. 우리 모두 아버지의 병세가 악화하면서 큰 슬픔을 느끼지만, 서로에게서 큰 위로와 위안을 얻는다.

협상에서 감정을 표현하는 방법

이제 당신은 협상을 준비하기 위해 자신의 감정을 처리하기 시작했다. 그다음으로 감정과 관련된 논리적 질문은 "다른 사람과 마주할 때 그 감정을 드러낼 것인가?"이다.

원칙적으로, 나는 협상은 투명해야 한다고 믿는다. 의사소통을 명확히 하면, 더 많은 가치를 창출할 수 있다. 그리고 연민이나 흥분, 자부심과 같은 긍정적인 감정을 표현하면, 상대방과 관계를 형성하고 그들이 자신의 목표와 더불어 당신의 목표를 달성하는 데 노움이 될 가능성이 커진다.[9] 하지만 부정적인 감정은 어떨까? 사람들이 가장 많이 묻는 두 가지 감정인 분노와 불안에 대해 살펴보자.

분노

분노는 삶과 협상에서 느끼게 되는 정당한 감정이다. 많은 사람, 특히 여성과 특정 문화권의 사람은 분노를 느끼거나 표출하면 안 된다고 주입받지만, 많은 사람이 분노를 받아들이고 표현할 때 힘을 얻는다.

그런데 협상할 때 분노로 무엇을 할 수 있을까? 연구에 따르면, 협상하는 동안 분노를 느끼면, 창의적이고 양쪽 모두에게 득이 되는 해결책을 떠올리기가 더 어렵다.[10] 상대방의 욕구를 정확히 가늠하기도 더 어려울 것이다(이것은 6장에서 논의할 것이다). 자신의 분노를 사전에 처리하면, 다른 사람과 협상할 때 분명하게 자신의 의지를 가지고 소통할 수 있다.

궁극적으로, 특정한 협상에서 자신의 분노를 드러낼지 말지 결정하는 것은 당신의 몫이다. 협상에서 분노를 드러내는 것은 엇갈리는 결과를 초래하는 경우가 많다.[11] 만약 당신이 상대방보다 힘이 강하다면, 당신의 분노로 인해 그들이 단기적으로 양보할 가능성이 더 커질 것이다.[12] 하지만 연구에 따르면, 그들이 당신과 장기적으로 사업을 하기 원할 가능성은 오히려 줄어든다.[13] 반대로 당신이 상대방보다 힘이 약할 경우에, 분노를 드러내는 것은 갈등 고조와 협상 교착으로 이어질 뿐이다.[14]

다른 사람과 대화할 때 화가 나지만 분노를 드러내고 싶지는 않은 상황에 있다고 해보자. 그럴 때는 실망과 같은 좀 더 가벼운 감정을 표현하면, 뭔가 불쾌하다는 것을 전달할 기회를 얻고, 그와 동시에 반발의 가능성을 최소화하고 협상에서 원하는 것을 얻을 가능성을 극대화할 수 있다.

불안

협상에서 표현하기 곤란한 또 하나의 감정이 불안이다. 협상할 때 불안을 느끼면, 잘못된 조언을 받아들이고, 쉽게 포기하며, 자신의 욕구를 무시하게 된다.[15] 이 장의 앞부분에서 감정 목록에 불안을 적었다면, 아마도 당신은 상대방을 마주할 때 그걸 큰소리로 외치기보다는 혼자서 처리하고 싶을 것이다. (가족이나 파트너처럼 가까운 사람과 협상할 때는 예외일 텐데, 그런 경우에는 완전한 투명성과 친밀함이 목표이기 때문이다.)

불안을 다룰 때는 당면한 협상의 내용(예를 들어, 당신의 급여가 같은 부서의 다른 사람들과 비교해서 어떠한지와 그것이 그 회사에 속한 당신의 미래에 어떤 의미를 갖는지) 때문에 불안한지 아니면 협상 자체(이를테면, 월급을 올려달라고 요구하기 위해 경영진을 찾아가는 과정) 때문에 불안한지 곰곰이 생각해보는 것이 중요하다.

어느 쪽이든 그 불안을 받아들여서 사전에 심사숙고하면, 이득을 볼 것이다. 협상의 내용에 대해 불안감을 느낄 때 이런 질문을 협상 전에 검토한다면, 훨씬 많은 정보를 얻어서 협상할 준비가 됐다고 느낄 수 있을 것이다. 협상 과정에 대해 불안감을 느낀다면, 그 불안을 받아들여서 처리했을 때 훨씬 더 큰 이득을 얻게될 것이다. 그 감정을 받아들이고 이 책에 나오는 다른 질문들에 대답하면, 협상 자체에 대해 느끼는 불안감을 가라앉힐 수 있을 것이다. 협상은 언제나 우리가 통제할 수 없는 것을 수반하지만, 우리가 통제할 수 있는 것도 많다. 그리고 자신에게 올바른 질문을 던지면, 당신의 영향력 안에 있는 부분을 다룰 수 있다.

불안을 다루는 마지막 방법은 2부에서 다룰 질문들을 살펴보고 상대방이 어떤 대답을 할지 상상해보는 것이다. 그 답을 적어놓고, 질문할 때 사용할 수 있는 전략을 짠 다음 협상을 진행해보라.

지금까지 자신의 감정을 정면으로 마주하는 방법에 대해 알아보았다. 마지막으로 이 장에서 적은 내용을 꼼꼼히 읽어보고, 요점이나 주제를 요약해보자.

다음 장에서는 당신의 문제를 해결해줄 훌륭한 아이디어를 생각해내는 데 도움이 되는 질문을 살펴볼 것이다. 그리고 그 작업을 하는 동안 기분이 좋아질 것이다.

4장

과거의 경험에서 방향을 찾아라
: 과거에 이 문제를
어떻게 해결했는가?

똑똑하고 성공한 사람들조차도 직장에서 월급 인상을 요구하는 협상을 하는 순간만큼은 그 어느 때보다 큰 불안과 걱정에 휩싸이게 마련이다.

앤드루는 3년 전에 경영학 학사학위를 받고 대학을 졸업했으며, 금융기관에서 일을 시작했다. 그는 첫 승진을 위한 협상과 그에 걸맞은 임금 인상을 위해 도움을 받기를 원했다. 앤드루는 입사하자마자 대학생을 모집해서 멘토링을 하고 직원 복지를 담당하는 위원회에서 활동하면서 회사의 순이익뿐만 아니라 긍정적인 업무 환경에 기여했다.

앤드루에 따르면, 그가 말단 사원으로 처음 입사했을 때, 회사의 임금 체계는 같은 직급에 있는 모든 사람이 똑같은 급여를 받는 방식이었다. 앤드루는 적절한 업무를 할당받아 처리하며 열심히 일했고, 업무 능력은 말할 필요조차 없었다. 하지만 그의 능력과 노력이 승진이나 임금 인상으로 이어지지는 않았다.

3년 뒤, 앤드루는 매니저가 되길 원했다. 지난해에 승진 자격이 있었지만, 적극적으로 주장하지 않아서 승진하지 못했다. 앤드루는 이민자 부모 밑에서 성장하면서 자신에게는 어떤 자격도 없고 노력과 헌신이 최고의 결과를 낳는다는 믿음을 가지고 있었다. 하지만 이제 성공하기 위해서는 그보다 더 많은 것이 필요하다는 사실을 알게 되었다. 연례 평가가 다가오자 앤드루는 그 기회를 활용해서 승진과 임금 인상을 주장하기로 했다. 매니저는 일반적으로 자신이 지금 받는 급여보다 15~20퍼센트를 더 받는다고 알고 있었지만, 승진과 보상은 그의 주장에 달려 있었다. 그는 이번 해에는 더 많은 것을 요구하는 전략을 세우고 싶었다.

우리는 앤드루의 주요 목표를 정의했는데, 그는 될 수 있으면 25퍼센트 가까이 임금이 인상되도록 협상하기를 원했다. 그 밖에도 앤드루가 원하는 것이 있었다. 자신이 회사 내에서 미래의 리더가 되는 데 필요한 자질을 가지고 있음을 경영진에게 보여주기를 원했다. 또 회사나 고객을 대변할 때만이 아니라 자기 자신과 협상할 때도 자신감을 느끼기 원했다. 그의 욕구는 고객 업무와 투자 업무를 비롯해 자신이 회사를 위해 하는 모든 일을 인정받고, 임원과 경영진으로 나아가고 있다고 느끼며, 더 많은 협상에서 성공한 경험을 하는 것이었다.

　　　　　　　　1부　나를 돌아보는 다섯 가지 질문

우리는 앤드루의 감정에 대해서 심사숙고했다. 한편으로 그는 자신의 경력을 적극적으로 관리하기 시작해서 신이 났다. 다른 한편으로는 부를 위해 부를 축적하는 것에 엇갈리는 감정을 느꼈다. 이 시기에 그는 자기 힘으로 생계를 꾸리고 부모님에게 도움을 드리기에 충분한 돈을 벌고 있었다. 회사를 대표해 협상하는 일은 마음 편히 할 수 있었지만, 자신을 위해 더 많은 것을 요구하는 일에는 약간의 죄책감을 느꼈다. 그는 이런 상반된 감정 때문에 처음으로 자격을 얻은 지난해에 승진이나 임금 인상을 요구하지 못했다고 털어놓았다.

나는 그에게 과거에는 이런 협상을 어떻게 성공적으로 처리했냐고 물었다. 그는 나를 돌아보며 말했다. "이번이 처음이에요. 대학 시절에 여러 훌륭한 회사에서 인턴을 했지만, 그때는 전부 무급이었어요. 지금 저는 금융회사 직원이고, 일을 아주 잘하지만, 이전에는 제가 받는 보상에 대해 협상해본 적이 전혀 없어요. 그래서 여기서 이전에 성공한 경험을 끌어낼 수 없어요." 나는 내 노트를 다시 훑어본 후에 다시 이야기했다. "좋아요. 당신이 접근하는 방식의 여러 요소를 살펴보고 그걸 분석해보죠. 여기서 당신이 성공하려면 무엇이 필요하다고 생각하나요?"

그는 잠시 생각했다. "음, 공식적으로 주장을 해야죠. 그러니까 제 실적의 다양한 모든 측면을 검토해서 최대한 유리하게 제시해야죠. 또 제 주장의 틀을 잡을 때, 저를 승진시키고 제 가치에 합당한 수준으로 보상함으로써 회사가 이득을 얻으리라는 것을 확

실히 해야 해요. 제 경험에 의하면, 이런 종류의 접근법은 제 가치
관에 부합할 뿐만 아니라 경영에도 가장 적합해요. 또 시간을 좀
들여서 회사의 주요 인사들과 개별적으로 대화를 나눠야죠. 그
사람들이 승진 결정을 내릴 때 저를 지지해줄 수 있으니까요. 그
들을 포섭하고 제 논지를 전해서 제가 주장을 관철하는 데 그들
이 도움이 되도록 해야죠. 마지막으로 … 이 일을 하려면 마음의
준비를 단단히 해야 할 거예요. 그러니까, '내가 스스로 이만큼의
가치가 있다고 진심으로 믿으니까 그들도 그렇게 믿도록 설득할
수 있을 것이다' 같은 거요."

내가 그의 말을 요약했다. "여기에서 성공하려면, (1) 자료를
조사해서 당신의 주장을 펴고 (2) 상호 이익이 되는 방향으로 틀
을 잡고 (3) 주요 인사를 포섭하고 (4) 마음의 준비를 해서 당신
이 주장하는 결론이 단지 당신이 원하는 것이 아니라 실제로 옳
다고 스스로 믿어야 한다는 거네요. 과거를 돌아보면서 이런 요
소가 포함된 협상에서 성공한 전례가 있는지 살펴봅시다. 좀 전
에 회사 경험에 대해 말할 때 보니까, 상호 이익을 얻는 방향으로
가는 것이 가장 바람직하다고 생각하는 것 같더군요. 그게 문제
를 풀어나갈 실마리가 될 수는 없을까요?"

앤드루는 생각해보더니, 회사에 입사하자마자 일반 사원을 위
한 교육 프로그램을 만들어보자는 아이디어가 떠올랐는데, 그건
당시 다른 경쟁사에는 없는 독특한 것이었다고 말했다. 그의 노
력은 일반 사원에게 리더십과 협상을 비롯해 사전에 알면 도움이

되는 다양한 기술을 알려주는 데 초점을 맞춘 연수 시리즈로 이어졌다. 그 프로그램은 대성공을 거두었지만, 경영진 일부의 지지만을 얻었다. 앤드루는 그것이 최고의 인재를 유치하고 유지하는 데 도움이 되며, 장기적으로 보면 직원의 행복도를 높이고 이직률은 낮춤으로써 결과적으로 홍보와 재무 성과가 향상되리라는 것을 입증해야 했다. 그것을 (자신을 포함한) 일반 사원과 고위 경영진 모두가 이익을 얻는 방향으로 협상의 틀을 잡아야 했다.

앤드루는 이번에 똑같은 일을 하면서 망설인 이유를 해명했다. "이번 시나리오의 한 가지 차이점은 저 자신을 옹호할 필요가 없고, 그래서 제 마음을 다잡는 것이 그다지 중요하지 않다는 것이에요. … 그런데 지금 생각해보니, 애초에 저는 이 직업을 얻기 위해 저 자신을 옹호해야 했어요. 구직 시장은 경쟁이 심하고 이곳은 구직자에게 인기가 많은 회사죠. 저는 구체적인 보상을 요구하지는 않았지만, 제가 원하는 구체적인 집단, 거기서도 아주 제한된 자리를 요구했어요. 저는 제가 그 일에 적격이고, 여기에 기여할 수 있다고 믿었고, 그렇게 됐어요. 이번 협상도 크게 다르지 않을 겁니다."

이 대화를 통해 이전 협상에서 성공했던 경험을 검토한 결과, 앤드루는 보상에 대한 이번 협상에 어떻게 접근할지 구체적으로 알게 됐다. 6개월 뒤 앤드루는 소속 부서의 매니저가 됐고, 두 명의 직속 부하 직원과 18퍼센트 임금 인상을 얻어냈다. 하지만 앤드루는 그 이상을 얻었다. 승진과 관련해 경영진과 개별적으로 대화하는 과정에서, 궁극적으로 고위 경영진으로 올라서는 데 관심이 있다는 뜻을 전달했다. 1년 뒤 그는 일반 사원에게는 오직 두 자리만 허용되는 회사 경영위원회에 배속됐는데, 그 권위 있는 자리는 고위 경영진이 그의 리더십을 신뢰한다는 것을 의미했다. 결국 앤드루는 자신의 목표를 달성하기 위한 궤도에 올라섰다.

성공의 기억을 되살려라

이 장에서는 당신의 과거를 돌아보며 당신이 지금 직면한 것과 비슷한 도전을 어떻게 해결했는지 알아볼 것이다. 당신이 스스로 과거의 성공적인 사고방식을 되찾도록 도움으로써, 당신이 내면의 지혜에 도달하고 향후 협상을 진척시킬 아이디어를 도출할 수 있게 할 것이다. 이처럼 과거의 성공을 고찰하면, 협상할 때 더 자신감을 느끼게 된다. 그런데 만약 앤드루처럼 비슷한 상황에서 이전에 성공한 경험을 떠올릴 수 없다면, 현재의 협상을 다루는 데 도움이 되는 또 다른 성공을 찾아내도록 도울 것이다. 그러면 당신의 생각과 달리, 과거의 성공이 현재 상황과 상당히 유사하다는 것을 알게 될 것이다. 이 장을 마무리할 즈음에 당신은 자신의 상황에 대한 명료한 그림을 얻고, 미래를 향해 진격할 준비를 마치게 될 것이다.

성공의 경험이 또 다른 성공을 가져온다

사람들이 과거의 성공을 떠올리도록 유도할 때, 나는 종종 그들이 내 눈앞에서 변화하는 광경을 직접 보게 된다. 자신 없고, 불안하고, 당황한 상태에 있던 이들이 자신 있고, 계획적이고, 심지어 협상에 흥분을 느끼는 상태로 바뀌는 것이다. 과거의 성공을 살펴보면, 다른 사람과의 협상을 대비하는 데 도움이 된다.

"나는 과거에 이런 문제를 어떻게 해결했는가?"는 몇 가지 이유에서 혁신적인 질문이다. 첫째, 당면한 하나의 협상을 맥락 안에 넣어준다. 우리는 어떤 문제, 즉 어려운 협상이나 잠재 고객의 거절, 인간관계의 갈등, 거래의 결렬 또는 이전에 해본 적 없는 어떤 것을 경험할 때, 일반적으로 그 경험에 연연해서 과거에 경험한 수많은 성공을 잊어버리기 마련이다.

둘째, 위의 사례에서처럼 이 질문은 자신에게 유리하게 작용해온 접근법과 상황, 기술에 초점을 맞추기 때문에 그로부터 이번에 효과가 있을 자료를 모을 수 있다.

마지막으로 가장 중요한 사항은 시간을 들여서 이전의 성공에 대해 생각하면, 다음 협상에서 더 나은 결과를 얻을 가능성이 커진다는 것이다.[1] 이것은 강력하고 긍정적인 닻이다. 나는 당신이 그것을 유리하게 사용해서 가능한 최선의 미래를 향해 나아가도록 도울 것이다.

이제 각각의 이유를 차례대로 알아보자.

협상을 맥락 안으로 넣어라

때때로 우리는 앞서 나온 임원과 마찬가지로 협상과 관련해서 부정적인 감정을 경험한다. 예를 들면, 아마도 잘 풀리지 않거나 예상보다 힘들게 진행되는 대화, 아직 맞닥뜨리지 않았지만 불안감을 주는 대화 등에서 그런 감정을 느낄 것이다. 직장에서든, 집에서든, 자기 자신에 관해서든 간에, 협상이 장기적인 관계와 관련되어 있을 때 특히 그렇다.

당면한 협상이 오래 알고 지낸 사람이나 해묵은 문제와 관련되고, 그 협상을 둘러싼 부정적인 감정을 발견했다면, 이 질문이 도움이 될 것이다. 사람들은 한동안 알고 지낸 사람과 갈등을 겪을 때, 가끔 그 갈등에 지나치게 몰두해서, 과거에 비슷한 협상을 한 번 또는 여러 번 성공적으로 해냈다는 사실을 잊어버리고 만다.

의사인 자밀라의 상황을 예로 들어보자. 자밀라는 자신이 오랫동안 담당한 환자 벤과 씨름하고 있었다. 벤은 당뇨병을 앓고 있었는데, 자밀라는 그가 꾸준히 약을 복용하게 할 수 없었다. 자밀라는 환자인 벤을 걱정하고 동질감을 느끼기까지 했지만, 벤이 자신의 치료를 잘 따르지 않고 결과적으로 그의 건강이 나빠지는 것을 지켜보며 점차 엄청난 좌절감을 느꼈다. 자밀라는 마지막 진료를 하는 동안 진이 빠지고 화가 났다. 그녀는 자신이 불만을 지나치게 드러냈으며, 진정하고 벤을 치료할 또 다른 접근법을 알아내야 한다고 생각했다.

자밀라가 시간을 들여서 이전에 벤을 진료하면서 성공했던 경험을 떠올려봤다. 그리고 이전에 벤과 유사한 사례에서 몇 차례 성공했다는 사실을 깨달았다. 예를 들어, 벤이 처음 자밀라에게 치료를 받으러 왔을 때, 그는 아주 나쁜 식습관을 가지고 있었다. 자밀라는 그와 대화를 나누면서 무엇이 그를 행복하게 하는지 물었다. 가장 중요한 것은 그를 다독여서 그가 변화를 감당할 수 있다고 느끼게 하는 것이었다. 벤은 영양사를 만나 상담을 했고, 처음보다 식습관이 전반적으로 나아졌다. 심지어 체중을 조금 감량하기까지 했다. 자밀라는 전반적으로 볼 때 이 오랜 환자와의 협상이 실패하지 않았다는 것, 그리고 약 문제는 방어벽이 아니라 과속방지턱에 가깝다는 것을 깨달았다.

과거의 성공을 고려해서 협상을 맥락 속으로 넣는 작업은 관계가 오래되지 않은 타인과 어려운 협상을 할 때도 놀라운 효과를 발휘한다. 나는 광고 회사 임원인 엘리야와 최근에 결렬된 협상에 대해 이야기했다. 그는 진심으로 원하는 직장에 들어가기 위해 면접을 본 다음, 임금과 직무에 대해 회사 경영진과 합의하려고 노력했다. 경영진은 엘리야가 타협의 여지가 없다고 느끼는 조항 중 일부를 승인하지 않았다. 협상 과정에서 밀고 당기기를 하며 양측 모두 감정이 크게 상했고, 결국 엘리야가 일을 맡지 않기로 상호 합의했다.

엘리야는 일이 틀어져서 몹시 화가 났다. 경영진이 일을 처리한 방식에 대한 분노와 자신의 접근법에 대한 자책 사이를 오갔다. 그녀는 좌절감과 슬픔에 휩싸여서 구직 활동을 잠시 중단했다. 하지만 엘리야가 기운을 내서 이전에 일자리 협상에서 성공했던 경험을 다시 살펴보면서 자신이 지금까지 경력을 쌓아오는 동안 협상에 성공해서 거의 십여 개의 일자리를 얻었다는 사실을 깨달았다. 일부는 자신이 택했고, 일부는 제안이 마음에 들었지만 궁극적으로 다른 선택을 했었다. 최근의 '실패'를 이런 맥락 안에 넣음으로써, 엘리야는 한 번의 형편없는 일자리 협상이 협상가로서 자신의 가치나 시장에서 자신의 가치를 규정하지 않는다는 사실을 깨달았다. 그리고 다시 구직활동을 시작했다.

자밀라나 엘리야처럼, 당신도 비슷한 상황을 성공적으로 처리한 경험을 고려해서 이번 협상을 적절한 맥락 안에 넣으면, 부정적인 감정의 일부가 차츰 사라질지 모른다. 일단 시간을 갖고 이전의 성공을 떠올려보면, 마음속의 잡념이 줄고 이번 협상이 일생을 살아오며 맞닥뜨린 수많은 협상 중 하나일 뿐이라는 사실을 알게 된다.

이전의 성공에서 자료를 찾아라

이 질문의 두 번째 이점은 과거에 효과가 있었고 이번에도 효과를 기대할 수 있는 전략을 떠올리는 데 도움이 된다는 것이다. 앞에서 언급한 임원 앤드루는 과거의 성공 한 가지(또는 두 가지)를 고려해서 자신의 보상 협상에 도움이 되는 행동 목록을 만들었다. 그는 조사와 논증 정식화, 주요 인사와의 만남, 자기 동기부여와 같은 행동 계획을 세웠다.

나는 다양한 상황에 있는 다른 사람들이 이런 작업을 하는 것을 여러 차례 봤다. 그중에 몇 가지 사례를 살펴보자.

건축업자 스미스는 임대주이자 사업주인 로자를 위해 많은 일을 해왔다. 동업자로서 여러 해에 걸쳐 로자의 많은 아파트 공사를 진행하는 동안 만족감을 느끼고 수익을 냈으나, 그들의 마지막 작업인 주방 개보수는 합의 위반, 임금 체불, 주방 미완성, 그리고 악감정으로 끝났다. 그들은 돈을 얼마나 지급해야 하는지, 그리고 앞으로 계속 협업을 할 것인지 말 것인지 협상하려 애쓰는 상태였다.

나는 중재자로서 그들에게 과거에는 거래를 어떻게 성공적으로 처리했는지 물었다. 그러자 몇 가지 중요한 일이 즉시 일어났다. 첫째, 그들은 수년 동안 얼마나 많은 프로젝트를 아무런 문제 없이 끝마쳤는지 바로 기억했다. 이를 통해 현재의 분쟁을 맥락 안에 넣고 그들이 지금까지 대체로 원만하게 지냈다는 사실에 초점을 맞출 수 있었다. 둘째, 복잡하고 급하게 진행된 이번 거래에서 과거에 효과를 봤던 특정 관행, 이를테면 계약서를 작성하고 붙박이 수납장을 함께 고르는 등의 일반적인 단계를 건너뛰었다는 사실을 알 수 있었다. 이처럼 이전의 성공에 주목한 뒤, 우리는 두 사람 사이의 좋은 감정을 어느 정도 회복시키는 동시에 미래를 위한 아이디어를 제공했다. 그들은 함께 일하기로 했고, 항상 서면 계약서를 작성하기로 했다. 그리고 작업을 진행하면서 디자인을 선택할 때 소통하는 방식에 대한 지침을 마련했다.

또 다른 사례로 10대 소녀 하퍼의 아버지인 브래드의 경우를 보자. 하퍼는 불안감에 시달리고 있었는데, 그 불안 때문에 집안에서 종종 격렬한 말다툼을 벌이곤 했다. 브래드가 "폭발"이라고 부르는 이 사태는 보통 아침에 하퍼가 학교로 향할 때 일어난다. 이런 상황은 브래드의 다른 두 자녀와 배우자를 비롯한 가족 전체에 영향을 미쳤고, 최근에는 브래드 자신도 참지 못하고 소리를 지르고 말아서 심기가 몹시 불편했다. 브래드는 이 상황에 대해 하퍼와 협상하기 위해 필사적으로 노력했지만, 도저히 상황을 개선할 수 없어서 절망감을 느끼고 있었다.

내가 과거에 성공했던 경험에 대해 질문했을 때, 브래드는 그런 경험을 생각해내기 위해 마음을 다잡는 데 몇 분이 걸렸다. 하지만 일단 생각을 해보자 한 가지가 떠올랐다. 몇 년 전에 하퍼는 읽기를 배우는 데 어려움을 겪었다. 하퍼는 자신감이 없어서 투정을 부렸고 매일 밤 과제 문제로 브래드와 다퉜다. 지금과 비슷한 고성의 말다툼을 벌여서 두 사람 모두 마음이 상했던 적이 여러 번이었다. 하지만 결국 브래드의 도움으로 하퍼는 고비를 넘겼다. 브래드는 당시를 되돌아보면서 자신이 몇 가지 일을 했다는 것을 깨달았다.

첫째, 하퍼에게 젊은 읽기 개인 교사를 붙여줬는데, 하퍼는 그 사람을 존경했다. 그 교사는 하퍼와 개인적인 관계를 맺었고, 그것이 읽기 공부를 위한 동기를 부여해줬다. 둘째, 브래드는 읽기 공부를 하지 않을 때 하퍼와 단둘이 더 많은 시간을 보내려 애썼다. 어린이 박물관에 가거나 아이스크림을 먹으러 외출하는 등 두 사람이 함께 즐길 수 있는 활동을 했다. 그 과정에서 두 사람의 관계가 돈독해졌고, 두 사람은 하퍼가 읽기로 인해 어려움을 겪던 시기를 헤쳐나갈 수 있었다.

이 정보를 바탕으로, 브래드는 하퍼와 친하게 지내며 하퍼의 불안을 달래줄 젊은 개인 치료사를 찾아보기로 했다. 또 일주일 중에 스트레스를 덜 받는 시간을 골라 두세 시간을 하퍼와 함께 보내며 둘이 함께 하는 활동을 하기로 약속했다. 그는 하퍼와 자신이 최근의 이 어려움을 이겨낼 수 있다고 느끼기 시작했다.

위의 두 상황에서 보았듯이, 과거의 성공을 통해 지속적인 성공을 향해 나아가게 해주는 지침을 얻을 수 있을 뿐만 아니라 구체적인 아이디어를 가지고 도전적인 협상에 임할 수 있다. 이를 당신에게 적용해서 잠시 시간을 내 과거에 성공했던 경험이 자신의 협상을 위한 아이디어를 떠올리는 데 도움이 되는지 알아보자.

협상에서 창의력을 발휘하고 성공하기 위한 준비

과거의 성공을 협상 전략의 일환으로 삼는 것에는 강력한 이점이 하나 더 있다. 과거의 성공을 생각하면, 기분이 좋아진다. 그리고 기분이 좋아지면, 다음 협상을 더 잘할 가능성이 커진다. 과거에 이런 문제를 어떻게 해결했는지 묻는 주된 이유는 그 질문이 당신에게 힘을 주고 행복감과 자신감을 느끼게 해서 당신이 공을 들이고 있는 문제에 긍정적인 영향을 미치기 때문이다.

지금까지 긍정적인 사건에 집중하면 협상할 때 창의력과 지략이 향상될 수 있다는 사실을 살펴보았다. 컬럼비아 대학의 한 연구에 따르면, 경영대학원 지원자 중에서 모의 취업 면접에 참가하기 전 자신의 능력을 발휘한 경험에 대한 글을 쓴 학생의 합격률이 눈에 띄게 높았다. 평균 합격률인 47퍼센트를 뛰어넘는 68퍼센트였다.[2] 그리고 능력이 부족했던 시기에 대한 글을 쓴 학생들의 합격률은 26퍼센트에 불과했다.

또 다른 연구에서, 하버드 경영대학원의 연구원들은 협상에서 매우 유용한 것으로 증명된 긍정적 감정과 창의력 사이에 밀접한 연관성이 있다는 것을 발견했는데, 특별히 협상 당사자들이 난관에 봉착했을 때 그랬다.[3] 연구원 테레사 애머빌과 스티븐 크레이머가 자신들의 저서 《전진의 법칙》에서 설명한 것처럼, 이 효과는 자기 강화적이다.[4] 〈하버드 비즈니스 리뷰〉는 이들의 저서를 다음과 같이 평했다. "긍정적 감정은 창의력을 증가시키며, 이는 결국 팀이나 조직 내에서의 긍정적인 감정으로 이어질 수 있다. 창의력은 협상에서 당사자들이 교착 상태에 빠졌을 때 특히 중요하다."[5]

협상의 실질적인 사안은 말할 것도 없고, 협상 과정도 다음 협상을 준비할 때 불안감이나 무력감을 느끼게 할 수 있다. 이전 협상의 성공에서 긍정적인 감정을 끌어내는 행위는 이후에도 그 긍정적 감정을 불러일으킬 뿐만 아니라 다음 협상을 성공으로 이끌어줄 창의력과 의사결정 능력을 발휘하는 데 꼭 필요하다.

성공의 기억을 떠올리는 방법

우리는 이전의 성공을 참고할 때 얻을 수 있는 모든 이점을 알고 있다. 과거의 성공을 떠올리는 데 도움이 되는 한 가지 행동이 있다. "나는 과거에 이런 문제를 어떻게 해결했나?"라는 질문에 대답할 때, 답을 하기 전에 먼저 눈을 감고 이전의 승리를 되도록 상세히 그려보는 것이다. 그렇게 하면서 머릿속으로 〈록키〉 스타일 음악을 떠올려보라(아주 크게!). 어떤 기분이 드는가? 어떤 소리가 들렸나? 장소는? 옷은? 당신이 설득하는 동안 고객이 고개를 끄덕이는 모습을 마음속으로 그려보라. 배우자가 "알았어"라고 말할 때의 안도감을 경험하고, 합의하고 악수를 나눌 때, 또는 통장에 돈이 들어올 때의 기쁨을 느껴보라.

더불어 그 순간까지 이어지는 시간도 기억해보자. 그리고 준비의 과정을 떠올려보라. 당신의 생각. 당신의 임무. 당신의 감정. 이 모든 것이 자료가 된다. 이전의 성공에 기여한 모든 것을 기억하면, 그것을 반복할 준비를 할 때 도움이 된다. 이전의 성공을 상기하면, 다음 협상을 더 잘할 수 있다는 사실을 명심해야 한다. 마음속으로 성공의 순간을 그려볼수록, 그 마음가짐을 가지고 또 다른 승리를 쟁취할 가능성이 더 커질 것이다.

지금까지 이미 자신의 욕구와 자신이 여기에 있는 이유를 파악했고, 자신의 긍정적 감정과 그 밖의 감정에 대해 생각해보았다. 이제 당신이 경험한 과거의 성공을 살펴볼 차례다. 다른 장에서 했던 것처럼, 자유롭게 생각하고 쓸 수 있는 공간을 찾아서 의식을 준비하고, 스스로 다음 질문을 하고 곰곰이 생각해보자. 나는 과거에 이런 문제를 어떻게 해결했을까? 5분 동안 이 질문에 대한 대답을 최대한 많이 적어보자.

성공의 경험을 떠올리기 힘들 때

이제 이전의 성공을 떠올릴 때 발생할 수 있는 몇 가지 문제를 생각해보자.

비슷한 성공의 경험이 없을 때

비슷한 상황에서 성공한 경험을 떠올릴 수 없다면 어떻게 해야 할까? 다시 말하지만, 앞에서 살펴본 앤드루가 그랬던 것처럼, 지금 당면한 협상을 분석해서 해당 상황이 수반하는 단계와 성공을 거두기 위해 필요한 것을 생각해야 한다.

나는 이 연습을 브라질 경영대학원 학생들과 함께 진행했다. 프리다라는 한 학생은 직장에 다니다가 더 나은 경력을 쌓기 위해 학교로 돌아온 여성이었고, 내 강의 첫날에 자신감 있는 태도로 수업에 임했다. 그런데 내가 수업에서 곧 있을 협상을 돕기 위해 이 책에 나오는 질문을 활용할 것이라고 말하자 불안한 기색을 보였다. 처음에는 내게 다가와서 개인적으로 물었다. "그러니까 … 직업을 바꾸는 중이라면, 그게 협상으로 간주되나요?" 나는 "그럼요. 직업의 방향을 틀어서 목표를 향해 가는 거잖아요. 이렇게 방향을 정하는 대화가 협상이에요"라고 대답했다. 그녀는 이런 상황이 연습에 반영된다는 말을 듣고 만족스러워하기보다는 체념하는 듯 보였다.

나는 그녀가 자신의 문제를 정의하고, 욕구와 감정까지 다루는 모습을 지켜봤다. 그녀는 계속 불안해 보였지만, 씩씩하게 답을 써내려갔다. 그러다가 과거의 성공에 대한 질문에 도달했을 때 그녀가 사람들 앞에서 울음을 터뜨리며 손으로 머리를 감싸 쥐었다. 나는 그녀에게 다가가서 개인적인 대화를 나눴다.

그녀는 심호흡을 했다. "제 상황은 이래요. 저는 지난번 직장에서 해고됐어요. 해고요! 무슨 말이냐면요, 전 해고될 줄 알았어요. 솔직히 제가 하는 일이 싫었거든요. 그게 제가 대학원에 지원한 이유예요. 저는 시간을 좀 갖고 다음 계획을 세우려고 했어요. 그런데 제가 이직을 준비하기도 전에 해고되고 말았죠. 저는 이런 일이 생겼다는 사실을 받아들이고 새로운 길을 찾아야 해요. 하지만 저는 이런 상황에서 성공한 경험이 없어요. 그게 바로 이 상황이 너무 불쾌한 이유예요. 전에는 한 번도 해고당한 적이 없다고요!"

우리는 함께 그녀의 답을 요약했다. 그녀는 (1) 자신의 입장에서 만족스럽지 않고 성공적이지 않았지만, 당시에는 목적에 부합했던 직장 생활이 끝났음을 받아들이고, (2) 자신을 위한 새롭고 더 만족스러운 방향을 찾아야 했다. 내가 물었다. "한 시기의 끝을 받아들이고 스스로 새로운 시작을 만들어내는 데 성공했던 때를 떠올릴 수 없나요?" 그녀는 잠시 고개를 젓고 말없이 앉아 있었다. 잠시 후 그녀가 고개를 들었다. "잠깐, 있어요. 개인적인 관계도 괜찮죠? 서로 잘 통하지 않는 남자 친구와 관계를 오래 이어간 적이 있어요. 좋은 점도 있었고, 사이도 좋았지만, 인연은 아니라는 걸 알았죠. 그래서 우리는 관계를 끝냈어요. 저는 슬펐지만, 며칠 지나자 앞으로가 기대돼서 신이 났어요. 이제 자유로워져서 저와 '영원히' 함께할 누군가를 만날 수 있었으니까요. 저는 취미에 다시 몰두했고, 관심사를 공유해서 오랫동안 더 사이좋게 지낼 수 있는 사람들과 대화를 나누기 시작했죠."

이 짧은 대화가 프리다에게 큰 도움이 됐다. 관계를 끝낸 뒤에 새 장을 여는 데 성공했던 과거의 경험을 떠올리자, 해고당한 실망감에서 어느 정도 벗어날 수 있었다. 과거의 개인적 관계와 마찬가지로, 직장 관계도 서로 만족스럽지 않았다는 것을 상기할 수 있었다. 그리고 사실상 인생의 새로운 장을 여는 데 성공했었다는 것을 기억했다. 그녀는 자신의 관심사에 부합하는 몇몇 전문 협회와 관계를 맺기로 결심했다(이별 후에 자신의 취미를 재발견한 방식과 비슷하다). 그리고 대학원 합격과 대학원에서 만난 새로운 인적 네트워크가 더 나은 미래를 설계하는 데 중요한 단계라는 것도 인식할 수 있었다. 프리다는 그날 문밖으로 나갈 때 한층 더 자신만만해 보였다.

성공의 경험을 전혀 떠올릴 수 없을 때

가끔 성공한 경험을 전혀 떠올릴 수 없다고 말하는 사람들도 있다. 어떤 사람들은 외적으로 아무리 성공하고 재주가 많아 보여도, 자기가 한 일을 성공이라고 말하지 못한다. 그들은 결과를 다른 사람("팀 전체가 노력했어")이나 행운("나는 적절한 시점에 적절한 장소에 있었을 뿐이야") 덕으로 돌린다. 어떤 사람들은 성공의 기준이 너무 높아서 모든 것을 성공의 경험에서 제외하기도 한다. 그리고 미셸 오바마와 셰릴 샌드버그를 포함한 어떤 사람들은 '가면 증후군'으로 고통받는다고 하는데, 이는 자신이 성공했다고 생각하는 대신 자신이 사기꾼이라는 것을 세상이 알아주기를 기다리는 현상이다.

익숙하게 들리는가? 가면 증후군이 없는 이들도 협상에서 자신감을 느끼기 위해 과거의 성공을 떠올리는 데 어려움을 겪곤 한다. 이때 가장 중요한 것은 자신도 이런 증상을 겪는 것일 수 있다는 인식이다. 때로는 이런 현상이 존재한다는 것을 아는 것만으로도 우리는 그것을 인식하고 그 효과를 분석할 수 있다.

먼저 강조할 점은 과거의 성공이 회사를 변화시켜서 결국 최초로 거래를 성사시킨 일과 같은 거대한 것일 필요가 없다는 것이다. 약간의 시간을 갖고 직장이나 사생활에서 일이 잘 풀렸던 시기에 대해 생각해보라. 자부심을 느꼈던 시기나 그런 순간 혹은 긍정적인 피드백을 받았을 때를 떠올려보자. 그것이 과거의 성공일 수 있다.

나의 두 번째 조언은 친구나 가까운 동료와 상의해보라는 것이다. 실제로 또는 상상으로 상의를 해도 좋다. 가장 가까운 동료는 당신이 팀 프로젝트에 기여한 것에 대해 뭐라고 말할까? 가장 친한 친구는 당신이 무엇을 잘한다고 말할까? 때로는 가깝고 훌륭한 사람으로부터 받는 피드백이 과거의 성공을 풀어내는 실마리가 되기도 한다. 나는 집에서 육아를 전담하느라 상당 기간 일을 쉰 뒤에 새 일자리를 찾고 있는 한 친구와 이 연습을 했는데, 그는 면접을 봐서 다시 일자리를 구할 자신이 없어서 고심하고 있었다.

그는 과거의 성공한 경험을 찾아보려 했지만, 아무것도 적지 못했다. "그게 문제야. 기본적으로, 나는 대학을 졸업한 직후부터 집 밖에서 진짜 일을 해본 적이 없어. 나는 이제 완전히 다른 사람이야." 나는 친구에게 물었다. "집안일은 어때? 네가 가장 잘하거나 가장 만족감을 느끼는 일이 뭐야?"

그가 말했다. "음, 공과금을 내가 전부 관리하는데 항상 제때 납부하지. 아내가 한동안 했지만, 내가 훨씬 잘해. 그래서 넘겨받았지. 그리고 아들이 난독증 진단을 받았을 때, 내가 모든 검사를 조율했어. 학교가 법으로 정해진 대로 교실에서 아들을 확실히 지원하게 했지. 그리고 아들에게 도움이 될 만한 가정교사를 찾았어." 즉, 내 '실패한' 친구는 여러 일을 한꺼번에 처리할 수 있는 아주 조직적인 관리자였다. 그는 법적 기준을 조사하고, 성공적인 주장을 펼치고, 정책 집행을 조율할 수 있었다. 친한 친구로부

　　　　　　　　　1부　나를 돌아보는 다섯 가지 질문

터 이 모든 사항을 들은 그는 자신이 과거에 성공했던 경험을 돌아보게 됐고, 정규직 일자리를 얻기 위한 협상 활동에 그것을 적용할 방법을 찾게 됐다.

과거의 성공은 현재와 미래에 협상을 더 잘할 수 있게 도와주는 단서를 많이 담고 있다. 그 성공이 눈앞에 있는 도전과는 아주 다르다고 해도, 과거의 시도가 성공했다는 것을 아는 것만으로도 협상하기 위해 앞으로 나아갈 감정적 에너지를 충전할 수 있을 것이다.

이 장에서 당신은 과거에 비슷한 협상에 도전해서 성공했던 때를 떠올려보았다. 아주 비슷한 과거의 성공 사례가 없다면, 내적인 데이터뱅크를 검색해서 현재 직면하고 있는 협상과 동일한 요소를 공유하는 성공을 찾아내라. 마지막으로 이 장에서 적은 내용을 잠시 훑어보고, 요점이나 주제를 요약해보라. 이제 다음 장에서는 미래를 생각하는 질문으로 넘어가서, 미래를 설계하는 작업을 시작할 것이다.

5장

한 단계씩 나아가라
: 목표를 이루기 위한 첫 단계는
무엇인가?

　메이 쉬는 뉴욕시의 블루밍데일 백화점 안으로 걸어 들어가며 잠시 볼거리, 소리, 그리고 향기에 대해 가만히 생각했다. 몇 년 전 그녀는 고객으로 백화점을 방문했지만 오늘은 사업가였다.

　메이는 세계은행에서 근무하며 중국 외교관이 되기 위한 경험을 쌓은 뒤, 1991년 중국에서 미국으로 이주했다. 영어 수업뿐만 아니라 르네상스 예술 과정 등의 교육을 받고, 중학교에 다닐 때는 학교 옆에 생긴 옷 노점을 자주 돌아본 덕에 미국에 도착했을 때 그녀는 예술과 패션에 깊은 관심을 가지고 있었다. 하지만 그 분야와 관련된 경험이 전혀 없었고, 생계를 위한 일자리가 필요했다. 그래서 중국 병원에 미국 의료기기를 수출하는 회사에 취직했다. 그 일은 지루했지만, 돈벌이가 되었다.

회사에서는 블루밍데일 백화점 옆의 호텔에 거처를 마련해줬다. 그녀는 근무 외 시간에 블루밍데일 백화점을 돌아다니며 진열된 상품을 동경 어린 시선으로 바라봤다. 자주 백화점을 돌아보다 보니 한 가지 사실이 눈에 들어왔다. 블루밍데일의 여성복 코너를 보면 믿기 힘들 정도로 세련된 감각의 패션 상품들이 진열되어 있었지만, 가정용 가구 코너의 상품들은 전혀 딴판이었다. 블루밍데일의 여성복에서 찾아볼 수 있는 세련된 감각을 전혀 찾아볼 수 없었다. 메이의 눈에는 대부분의 가구가 할머니 방의 벽지처럼 수십 년 전 과거에 갇혀 있는 것처럼 보였다. 메이는 NPR(미국 공영 라디오 방송)의 가이 라즈에게 자신의 목표는 "가정과 패션 사이의 격차를 줄이는 것"이라고 말했다.[1]

그녀의 첫 단계는 가정용품 중 어느 분야에서 자신의 능력을 가장 잘 펼칠 수 있는지 자기 자신과 협상하는 것이었다. 다양한 사업 가능성을 평가한 뒤, 그녀는 향초에 주력하기로 했다. 조사를 좀 해보니, 고급스러운 모양과 향기를 제대로 갖춘 양초라면 휴가철뿐만 아니라 1년 내내 팔릴 것 같았다. 하지만 일단 향초를 만드는 법을 알아야 했다.

다음 단계는 시행착오를 통해 경험을 쌓는 것이었다. 그녀는 뉴저지의 한 향수 판매업자를 찾아가서 향수와 왁스를 혼합하는 법을 배웠다. 그런 다음, 몇 주 동안 지하실에서 빈 깡통을 틀로 사용해 다양한 종류의 향을 첨가해보며 향초 만드는 실험을 했다. 어느 날 실험을 하던 중, 그녀는 오일과 왁스를 섞이게 해주는 화학 물질을 깜박하고 첨가하지 않았다. 향초를 틀에서 꺼내자 해당 화학 물질이 부족한 탓에 전혀 다른 제품이 만들어졌다. 마치 화석화되거나 오래된 것처럼 보였다. 메이는 이 실수를 자신의 향초 브랜드의 일부로 만들기로 했고, 1994년에 체서피크 베이 캔들이라는 회사를 설립했다.[2]

그녀의 다음 단계는 상점으로 진입하기 위해 협상하는 것이었다. 메이는 내게 이렇게 말했다. "한 번에 한 걸음씩 나아가는 것이 아주 중요합니다. 제가 향초를 소규모 상점에서 판매한 이유는 대규모 체인점에 대항해 살아남으려면, 트렌드를 정말, 정말 잘 알아야 했기 때문입니다. 저는 소규모 상점에서 판매를 하며 배운 것이 저희가 큰 상점으로 다음 걸음을 내딛는 데 도움이 되리라는 것을 알았습니다."

지역에서 성공을 맛본 메이는 블루밍데일로 갔고, 그곳에서 전화를 받는 비서들과 관계를 쌓기 시작했다. 그녀는 전화를 하거나 방문할 때마다 비서들에게 사적인 질문을 했다. 이를테면, 블루밍데일에서 일하기 전에는 어디서 근무했는지, 왜 패션 업계에서 일하게 됐는지 등을 물었다. 그녀는 매력과 끈기를 활용해 결국 바이어, 즉 블루밍데일이 어떤 상품을 주문할지를 결정하는 사람의 이름을 얻어냈다. 그 바이어는 메이의 향초에 단숨에 빠져들었고, 블루밍데일 백화점은 메이의 향초를 주문했다.

메이가 인생을 바꿀 만한 주문을 받자마자 다음 단계가 분명해졌다. 주문을 이행해야 했다. 그러려면 자신이 원하는 향료를 포함해 자신만의 독특한 향초를 생산할 전용 시설이 필요했다. 메이는 중국 항저우에 있는 컴퓨터 회사에서 형부와 함께 일하는 언니에게 전화를 걸었다. 그들은 메이가 필요로 하는 것을 듣고 동업을 결심해서 1995년에 양초 공장을 열었다. 그 공장은 지금도 여전히 가동되고 있다.

블루밍데일에서 성공을 거둔 뒤, 메이는 회사를 더 키우려면 이제 어디로 가야 하는지 알았다. 더 큰 시장으로 진입하려면, 가치 지향적인 소비자를 위한 더 많은 선택지를 제공하면서도 좋은 디자인으로 이름이 난 상점으로 들어가야 했다. 그녀는 대형 할인점 '타깃'을 겨냥했는데, 타깃은 전국에 750개의 상점이 있었고, 각 상점에는 15미터의 통로가 2개 있어서 메이의 향초를 진열하기에 안성맞춤이었다.

그러나 블루밍데일에 통했던 끈기와 관계 형성의 기술이 타깃에는 먹히지 않았다. 1년 내내 접촉을 시도했지만, 메이는 바이어의 회신을 받을 수 없었다. 마침내 이를 안타깝게 여긴 안내 직원이 바이어의 상사에게 전화를 걸어보라고 제안했다. 메이는 그렇게 했다. 바이어는 즉시 그녀에게 회신을 하며 음성 메시지를 남겼지만, 메시지의 내용은 관계를 이렇게 시작하는 법이 어디 있냐는 바이어의 고함 소리뿐이었다.

메이는 기가 죽었지만, 잠시 기다렸다가 곧 다시 전화를 걸었다. 그리고 또 걸었다. 마침내 몇 달 뒤 음성 메시지에서 다른 목소리가 들려왔다. 메이는 아주 젊은 새 바이어로부터 즉각적인 회신을 받고, 그녀를 만나기 위해 미니애폴리스에 있는 타깃 본사로 날아갔다. 그 바이어는 회의를 다음과 같은 말로 마무리했다. "메이, 우리의 상점 750개 모두에 당신의 초를 들여놓고 싶습니다." 타깃은 100만 달러어치 이상을 주문했으며, 그해에 300만달러 이상을 주문할 것으로 예상했다.

메이는 자기 집 지하실에서 빈 깡통을 사용해서 수없이 초를 실험했고, 이는 수백만 달러짜리 회사 체서피크 베이 캔들의 탄생으로 이어졌다. 메이는 20대 초반에 남편 외에는 아무도 아는 사람이 없는 미국 땅에 발을 디뎠지만, 디자인이나 소비재에 대한 경험 없이 거대 기업을 세웠고, 이 기업은 나중에 수십억 달러 가치의 소비재 회사인 뉴웰 브랜드에 7500만 달러에 팔렸다. 이 모든 과정을 그녀는 한 번에 한 단계씩 해나갔다.

성공하는 협상을 위한 시간 여행

1부를 마무리하면서 미래에 대해 질문해보자. 우리는 시작할 때 문제나 목표를 정의하고 무엇이 목표로 이어지는지 검토했다. 그런 다음 욕구와 감정을 검토했고, 그것은 우선순위를 정하고 결정을 내리는 데 도움이 됐다. 그 후 과거의 성공을 살펴봄으로써 추진력과 아이디어를 창출했다. 이제 미래를 설계하기 위한 첫걸음을 내디딜 때다.

내가 함께 일하는 사람 중에는 종종 해결해야 하는 문제는 정확히 파악했지만, 그것을 완전히 해결할 방법은 알아내지 못하는 이들이 있다. 이 장에서는 첫 단계에 집중하는 것이 협상을 성공시키는 데 대단히 효과적인 이유를 살펴볼 것이다. 먼저 이 질문을 던진 이유를 탐구한 뒤, 자세한 방법에 대해 알아볼 것이다. 나는 당신이 자신에게 집중하고, 내면의 지혜를 활용하며, 앞으로 나아가는 첫걸음을 구상하도록 도울 것이다.

한 걸음씩 나아가야 하는 이유

모든 협상 과정에서 우리는 시간 여행을 하게 된다. 다시 말해, 우리는 더 나은 미래를 설계하기 전에 과거와 현재를 이해해야 한다. 이 장에서 미래를 바라볼 것이다. 자신에게 "첫 단계는 무엇일까?"라고 묻는 것이 중요한 이유는 두 가지다.

첫째, 첫 단계에 집중하면 추진력을 얻을 수 있다. 협상에 직면하거나 크고 흥미로운 목표를 향해 나아갈 때, 처음부터 온전한 해결책을 고안하려 들면, 생산성을 높이기보다는 오히려 압박감을 느끼기 마련이다. 그리고 압박감에 휩싸이면, 의욕이 넘치는 사람들조차 지레 겁을 먹고 포기하거나 일을 마구잡이로 처리하게 된다. 작은 추진력을 얻기 위해 필요한 것은 한 걸음이다.

나는 다양한 문제를 다루는 협상에서 팀을 코치할 때, 화이트

보드에 모든 것을 적어서 모두가 볼 수 있게 한다. 그런 다음, 성공할 가능성이 커 보이는 문제를 하나 골라서 시작한다. 그리고 그 문제가 해결되어 목록에서 제외되는 순간, 방 안에 안도감이 돌고 흥분감이 형성된다. 우리가 나아가고 있다고 생각하는 순간 모든 사람이 계속해서 앞에 있는 나머지 문제를 해결하고자 하는 의욕을 보인다.

최근에 나는 한창 주가를 올리고 있는 유명 기자와 이야기를 나눴는데, 그녀는 방송 매체 전반에서 주요 기사를 다루지만, 개인적으로 기자 경력에서 중대한 한 단계를 아직 달성하지 못해서 몇 년 동안 자책하고 있었다. 그것은 바로 책 쓰기였다. 그녀는 내게 이렇게 말했다. "제 생각에 제 가장 큰 재능은 많은 양의 조사를 신속하게 종합하고 소화해서 사람들이 이해하기 쉬운 형태로 전달하는 것이에요. 저는 오후 3시에 기사에 대한 아이디어를 얻은 다음 한두 시간 뒤에 뉴스에 출연하는 일에 익숙해요. 특히 지난 1년 동안은 이 바닥에서 가장 큰 기삿거리 중 일부를 취재해 왔어요. 그중 하나는 제가 이야기를 제대로 정리하면 책 제안서로 금세 팔릴 거예요. 어떻게 보도 업무를 하면서 동시에 그 기사를 정리할 수 있을지만 알아내면 돼요."

그 시점에 그녀는 앞을 내다볼 준비가 되어 있었다. 나는 그녀에게 물었다. "책으로 쓸 만한 큰 이야기가 떠올랐을 때 그 소재에 대한 제안서를 재빨리 준비하기 위해 여가 시간에 지금 당장 시작할 수 있는 첫 단계가 뭘까요?"

그녀는 잠시 생각했다. "맞아요. 책 제안서 중에 시간에 구애받지 않는 부분, 즉 제 경력과 시장 분석 같은 부분부터 쓰기 시작하면 되겠군요. 그러면 제 책이 될 이야기를 확실히 정리했을 때 그걸 그냥 집어넣어서 보내면 되죠. 저는 여태 거래를 성사시키기 위해서 그런 식으로 제가 가장 잘하는 일, 즉 기사를 빨리 정리하는 일을 해왔어요. 이번 주에 그렇게 할 거예요!"

두 달 뒤에 그녀는 책 제안서를 거의 완성했다. 때로는 첫 단계에 집중하는 것이 생각을 정리하고 자신의 힘을 되찾는 데 도움이 된다.

첫 단계부터 시작해야 하는 두 번째 이유는 많은 경우 협상이 누적되기 때문이다. 예를 들면, 앞선 네 걸음을 밟기 전에는 다섯 번째 걸음을 내디딜 수 없다. 메이의 말에 따르면, 사업가들이 저지르는 가장 큰 실수는 협상에서 단계를 건너뛰는 것이다. 그녀는 더 큰 바이어와 함께 자신의 회사를 한 단계 도약시키는 데 필요한 경험과 판단력, 판매고를 축적하기 전에 작은 상점에서 초를 판매한 경험이 필요하다는 것을 알았다.

이 책도 마찬가지다. 자신을 위한 최고의 첫걸음을 알아내기 위해, 자신의 목표와 욕구, 감정, 과거의 성공을 알아내는 작업을 해야 한다. 이 모든 질문에 답을 하고 마지막 질문까지 답을 한 후에야 문제를 해결할 준비가 된 것이다.

첫걸음이 가져온 거대한 변화

첫 단계를 심사숙고하면, 어떤 협상에 직면해 있든 변화를 불러일으킬 수 있다. 때로 첫걸음은 작게 느껴지지만 거대한 결과를 불러올 수 있다. 에콰도르의 UN 대사 루이스 가예고스가 내게 말한 바에 의하면, 수백 명은 아니더라도 수십 명이 참가하는 주요 외교 협상에서 사람들의 최종 표심은 방대한 문서에서 한 단어만 바뀌어도 흔들릴 수 있다. 한 영세기업의 소유주인 줄리는 더 큰 일거리를 유치하길 원했고, 그래서 큰 고객 한 명을 확보한 뒤, 그 고객을 위해 자신이 하는 일을 소셜미디어에 기록해서 사람들이 자신의 능력을 볼 수 있게 했다. 그 한 가지 결정으로 그녀는 다수의 큰 고객을 새로 확보했다.

한 번에 한 걸음씩 일을 해나가는 것은 큰 목표를 향해 나아갈 때 특히 유용하다.

유명 트레이너 오텀 칼라브리스는 많은 사람이 건강과 체력 관련 목표를 달성하고 많은 체중을 감량하도록 돕고 있다. 오텀은 체중 감량을 일종의 협상, 그것도 전 세계 많은 사람이 흔히 하는 협상으로 본다고 말한다. 그녀는 최근에 사람들이 자기 자신에게 질문하는 내용에 초점을 맞춘 영양 프로그램을 설계했는데, 그것은 거울을 더 깊이 들여다보고 목표를 향해 나아가기 위한 것이었다.

오텀은 내게 이렇게 말했다. "저는 고객이 자신에게 깊이 있는 질문을 던져서 자신의 문제에 대한 진정한 해답은 물론 실질적인 해결책까지 알아내도록 도우려 합니다. 대부분의 사람이 다이어트라는 쳇바퀴 안에서 돌고 있습니다. 그런 상태에서는 멈춰서서 지금 자신에게 어떤 일이 일어나고 있는지에 대해 깊이 있고 어려운 질문을 던져볼 생각을 할 수 없습니다.

하지만 일단 그 질문에 대한 답을 얻으면, 첫 단계는 장기적인 목표를 세우는 것입니다. 그래서 당신의 장기적 목표가 '20킬로그램을 줄이는 것'이라면 그 목표에 도달하기 위한 길잡이가 필요합니다. 그냥 '20킬로그램을 줄이고 싶다'라고 말한 다음 단번에 목표를 이룰 수는 없습니다. 저는 사람들이 작은 단계로 시작하게 합니다. 대충 일주일에 한 단계씩이요. 그래서 저희는 '좋아요, 첫째 주, 둘째 주, 셋째 주, 그리고 넷째 주에는 무엇을 해야 할까요?'라고 묻습니다. 이것이 작은 단계이고, 우리는 그걸 한 번에 한 걸음씩 밟아나갑니다. 이렇게 하는 이유가 몇 가지 있습니다. 첫째, 이런 작은 단계는 사람들에게 동기를 부여합니다. 그 길을 가는 동안 우리에겐 작은 축하 행사가 필요합니다. 왜냐면 20킬로그램은 큰 숫자니까요. 하룻밤 사이에 일어날 일이 아니니까, 꾸준히 그 길을 가려면 작은 승리가 필요한 거죠.

한 단계씩 일을 진행해야 하는 두 번째 이유는 최종 목표를 향해 나아가려면 각 단계가 필요하기 때문입니다. 예를 들어, 20킬로그램을 줄이려 한다면, 잘 먹어서 에너지를 충전하기 전에는 운동을 많이 할 수 없을 겁니다. 그러므로 첫째 주에는 '탄산음료를 덜 마실 거야'라고 말하고, 둘째 주에는 야채를 더 먹고, 셋째 주에는 일주일에 두어 번 걷기를 하는 겁니다. 그러면 이런 작은 단계들이 모여서 큰 목표가 되는 것이죠. 처음에는 첫 단계에 집중하는 것이 정말 중요하다고 생각합니다. 처음부터 모든 단계를 다 알 필요는 없어요. 6개월째에 어디에 있어야 하는지 알 필요는 없다는 말이죠. 그래서 목표에 접근하기 위해 일단 첫째 주와 둘째 주에 할 수 있는 일에 대해 이야기하죠. 첫째 주에 이야기하고 물어야 할 것은 '첫 단계는 무엇일까?'가 전부입니다."

나를 돌아보기 위한 다섯 단계

이번 장에서는 자신을 이해하기 위한 질문을 마무리할 것이다. 지금까지 우리는 자신이 해결하려는 문제가 무엇이며, 그 문제를 해결함으로써 원하는 것은 무엇인지 살펴봤다. 또한 그 과정에서 자신이 느끼는 감정과 과거의 성공 경험에 대해서도 검토했다. 이제는 미래에 대해 생각해볼 차례다. 다른 장에서 그랬던 것처럼 자유롭게 생각하고 글을 쓸 수 있는 편안한 공간으로 가서 자신의 목표를 이루기 위한 첫 단계가 무엇인지 대답해보자.

'첫 단계'를 하나 이상 적었다면, 그것을 실현하기 위한 계획을 세워보자. 그러기 위해 1장부터 4장을 읽어오며 적었던 자신의 개인사, 욕구, 감정, 성공의 경험을 다시 한 번 점검해보자. 그것이 첫 단계를 실현하기 위한 밑바탕이 될 뿐만 아니라 자신감과 힘을 느끼고 자기 자신과 목표를 향해 나아가는 데 도움이 될 것이다.

문제를 올바로 정의하기

첫째, 1장에서 자신이 요약한 내용을 다시 살펴보자. 당신이 파악한 문제나 목표는 무엇이었는가? 다시 말하지만, 협상에서 우리가 내리는 모든 결정은 우리가 여기에 있는 이유에서 비롯한다. 만약 당신이 스티브 잡스처럼 사람들이 다방면으로 사용하면서 전화도 걸 수 있는 작은 컴퓨터를 설계하는 중이라면, 사람들이 현재 들고 다니는 모든 기기를 연구하고, 그런 기능을 당신의 장치에 넣을 방법을 알아내고 있을 것이다. 만약 꿈에 그리던 욕실을 짓기 위해 시공업자와 협상하고 있다면, 혁신적인 최신 디자인을 조사하고 그중 어떤 디자인을 선택할지 따져보고 있을 것이다. 집을 팔기 위해 욕실을 수리하고 있다면, 다른 사람들이 원하는 욕실이 어떤 것인지 알아내고 있을 것이다. 즉, 근방에서 최근에 팔린 몇몇 집의 욕실과 자기 집 욕실을 꼼꼼히 비교하고 있을 것이다.

또 당신을 오늘 여기 있게 한 과거도 한번 살펴보고 싶을 것이다. 당신이 언니 카르멘과 심각한 불화를 겪는 안토니아 또는 임금 협상을 위해 자료를 모으는 앤드루라면, 자신이 겪고 있는 문제를 돌이켜보고 지금까지 일어난 일을 고려해서 앞으로 나아가기 위한 최선의 단계를 생각할 것이다.

자신의 욕구 되돌아보기

다음으로, 2장에서 파악한 자신의 욕구에 집중해보자. 우리는 유형(세거나 보거나 만질 수 있는 것)과 무형(감사나 존중처럼 삶에 의미를 부여하는 주제나 가치관)의 욕구를 모두 살펴보았다. 당신의 욕구는 매우 중요하며, 당신이 밟는 모든 단계는 당신의 욕구를 반영해야 한다.

무형의 욕구를 고려할 때, 내가 제시한 후속 질문인 '그것은 구체적으로 어떤 것인가?'로 돌아가서 당신의 구체적인 생각을 검토해보자. 그리고 공정성과 같은 것은 다양한 사람들의 눈에 아주 다르게 보인다는 점을 명심해야 한다. 어떤 사람에게 공정성이란 기본급에 2만 달러를 추가하는 것일지 모른다. 또 어떤 사람에게는 미술 전시회에서 자기 작품을 더 좋은 자리에 놓는 것일 수 있다. 또 다른 어떤 사람에게는 부부가 저녁에 부엌을 번갈아가며 청소하는 것일 수 있다. 당신의 무형의 욕구에 생기를 불어넣은 구체적인 항목을 지금 다시 살펴보자.

그런 다음 당신의 모든 욕구를 검토하면서 그 욕구들을 완전히 충족하기 위해 할 수 있는 행동이 무엇인지 생각해보자. 명심해야 할 것은 협상에서 성공을 거두는 열망은 욕구에 기초하므로, 낙관적일 뿐만 아니라 구체적이어야 한다는 것이다. 과감하게 당신의 모든 욕구가 충족될 수 있는 세상을 떠올리고, 그곳에 도달하기 위한 구체적인 첫 단계의 목록을 작성해야 한다. 이 일이 어렵게 느껴진다면, 당신이 아이디어를 떠올릴 때마다 내가 20달러를 준다고 가정해보라. 말도 안 되는 비현실적 가정이라고? 그건 중요하지 않다. 세계적으로 성공한 협상 중 일부는 터무니없게 들리는 첫 번째 아이디어에서 나왔다.

1912년 시어도어 루스벨트의 대통령 선거운동에서 있었던, 지금은 유명한 성공적인 협상 이야기를 보자.[3] 선거운동이 막바지로 향할 무렵, 루스벨트와 선거 책임자는 수백만 명의 유권자를 만나기 위해 기차로 여러 지역을 들를 계획을 세웠다.[4] 그들은 루스벨트의 연설과 함께 실물보다 잘 나온 그의 사진이 포함된 소책자 300만 부를 인쇄했다.[5] 하지만 출발하기 직전에 소책자에 심각한 문제가 있다는 것을 발견했다. 사진의 저작권자인 모펫 스튜디오의 허가를 받지 않은 것이었다.[6] 법을 따져보니, 저작권 없이 소책자를 그대로 배포하면 장당 1달러를 지급해야 할 수도 있었다.[7] 위험을 감수할 여유가 없었다.[8] 빨리 아이디어를 내야 했다.

루스벨트의 선거 책임자 조지 퍼킨스가 한 가지 아이디어를 냈다.[9] 하지만 터무니없게 들렸다. 그는 모펫 스튜디오에 다음과 같은 전보를 보냈다.[10]

"우리는 표지에 루스벨트의 사진이 실린 소책자를 수백만 장 배포할 계획입니다. 우리가 특정 스튜디오가 찍은 사진을 사용하면, 그 스튜디오는 엄청난 홍보 효과를 누릴 것입니다. 우리가 당신네 사진을 사용한다면 얼마를 지불할 용의가 있으십니까? 즉시 답을 주십시오."[11]

모펫은 전보를 보내서 비록 이런 일을 해본 적은 없지만, 기꺼이 250달러를 내겠다고 답했다.[12] 루스벨트와 퍼킨스는 그 제안을 받아들였다.[13] 그들은 잠재적 부채를 재정적 이익으로 탈바꿈시켰다.[14] 이를 위해 필요했던 것은 그저 한 가지 좋은 아이디어였다.

자신의 감정 살펴보기

자신의 문제와 욕구를 파악한 뒤, 3장에서 자신의 감정에 대해 적은 내용을 다시 살펴보자. 긍정적인 감정과 부정적인 감정은 언제나 협상의 일부이며, 결정을 내리는 데 도움이 된다. 감정을 인정하면 더 나은 해결책을 찾을 수 있다. 감정을 미래 지향적인 아이디어로 바꿔주는 마법의 후속 질문을 떠올려보자. 부정적인 감정을 느낀다면, 이렇게 자신에게 물어보자. "이 상황에서 이 부정적 감정을 없애거나 줄이려면 어떻게 해야 할까?"

의사 자밀라의 사례를 생각해보자. 그녀는 특정 환자를 어떻게 돌볼 것인지 협상하며, 자신을 압도하는 감정이 좌절이라는 사실을 발견했다. 이 상황에서 자밀라는 이렇게 자문할 수 있다. "이 상황에서 내 좌절감을 없애거나 줄이려면 어떻게 해야 할까?" 후속 질문을 던지면, 자신의 솔직한 감정을 바탕으로 새로운 해법을 찾을 수 있을 뿐만 아니라 앞으로 나아갈 방법에 대한 구체적인 아이디어를 얻게 된다. 3장에서 이 작업을 하지 않았다면, 지금 시간을 내서 이런 부정적인 감정을 줄이기 위해 어떤 방법이 도움이 될 수 있는지 살펴보자. (그리고 긍정적인 감정으로 그 반대를 해볼 수도 있다. 자신의 직업에서 경력이 쌓이는 데 기쁨을 느낀다면, 이렇게 자문해보라. "이 기쁨을 유지하거나 늘리기 위해 무엇을 할 수 있을까?")

과거의 성공을 되돌아보기

마지막으로, 4장에서 적은 과거의 성공에 대한 답으로 돌아가보자. 과거에 성공적으로 해결했던 문제가 지금 직면한 문제와 비슷했는가, 아니면 다른 영역에서의 성공이었는가? 눈을 감고 그 협상을 성공으로 이끈 모든 요소, 이를테면 습관과 행동, 정신 상태 등을 떠올렸을 때, 마음속으로 어떤 그림을 그렸는가? 과거에 유사한 성공 사례가 있다면, 지금 다시 한 번 살펴보면서 이번에도 효과를 발휘할 만한 행동을 했는지 알아보자. 예를 들어, 배우자와 돈을 대하는 태도가 서로 달라서 협상하고 있는데 결혼 초기에 잘 해결했던 사례가 있다면, 과거를 돌이켜보면서 당시에 두 사람이 이 문제를 성공적으로 처리했던 방식을 알아볼 수 있을 것이다.

이런 방법은 현재의 상황에서 기분이 나아지는 데 도움이 될 뿐만 아니라, 해결책을 마련하는 데 유용한 자료가 된다. 또 다른 사람과 협상할 때, 자신이 효과적인 접근법을 알고 있다는 증거로 활용할 수도 있다.

과거에 비슷한 성공 사례가 없다면, 현재 문제와 무관한 과거 성공 사례를 생각해보자. 처음으로 연봉 협상을 해서 불안하지만, 자신이 고객에게 홍보하는 일과 자기 생각을 사람들에게 설득하는 일에 능하다는 사실을 깨달았다면, 무엇이 그 성공과 자신감으로 이어졌는지 검토하고, 이번 협상을 위해 어떤 방법을 반복할지 알아낼 수 있다.

한 단계씩 나아가기

지금까지 앞의 네 장에서 했던 작업을 모두 검토하고 앞으로 나아갈 방법에 대한 아이디어를 떠올렸다. 이 장에서 던진 질문에 대해 5분 동안 글을 썼는데도 여전히 아이디어가 떠오른다면, 지금 모두 적어보자.

이 장을 읽는 동안, 아니 그 이후에도, 마음속에 많은 아이디어가 떠오르면 자유롭게 다 적어보자. 한 단계를 생각해보라고 요구한 것은 아이디어가 흘러나오는 것을 제한하기 위해서가 아니다. 한 걸음을 내딛는 것의 이면에 있는 생각은 마치 지금 당장 모든 답을 알아야 하는 것 같은 느낌으로부터 당신을 자유롭게 해준다. 왜냐하면 대부분의 경우 그렇지 않기 때문이다. 때로는 지금 많은 아이디어를 갖고 있어도, 잠재적인 해결책을 알아내기 위해 다른 사람과 협상해야 할 필요가 있다(2부에서 이 내용을 다룰 것이다). 그리고 때로는 우리가 가는 길이 너무 길어서 최종 목적지를 볼 수 없는 경우도 있다. 한 번에 모든 것을 해결하려 하면 곤경에 처할 수 있다. 지금 미래를 완벽하게 계획할 수 없다고 해도, 자신이 바라는 내일에 대한 바람이나 느낌이 있을 것이다. 그러니 GPS에서 당신이 방향을 전환해야 하는 모든 모퉁이를 보려 하지 말고, 다음 모퉁이에만 집중하자.

첫 단계를 알 수 없을 때

가끔 내가 사람들에게 목표를 이루기 위한 첫 단계가 무엇인지 질문을 던지면, 답을 생각해내는 데 어려움을 겪는다. 이 질문에 답할 때 걸림돌이 되는 몇 가지 이유를 분석해서 해결해보자.

자기 내면의 소리를 들어라

앞에서 이야기한 것처럼, 사람들이 앞으로 나아갈 때 어려움을 겪는 주된 이유 중 하나는 머릿속에서 다른 사람의 목소리를 듣기 때문이다. 즉, 당신이 요구했든 안 했든 간에, 당신의 언니, 직설적인 동료 또는 가까운 친구나 가족이 이미 끼어들어서 당신에게 조언을 해주고 있다. 아마도 단순한 조언을 넘어서 협상에서 무엇을 해야 하는지까지 말해주고 있을 것이다.

나는 협상을 가르칠 때 이런 경우를 가끔 본다. 수업 시간에 모든 학생들에게 특정한 문제, 이를테면, 중고차 가격에 대한 협상을 하도록 배정하고, 구매자와 판매자 집단으로 만나서 1부의 다섯 가지 질문에 대한 답을 하라고 하면, 어떤 사람들은 가끔 다른 사람이 우선시하는 내용을 들은 뒤 자신에게 비판적인 태도를 보인다. 상대방이 원하는 대로 결제 방식을 밀어붙여야 하나? 스스로 선택할 수 있는 사람에게 새로 점검을 부탁해야 할까? 이렇듯 갑자기 다른 사람의 욕구 목록 옆에서 자신의 욕구 목록이 정당하지 못하게 느껴진다.

그저 모의실험에 불과한 수업의 역할극에서 이런 경험을 하는데, 큰 이해관계가 얽혀 있는 실제 삶에서 다른 사람의 조언이 우리를 얼마나 많이 흔들어 놓을지 상상해보라. 당신이 답을 아예 적지 못하고 있거나, 이 질문에 대한 답을 쓰는 동안 갈등을 느낀다면 어떻게 해야 할까? 다른 사람이 생각하는 바를 듣는 것이 당신이 앞으로 나아가는 첫걸음은 아닌지 생각해보라.

당신이 진행 중인 협상에 대해 누군가와 대화해본 적이 있는가? 다음과 같이 질문함으로써 그 목소리에 적극적으로 개입하라. 당신의 문제와 관련된 다양한 주변인은 누구인가? 아마도 동료와 고객, 배우자, 아이들일 것이다. 그다음으로 이렇게 질문하라. 그들은 당신의 첫 단계가 무엇이라고 생각할까? 이 질문에 대한 답을 적고 그것을 검토해보자. 당신이 적은 내용에서 당신이 보기에 올바른 것은 무엇인가? 무엇에 공감이 가는가? 이렇게 해보면, 당신을 위한 다른 사람들의 생각을 비판할 수 있고, 그럼으로써 자신에게 어떤 것이 효과가 있는지 찾아낼 수 있을 것이다.

결과적으로, 당신의 목표는 다른 사람들의 관점을 옆으로 치워버리고, 자기 자신의 목표에 초점을 맞춰서 앞으로 나아가기 위한 자신만의 계획을 세우는 것이다.

최악의 선택이 무엇인지 생각하라

이 장을 읽었는데 아직도 이 질문에 대한 답이 전혀 떠오르지 않는다면 다음의 조언이 도움이 될 것이다.

첫 번째 조언은 질문에 답을 하기 위한 의식을 다시 준비하는 것이다. 이 책에서 제시한, 질문에 답을 하기 위한 의식에 대해 다시 한 번 생각해보자. 하루 중 일정 시간을 비워놓는 것을 넘어서 언제 어디에서 최고의 아이디어를 얻는지 생각해보자. 아침이나 낮 혹은 밤인가? 직장인가, 집인가? 장거리 달리기를 하는 동안인가, 분주한 카페에서인가? 아니면 조용한 도서관에서인가? 창의적인 아이디어를 떠올릴 가능성이 가장 큰 곳이라면, 어디든 그곳이 바로 질문에 대한 답을 생각하기 위한 장소다.

아직도 막막함이나 거리낌을 느낀다면, 자신에게 다음 질문을 던져보자. "내가 택할 수 있는 최악의 단계는 무엇인가?" 우리는 자신이 원하는 것을 스스로 검열한다. 또는 무엇이 효과가 있는지 알아내기 전에 다양한 선택지를 시도해볼 자유를 원한다. 최악의 시나리오를 사유롭게 고려해보면, 무엇이 더 나은 방법인지 분명해진다.[15]

한 제조업체 임원은 모든 업무를 훤히 꿰뚫고 있고 높은 성과를 올렸지만 견디기 힘든 분위기의 현 부서에서의 승진을 받아들여야 할지, 아니면 아는 사람이 전혀 없고 업무의 50퍼센트를 새롭게 파악해야 하는 완전히 새로운 부서로 옮겨갈 것인지 결정해야 했다. 그는 일주일 안에 두 부서와 협상을 벌여야 했다. 내가 첫 단계를 생각해보라고 하자, 그는 이렇게 대답했다. "잘 모르겠어요. 회사의 미래와 어느 부서가 제게 최선의 길을 제공할 것인지에 대한 생각이 오락가락해요. 각 부서에 대한 정보는 이미 모두 입수했어요." 나는 그에게 다시 물었다. "이 시점에서 당신이 택할 수 있는 최악의 선택지는 뭐죠?" 그는 눈을 감고 잠시 가만히 있더니 뭔가 깨달은 듯이 대답했다. "지금의 부서에서 1년을 더 있을 수는 없어요. 제 부서가 잘못된 방향으로 가고 있다는 느낌이 들어요. 때가 됐어요." 그는 국제 부서로 옮기라는 제안을 받아들였다. 그는 '최악'의 선택지를 고려함으로써 마음을 자유롭게 하고 결정을 분명하게 했다.

이 '최악의 아이디어' 방법은 개인에게도 효과적이며, 집단과 관련된 협상에서도 (더) 효과적이다.[16] 실제로 일부 기업은 이 기술을 사용해서 혁신적인 사업 아이디어를 창출한다.[17] 3M은 이를 "역발상" 또는 "문제를 거꾸로 뒤집기"라고 부른다.[18] 예를 들어, 고객이 소식지를 더 많이 구독하게 하는 문제를 생각할 때, 이렇게 묻는 것이다. "사람들이 우리 소식지 구독을 해지하게 하는 방법이 무엇일까?" 이 질문에 답하는 과정에서 "고객의 삶과 관련이 없는 내용을 넣어라" 또는 "사람들에게 메일을 지나치게 자주 보내라" 또는 "사람들이 관심을 보일 제품에 대한 홍보나 할인을 넣지 말라" 등등의 아이디어가 나온다면, 해결책을 향한 최초의 몇 단계를 알게 된 것이나 다름없다. 이 장을 시작할 때 한 걸음이라도 앞으로 나아가는 것이 문제였다면, 최악의 단계에 대해 생각해보고, 머릿속에 어떤 아이디어가 떠오르는지 살펴보라. 놀랄지도 모른다.

자신의 답을 요약하라

이로써 자신을 돌아볼 수 있는 다섯 가지 질문에 대해 모두 살펴보았다. 이 다섯 가지 질문을 자신에게 던지고 자신의 답변에 귀를 기울임으로써, 당신은 전에 있었던 곳, 그리고 대부분의 사람이 시작하는 곳보다 훨씬 앞선 곳에서 협상을 시작할 수 있다. 또한 자기 자신과 자신의 문제에 대한 깊은 통찰력을 제공하는 정보와 함께 잠재적 해결책을 위한 아이디어를 많이 찾을 수 있다. 마지막으로 당신의 답을 다시 한 번 살펴보고 알아낸 것에 대한 최종적인 생각을 요약해보자.

2부에서는 상대방을 이해하기 위한 질문을 살펴볼 것이다. 어떤 사람들은 자신과 이야기하는 것보다 다른 사람과 자리를 함께하는 것을 더 어렵게 여긴다. 그리고 나머지 사람들은 이렇게 생각할지도 모르겠다. 내가 정말 다른 사람과 이 일을 해야 할 필요가 있을까?

일단, 이것은 닫힌 질문이므로 다시 구성해보자. 그러면 다음과 같은 질문을 얻을 수 있다. "내가 다른 사람에게 질문해서 얻어야 하는 것은 무엇인가?" 이것이 훨씬 나은 질문이다. 왜냐하면 당연히 당신은 아무것도 해야 할 필요가 없기 때문이다. 당신은 내가 타조 협상법이라고 부르는 것. 즉, 모래에 머리를 처박고 문제가 사라질 때까지 기다리는 방법을 선택할 수도 있다. 하지만 과감히 결단을 내리면 많은 것을 얻을 수 있다. 내가 사람들에게 더 많이 요구하라고 말하고 그걸 얻는 방법을 가르칠 때, 다른 사람을 보는 분명한 창문은 이 협상 방식이 당신에게 제공하는 더 많은 것의 큰 부분이다. 그런데 그 더 많은 것은 또 뭘까?

- 유용한 해결책을 위한 더 많은 선택지
- 누구와도 대화할 수 있고, 어떤 문제가 닥쳐도 처리할 수 있다는 더 큰 자신감
- 당신의 성공에 중요한 역할을 할 수도 있는 사람들을 이해함으로써 자신의 개인적 성공을 향해 더 나아가는 것
- 다른 사람과의 친밀도 향상
- 다른 사람에게 당신이 이용할 수 있는 정보의 전체집합을 확장하는 질문을 함으로써 다음 협상을 향한 유리한 고지를 선점하기
- 솔직하고 공감하는 대화를 나눔으로써 마음이 한결 더 편안해지는 것

1부 나를 돌아보는 다섯 가지 질문

하지만 걱정하지 마라. 2부에서도 상대방을 이해하기 위한 질문에 대해 올바른 답을 찾도록 안내해줄 것이다. 각각의 질문을 하고 답에 귀를 기울이는 방법을 알려줌으로써 대화를 통해 가능한 한 많은 것을 얻게 할 것이다. 또한 각 질문을 할 때 어떤 일이 일어날지 알려줄 것이다. 어려움을 더 파고들어서 해결하는 방법에 대해서도 조언할 것이다. 그런 다음, 질문을 통해 수집한 정보를 활용해서 해결책을 향해 나아가게 해줄 것이다.

2부

상대방을 파악하기 위한
다섯 가지 질문

남이 말할 때는 온전히 귀 기울여 들어라.[1] 사람들은 보통 전혀 귀를 기울이지 않는다.[2]

—어니스트 헤밍웨이

    연구와 경험에 따르면, 다른 사람을 정확히 본다는 것은 대단히 어려운 일이다. 우리는 일상적인 상황에서도 자신의 경험과 판단, 감정이라는 '잡음'을 거치지 않으면 사람들을 분명히 보는 데 어려움을 겪는다. 청각과 시각, 촉각은 정확한 지각을 전달하지 못할 수 있다. 그리고 이것은 협상이나 거래를 훨씬 더 힘들게 만든다. 우리는 종종 까다로운 대화를 하는 동안 다른 사람의 입에서 나오는 말을 듣지 못하거나, 아예 적극적으로 폄하한다.[3] 그리고 자주 닫힌 질문을 하는데, 이는 의사소통을 차단하고 다른 사람에게 영향을 미쳐서 그들이 실제로 하고 싶은 말이 아니라 상대방이 듣고 싶어하는 대답을 하게 만든다.

2부에서는 올바른 질문을 제기한 다음 답에 귀를 기울이는 방법에 대해 이야기할 것이다. 다른 사람에게 진정으로 귀를 기울이려면, 우리는 단순히 반응할 준비를 하는 것 외에도 그들의 욕구와 관심사, 감정이 무엇인지 파악해야 한다.

사람들은 때로 "정보를 이미 갖고 있다"거나 "그 말은 수없이 들었다"는 이유로 협상할 때 어떤 질문도 할 필요가 없다고 말한다. 하지만 나는 그것이 사실인 경우를 한 번도 못 봤다. 심지어 오랫동안 알고 지낸 사람들과 함께 있을 때조차 우리는 온전히 귀를 기울이지 않는다.[4] 그것도 특히 중요한 문제에 관해서 그렇다. 그냥 듣지 않거나, 딴생각을 하거나, 자신이 해석한 대로 듣는다.

우스운 이야기지만 내가 매년 가르치는 모든 사람, 예컨대 외교관과 변호사, 임원, 인사 전문가 중에서 가장 경청을 잘하는 사람은 내가 고향 뉴저지에서 갈등을 해결하는 법을 가르친 열 살짜리 여자아이들이었다. 왜 이 여자아이들이 어른들보다 경청을 잘할까? 이 아이들은 자신에 대해 생각하지 않지만, 우리는 자신의 욕구와 감정 때문에 주변 사람을 보는 시야를 스스로 흐리곤 한다. 2부에서는 당신의 맞은편에 있는 사람의 말을 더 잘 듣고 그 사람을 더 잘 보게 해줄 것이다. 분명한 것은 더 잘 들으면, 나아갈 방향을 더 정확하게 알게 된다는 것이다.

오늘의 적이 내일의 동업자가 된다

사람들은 배우자, 동료 또는 중요한 대화를 나누는 사람의 말을 경청하는 것이 중요하다는 점을 이해한다. 하지만 격렬한 협상에서 상대방의 말을 경청한다는 것을 회의적으로 생각하며 같은 방법이 이런 상황에는 적용되지 않는다고 생각한다.

그러나 심지어 승패가 확실히 갈리는 협상, 즉 일반적으로 오직 한 사람만이 승리할 수 있는 협상에서도, 시간을 들여서 상대방의 말을 경청하고 그를 주의 깊게 관찰하면, 성공할 가능성이 아주 높아진다. 스포츠에서도 마찬가지다. 테니스를 예로 들어보자. 상대 선수의 라켓과 발놀림 각도를 관찰하고, 샷을 할 때 나는 소리를 잘 들으면, 상대가 직선으로 강한 샷을 날릴지 아니면 가볍게 역회전을 건 슬라이스를 할지 예측할 수 있다. 그러면 자신이 샷을 하기에 더 좋은 위치를 점할 수 있다.

돈과 관련된 협상에서도 마찬가지다. 협상을 시작할 때, 당신이 바라는 액수나 입장을 먼저 밝히기보다는, 상대방의 욕구와 관심사, 목표에 대해 질문하면, 당신의 제안을 성공적으로 전달할 수 있다. 뿐만 아니라 승자와 패자만 있는 것으로 보이는 상황에서 가치를 창출할 가능성을 극대화할 수 있다. 노스웨스턴 대학교 켈로그 경영대학원의 교수 리 톰슨의 연구에 따르면, 협상가 중에서 93퍼센트가 질문을 던져서 상대방의 욕구와 관심사, 목표를 알아내려고 하지 않았는데, 만약 그렇게 해서 답을 얻었으면 협상 결과를 크게 개선할 수 있었을 것이다.[5] 그러므로 서로 의견이 맞지 않더라도 상대의 말을 경청하면 협상에 도움이 될 수 있다.

탁자에 앉아 있는 적이 협상이 끝나는 순간 동업자가 되는 경우가 있다는 사실을 명심해야 한다. 욕실 문제를 두고 협상하고 있는 시공업자도 일단 시공 비용을 정하면, 앞으로 몇 년 동안 사용하게 될 욕실을 그의 손에 맡길 것이다. 당신이 회사의 제품을 유통할 업체와 협상한다고 해보자. 일단 가격과 조건을 정하고 나면, 당신은 그들이 당신 제품을 가능한 한 많이 팔기 위해 노력하는 헌신적이고 열정적인 동업자이기를 바랄 것이다. 그리고 남편이 적처럼 느껴질 때(그리고 그 반대일 때)조차 우리는 여전히 하루를 마무리할 때 같은 침대에서 잔다.

협상에 어떻게 임할 것인지 생각할 때, 이 협상이 끝나면 이 사람과 얼마나 오래 함께 일할 것인지(또는 살 것인지) 고려해야 한다. 세상은 당신이 생각하는 것보다 작고, 우리는 모두 이런저런 방식으로 연결돼 있다. 함께 문제를 해결하는 동업자로 다른 사람을 대하면, 목표를 달성하고, 공정한 협상가로 명성을 얻으며, 세상을 조금 더 살기 좋게 만들 수 있다.

협상의 기본은 잘 듣는 것이다

경청은 근본적인 협상 기술이다. 아마도 가장 중요한 기술일 것이다. 그리고 협상을 위한 아주 기본적 요소이기 때문에 학부생이나 협상을 처음 접하는 사람만을 위한 것으로 생각할지도 모르겠다. 하지만 그것은 잘못된 생각이다.

나는 나 자신과 주변 사람의 정신 건강을 위해 요가를 한다. 지혜로운 요가 선생님 한 분에 따르면, 고급 요가 훈련은 가장 어려운 팔 자세를 익히거나 발레리나 수준의 유연성을 달성하는 것이 아니다. 오히려, 고급 수준의 동작을 가장 기초적인 자세에도 적용하는 것이다.

예를 들어, 전사자세2와 같은 기초 자세를 취하려면, 요가 매트 위에서 발을 벌리고, 팔을 양쪽으로 쭉 펴고, 앞무릎을 굽히고, 뒷발을 앞으로 10도 정도 돌린 상태로 버텨야 한다. 별로 어렵지 않은 이 자세는 고급 수련자로 가는 시작일 뿐이다. 예를 들어, 전사자세2 자세에서 무릎을 굽힐 때 수련자는 무릎을 발목 바로 위에 오게 해서, 무릎이 가운뎃발가락 위로 이동하게 한다. 앞 허벅지는 바닥과 평행하게 하고, 코어 근육을 사용하고, 어깨를 내린 상태로 유지하고, 팔을 평행하게 하고, 가슴을 열고 심호흡을 한다.

전사자세2 자세를 취하는 것처럼 경청도 기초적인 것이지만 전혀 쉽지 않다. 마찬가지로 고급 협상가가 된다는 것은 고급 수

2부 상대방을 파악하기 위한 다섯 가지 질문

준의 인식을 가장 기초적인 기술에도 적용하는 것을 의미한다.

가장 능숙한 협상가는 가장 잘 듣는 사람이다. 전략적 의사결정에 관한 연구인 게임 이론에 따르면, 무지함, 즉 전략적 사고 부족은 다른 사람의 경험에 초점을 맞추는 진실한 의사소통의 부족에서 비롯될 수 있다.[6] 연구에 따르면, 공감하는 청자는 상대방과 더 좋은 관계를 형성할 뿐만 아니라, 실제로 대화를 통해 최대한의 정보를 지속해서 얻는다.[7] 2부의 내용을 읽으면서 당신은 그런 능력을 얻고 고급 수준의 경청 기술을 일상적인 협상에 적용할 수 있게 될 것이다.

상대방을 이해하기 위한 질문들

1부에서는 자신과 자신의 상황을 더 잘 이해하는 방법에 대해 이야기했다. 2부에서는 다른 사람을 잘 이해할 수 있는 방법에 대해 살펴볼 것이다. 협상이란 관계를 이끌어가는 모든 대화라는 것을 다시 한 번 명심하라. 따라서 앞으로 보게 될 다섯 가지 질문을 상사 또는 계약이나 소송에서 상대하는 사람과의 대화 이외에 광범위한 상황, 예컨대 새로운 잠재 고객과 처음 대면할 때와 친구나 배우자와 토론할 때, 새로운 사업을 시작할 때 사용하게 될 것이다. 첫 고객이 생기기도 전에 말이다.

당신은 이렇게 생각할지도 모른다. 내가 마지막 문장을 제대로 읽은 건가? 아직 고객이나 다른 상대방이 없는 상황에서도 2부의 내용을 적용할 수 있을까? 물론이다. 당신이 사업가라면, 회사를 설립할 때 첫 번째 목표 중 하나가 이상적인 고객이나 주요 시장을 정의하고 이해하는 것임을 알 것이다. 그러기 위해서는 사업을 시작하기 전에 미래의 고객층과의 대화를 시도해야 한다. 미래의 고객층을 대신해 이런 질문에 답하는 것은 사업에서 성공하기 위한 훌륭한 방법이다. 스스로 또는 팀과 함께 2부에서 제시하는 질문을 검토하고, 마치 자신이 회사가 타깃으로 삼는 고객인 것처럼 답변해보면, 당신을 앞으로 나아가게 도와줄 고객에 대해 많은 것을 알게 될 것이다.

올바른 질문을 위한 조언

2부에서는 중요하고 획기적인 열린 질문 다섯 가지를 상대방에게 하고, 그에 대한 답을 적어볼 것이다. 하지만 절대 두려워할 필요는 없다. 다섯 가지 질문에 대한 조언을 읽다 보면, 어떤 협상에서든 그 내용을 최대한 활용할 수 있을 것이다.

핵심만 단도직입적으로 물어라 사람들은 열린 질문을 할 때 긴장하는데, 열린 질문이 우리가 일반적으로 하는 유형의 질문과 상당히 다르다고 느끼고, 실제로도 그렇기 때문이다. 아마도 아직

답을 모르는 질문을 하느라 긴장될 것이다. 또는 마지막에 침묵이 기다리고 있을 것이라는 생각에 주눅들 수도 있다. 하지만 용기를 내라.

그런데 사람들은 흔히 훌륭한 질문을 한 다음, 비행기를 공중에 띄워 놓고 공항 위를 선회하는 것과 다름없는 말을 한다. 이를테면, "당신의 자녀들에 대해 말해주세요. … 저는 아이가 둘이 있습니다. 아이들이 몇 살이죠?"라고 말한다. 열린 질문("자식들에 대해 말해주세요")이 기껏해야 한두 마디의 답변을 얻을 뿐인 닫힌 질문("아이들이 몇 살이죠?")으로 바뀌었다. 이렇게 추가적인 말을 마구 덧붙여서 열린 질문을 망쳐서는 안 된다.

"저희 제안을 어떻게 생각하시죠? 저희의 기반이 몇몇 경쟁사보다 떨어지는 이유를 물으셨지만, 저희의 보상 구조는 많은 성장을 가능케 할 것으로 보이며, 저희는 기업 문화도 있고 … 저희의 전문 개발 계획을 보셨나요?" 당신이 이런 말을 들었다면, 원래의 열린 질문을 기억할 수 있을까? 힘들 것이다. 열린 질문을 할 때는 말을 덧붙이지 말고, 하나씩 질문을 한 다음 기다려라.

침묵의 시간의 시간을 즐겨라 침묵은 불편할 수 있다. 그래서 열린 질문을 하기 겁날 수 있지만, 그저 몇 초간의 침묵을 맞닥뜨리면 그만이다. 대부분의 경우 많은 사람들이 다시 불쑥 끼어들어서 좁은 질문이나 더 심각한 경우에는 비판으로 그 침묵을 메운다. 열린 질문을 하려면 침묵을 견디며 즐길 수 있는 용기가 필요하다. 상대방이 당신 앞에 앉아 있든 전화 통화를 하고 있든, 열린 질문을 했으면 상대에게 생각할 시간을 주어야 하기 때문이다.

나는 협상 워크숍에서 학생들끼리 짝을 지어서 한 사람이 3분 동안 말하고 다른 사람은 조용히 경청하는 연습을 하게 한다. 하지만 많은 사람이 3분 동안 조용히 있지 못한다. 보통은 자기가 말을 하고 있는지조차 깨닫지 못하고 습관적으로 말한다! 한 임원은 본인이 고작 180초 동안 조용히 있지 못했다는 것을 깨닫고 당황하며 말했다. "제가 사람들 말을 끊는다는 건 알고 있습니다. 하지만 그게 얼마나 나쁜 행동인지는 전혀 몰랐어요. 이제 그러지 않겠습니다." 3일간의 워크숍 중 나머지 시간 동안 그는 다른 사람이 말할 때 조용히 앉아 있었다. 워크숍이 끝날 때 그는 나에게 감사를 표하며, 그 연습을 한 지 몇 시간 만에 침묵이 자신의 업무와 개인적 삶을 얼마나 많이 변화시켰는지 알게 됐다고 말했다.

고작 몇 초 혹은 몇 분 동안 침묵하기가 왜 그렇게 힘들까? 우리는 일반적으로 다른 사람과 관계를 맺으려면 대화를 해야 한다고 믿기 때문에 침묵하는 편이 더 나은 순간에도 말을 한다. 어린이 놀이 전문가 리지 아사는 부모들에게 아이들이 말을 하게 만드는 데 있어서 침묵의 가치에 대해 가르친다. "아이들이 놀고 있을 때 부모가 들어와서 '와, 그거 예쁘네'와 같은 말을 하면, 부모는 아이들과 마음이 통하는 게 아니라, 실은 평가를 하는 겁니다. 아이들은 평가받았다고 느끼고 입을 꼭 다물죠. 그 대신 저는 잠자코 앉아서 관찰하기를 좋아합니다. 제가 조용히 반응할수록, 아이들은 마음을 더 활짝 엽니다. 결국 말문이 조금씩 트이죠. 침묵은 아이들이 누군가 자기에게 귀를 기울인다고 느끼게 합니다."

침묵은 성인에게도 효과가 있다. 침묵은 존중을 보여주고, 사람들에게 자신과 상황을 되돌아볼 여지를 허락하며, 사람들이 대화하도록 유도할 때 그 어떤 질문보다도 효과적이다.

또 우리는 자신의 능력이나 기술을 보여주기 위해서도 말을 한다. 특히 평가받고 있다고 느낄 때 그렇다. 한 임원은 내게 다음과 같이 말했다. "오래전 신임 과장으로 부임했을 때, 저는 매주 팀 회의를 열기 시작했습니다. 임원이 지켜볼 때에는 제 가치를 보여줘야겠다는 생각에 말을 많이 했습니다. 하지만 그런 다음에는 항상 마음이 불편했습니다. 제 직속 부하 직원이 토론을 이끄는 게 낫다는 것을 알았거든요. 시간이 지나면서 저는 말수를 줄이고 조용히 있어도 됐습니다. 결국 경영진은 제 강점 중 하나가 사람들이 기여할 여지를 주는 것이라고 말했습니다."

마지막으로, 우리는 대화를 통제하고 위험을 피하기 위해 말을 한다. 우리는 협상이 어떤 방향으로 진행되고 있는지 항상 알아야 하고, 협상에서의 자신감과 성공은 전부 답을 준비하는 작업에서 비롯된다고 배웠을 것이다. 하지만 사실은 그 반대다. 협상에서 마음을 열고 다른 사람이 하는 말을 들으려면, 더 큰 자신감과 더 많은 기술이 필요하다. 준비도 해야 한다. 시간을 들여서 자신의 우선순위를 파악한 뒤에 다른 사람의 말에 귀를 기울이면, 당신의 관점과 다른 상대방의 말을 평가할 수 있을 것이고, 이는 더 나은 해결책을 낳을 것이다.

후속 질문을 하라 상대방이 말을 마치면, 어떤 반응을 보여야 할지, 그리고 어떤 정보가 더 필요한지 등 많은 생각이 밀려들 것이다. 그때는 기다려야 한다. 당신은 계속 넓은 그물을 던져야 한다. 각 장에서 나는 더 많은 정보를 얻는 데 사용할 수 있는 단순한 열린 질문인 후속 질문에 대해 이야기할 것이다. 이 질문들은 협상을 더 명확하게 하기 위한 것으로, 상대방이 단순히 특정한 대답을 하도록 이끄는 것이 아니라, 자신의 생각과 감정, 행동을 더 잘 이해하도록 도울 것이다.

요약하고 피드백을 요구하라 당신은 열린 질문을 하고, 대답을 듣기 위해 참을성 있게 귀를 기울였고, 또 다른 열린 질문을 했다. 이제는 상황에 대한 당신의 의견을 정말로 제기하고 싶을 때다. 당신도 하고 싶은 말이 많을 것이다. 하지만 말을 하기 전에, 협상 파트너가 방금 한 말을 요약하고 그것을 그들에게 반복한 다음 마지막에 피드백을 요청해야 한다.

이 단계를 건너뛰어서는 안 된다! 요약은 협상에서 사용할 수 있는 가장 강력한 도구 중 하나다. 이 단계는 상대방에게 당신이 그들의 말을 듣고 소화했음을 확실히 인식시킨다. 또한 요약을 하면 두 당사자가 대화에서 더 많은 것을 얻을 수 있다. 자신이 한 말을 다시 들으면 상대방은 전에는 깨닫지 못했던 정보를 듣게 되고, 당신은 상대방이 실제로 한 말을 더 잘 기억하게 된다. 연구에 따르면, 대답하기 위해서가 아니라 상대방의 말을 이해하기 위해 귀를 기울이면 다른 방식으로 더 잘 듣게 된다.[8]

우리는 보통 사람들이 말하는 단어를 이해해서 그 의미도 안다고 가정하지만, 종종 그렇지 않을 때가 있다. 8년 전에 동료 손과 함께 일하기 위해 오클라호마에 처음 갔을 때 나는 이 사실을 절감했다. 렌터카 회사에 도착했을 때 계산대 뒤에 있는 멋진 젊은이가 내게 무슨 일을 하냐고 물었다. 내가 "법대 교수예요"라고 말하자, 그가 내게 물었다. "무엇을 가르치시죠?"

나는 피곤했다. 교수가 된 지 얼마 되지 않았을 때였고, 여성인데다 꽤 어려 보였기 때문에 같은 대답을 했을 때 사람들이 못 믿겠다는 기색으로 눈을 깜박이는 것에 익숙했다. 그래서 나는 그 질문을 "뭐라고요, 교수라고요?"라는 말로 들었다. 뉴욕에 사는 사람이라면 누구나 그것이 "정말? 교수라고?"를 의미한다는 것을 안다. 그래서 나는 전혀 악의 없는 이 질문에 대한 대답으로 그에게 "네, 정말로, 저는 법대 교수예요"라고 소리쳤다. 그 종업원은 놀라서 입을 벌렸고, 손은 내 뒤에서 "이 분은 평화 건설을 가르친답니다!"라고 말해서 내 부끄러움에 마침표를 찍었다. 다른 사람의 말을 요약하는 것은 그들이 소통하고자 하는 바를 당신이 실제로 이해했는지를 판별하는 훌륭한 방법이다.

요약한 뒤에는 피드백을 요청해야 한다. 나는 열린 질문을 좋아하기 때문에 "제가 제대로 이해했나요?"라고 묻는 대신 요약한 다음 "제가 뭘 놓쳤나요?"라고 말하곤 한다. 이런 식으로 상대방이 마음속으로 생각하고 있는 또 다른 것을 알려달라고 요청하는 것이다. 일반적으로 내가 이 질문을 하면, 사람들은 마음에 좀 걸리더라도 이제까지 애써 감추려 했던 내용을 덧붙인다. 피드백이 중요한 이유는, 당신이 제대로 이해했는지 확인하게 줄 뿐만 아니라, 당신이 얻을 수 있는 정보의 크기를 확대해서 방향을 더 정확히 설정하게 해주기 때문이다.

말하지 않은 것까지 들어라 다른 사람이 말할 때는 그들이 몸으로 당신에게 말하는 것까지 모두 들어라. 다시 말해 그들이 말하지 않은 것을 듣는 것이다. 이는, 몸짓언어와 어조, 특정 단어의 부재를 찾는 것이다. 의사소통의 50퍼센트 이상이 비언어적이지만, 우리는 사람들이 말하는 단어를 넘어서는 것에 집중하는 훈련을 받지 않았다.[9]

내 최고의 학생 중 한 명인 케이트는 한국인인데, 말 그대로 '눈빛을 읽는 것'을 의미하는 한국 개념인 '눈치'를 내게 알려주었다. 눈치는 사람들의 진술과 행동, 표정, 몸짓언어를 '읽는 것'으로, 그것의 의미와 동기를 최대한 파악하는 것이 목적이다. 게임이론에 대한 글을 쓰는 마이클 석영 최는 눈치를 다음과 같이 설명한다.

어떤 사람을 잘 안다고 해도, 그가 무엇을 선호하는지 알아내는 것이

항상 쉬운 일만은 아니다.[10] 예를 들어, 어머니가 전화로 명절에 당신이 집에 오지 않아도 실망하지 않을 것이라고 말할 때, 어머니의 감정을 조금이라도 알아내려면 각별한 노력을 기울여야 할 것이다. 즉, 어조에 귀를 기울이고 지나가는 말을 해석해야 한다. 눈치가 좋은 사람은 다른 사람이 욕구를 분명히 표현하지 않을 때도 그걸 이해할 수 있고, 사회적 상황을 재빨리 파악할 수 있으며, 이 기술을 사용해서 성공할 수 있다.[11]

몸짓언어의 단서를 찾을 때, 하나의 표정이나 자세가 언제나 같은 것을 의미한다고 생각해서는 안 된다. 예를 들어, 팔짱을 끼는 것이 항상 방어적인 태도를 의미하는 것은 아니다. 그냥 추워서 그럴 수도 있다! 그 대신 상대방의 자연스러운 자세와 어조, 표정을 유심히 관찰하라.[12] 그런 다음, 당신이 말하는 동안, 그 사람에게 어떤 변화가 생기는지 지켜봐라. 만약 어떤 사람이 자연스럽게 팔짱을 끼고 있다가 당신이 말을 하자 자세를 바꾸고 몸을 앞으로 숙였다면, 그것은 당신의 말이 그 사람에게 영향을 미쳤다는 뜻이다. 때로는 그들이 탁자에 있는 쿠키에 손을 뻗는 것을 보고 사람들이 협상 제안에 반응을 보이고 있음을 알 수 있다. 그들은 표정을 바꿔서 찡그렸다가 웃을 수도 있고, 그 반대일 수도 있다. 이런 모든 단서가 언어를 넘어서는 정보를 제공한다.

이제 협상에서 어떤 사람이나 어떤 상황을 마주치든, 그에 대한 새로운 관점을 얻게 해줄 강력한 다섯 가지 질문을 배울 것이다. 앞에서 설명한 조언을 기억한다면 다섯 가지 질문을 훨씬 효과적으로 적용할 수 있을 것이다.

6장

가장 넓은 그물을 던져라
: 말해주세요

모르몬교도로 알려진 예수 그리스도 후기 성도 교회의 평생 회원인[1] 벤 매캐덤스는 유타주 출신의 초선 하원의원이다.[2] 그리고 독실한 모르몬교도에게는 드문 일이지만, 그는 민주당원이다.[3]

매캐덤스는 성인기의 대부분을 고향 유타주에서 정치 활동을 하며 보냈다.[4] 2008년 어느 날, 그는 차를 몰고 자신의 삶과 많은 유타주 사람들의 삶의 바꿔놓을 회의가 열리는 곳으로 향했다.[5] 그리고 이 모든 것은 한 가지 중요한 질문에서 시작됐다.

2008년 1월, 모르몬교는 동성 결혼을 금지하는 캘리포니아 주민발의안 8호가 통과되는 것을 도왔고,[6] 당시 솔트레이크시티 시장 랠프 베커는 동성 커플이 파트너로 등록할 수 있게 해주는 동거 관계 등록안을 제안했다.[7] 이것의 목적은 고용주가 건강보험을 비롯한 여타 파트너로서의 혜택을 승인하도록 장려하는 것이었다. 베커 시장과 매캐덤스는 이 등록안이 동성 관계를 맺고 있는 유타주 사람들에게 도움이 되고 솔트레이크시티로 더 많은 사업을 끌어들여서 유타주 전체에 이익이 되기를 바랐다. 그들은 많은 자국 기업이 자기 직원들이 어느 주에 사는지와 관계없이 혜택을 받기 원한다는 것을 알고 있었다.

하지만 그들이 예상했던 대로, 시장은 매캐덤스의 종교를 포함해 다양한 계층에서 심각한 반대에 직면했다.[8] 당시 상원의원 크리스 버터스를 비롯한 주의회 사람들은 이 조례에 반대했으며,[9] 시의 등록을 무효화하고 지방 자치단체가 비슷한 조례를 통과시키는 것을 금지하는 법안을 도입했다. 많은 사람이 교회와 동성 지지자 간의 이 대립을 당대 유타의 전쟁으로 여겼다.

시장 측은 등록 법안의 미래를 절망적으로 봤다. 하지만 매캐덤스는 방법이 있다고 믿었다. 버터스가 금지 법안을 도입하자, 당시 시장실에서 근무하던 매캐덤스는 버터스에게 전화를 걸어서 버터스의 집에서 회의를 열자고 했다.[10] 그날 상원의원의 집으로 차를 몰고 가던 매캐덤스의 마음속에는 전략이 있었다. 그는 따지거나 위협하지 않았다. 그 대신 귀를 기울이기로 했다. 그는 거실에 버터스와 함께 앉아서 그저 이렇게 말했다. "의원님의 견해를 말씀해주시죠."

두 사람의 만남은 세 시간 동안 이어졌는데, 매캐덤스는 대부분의 시간을 버터스의 우려를 경청하는 데 할애했다. 그는 나중에 유타주 지역 신문인 〈데저레트 뉴스〉에 이렇게 말했다. "보통은 상대방 말에 귀를 기울이면, 공통점을 찾을 수 있습니다."[11] 그 회의에서 매캐덤스는 결정적으로 중요한 것을 알게 됐다. 버터스의 주된 우려는 등록 법안으로 인해 동성 커플이 이성 커플이 갖지 못한 권리를 갖게 되는 것이었다. 매캐덤스는 또 다른 질문을 했다. "동성이든 이성이든 파트너로 등록하면 동일한 혜택을 받게 한다면 어떨까요?"

이 회의는 솔트레이크시티 상호 헌신 등록안, 즉 이름은 다르지만 내용은 동거 관계 등록안과 동일한 조례를 신설하기 위한 일련의 협상으로 이어졌다.[12] 수정된 조례는 버터스의 지지를 받아 2008년 4월 솔트레이크시티 시의회에서 만장일치로 승인되었다.[13]

벤 매캐덤스의 아내이자 훈련받은 중재자인 줄리는 후일 언론에 다음과 같이 말했다. "버터스는 법안에 없는 내용을 자기 나름대로 오해를 하고는 그 법안에 대해 우려했습니다. 벤은 법안을 수정해서 그의 특정한 우려를 해소할 수 있었지만, 그로 인해 벤이 의도했던 바가 바뀌지는 않았습니다. 벤이 자리에 앉아서 버터스가 우려하는 것이 무엇인지 알아내려 하지 않았다면, 그들은 그렇게 큰 신전을 하지 못했을 겁니다."[14]

최고의 열린 질문

벤 매캐덤스는 하나의 단순한 열린 질문의 힘을 발견했고, 그것이 협상을 변화시켜서 유타주의 많은 사람에게 깊은 영향을 미쳤다. 우리는 매일, 특히 협상에서 다른 사람에게 질문한다. 하지만 올바른 질문을 할까? 앞에서 우리는, 호기심을 갖고 자신에게 열린 질문을 하면 생각보다 훨씬 많은 정보를 얻을 수 있음을 알게 됐다. 이제 다른 사람과 열린 질문을 하는 법을 배워보자.

첫 번째 질문은 가장 넓은 그물을 던지는 광범위한 질문이다. 이 장에서 우리는 "말해주세요"라는 질문의 힘을 탐구할 것이다. 이 질문을 던지면, 다음과 같은 것을 알 수 있다. 그리고 당신이 생각하고 있는 목표나 문제에 대한 상대방의 견해, 그리고 그 문제나 목표와 관련된 모든 중요한 세부사항을 알 수 있다. 또한 상대방의 감정과 관심사는 물론이고 그들이 추가하고 싶은 그 밖의 모든 것도 알 수 있다. 이것은 거대한 그물을 물속으로 던져서 얼마나 많은 걸 잡을 수 있는지 보는 것과 같다. 이 질문은 당신이 어떤 곳에서 어떤 사람과 어떤 협상을 하든 사용해야 하는 가장 중요한 질문이다.

"말해주세요"로 알 수 있는 것

"말해주세요"라는 질문은 어떤 주제에 대해 던질 수 있는 가장 열린 질문이다. 이 질문은 상대방이 자기 자신이나 특정 주제에 대해 원하는 것은 뭐든 알려준다. "말해주세요"만큼 신뢰, 창의력, 이해심, 그리고 놀라운 해결책을 알려주는 질문은 없다. "말해주세요"와 같은 열린 질문이 "혁신의 원천"이라고 불리는 이유는 그것이 알려주는 정보가 개인뿐만 아니라 조직도 변화시킬 수 있기 때문이다.[15]

이는 물속에 낚싯줄을 드리우며 자신의 한계를 고기 한 마리로 제한하는 대신 많은 정보를 알아내고 탁자 건너편 사람과 긍정적인 관계를 맺을 기회를 가져다줄 것이다.

문제에 대한 상대방의 정의를 알려준다

협상을 시작할 때 "말해주세요"라고 말하면, 당신의 문제나 목표에 대한 상대방의 관점을 들음으로써 가능한 한 많은 정보를 얻을 수 있다. 이런 관점을 얻으려면 의식적인 노력이 필요하지만, 그만큼 많은 가치를 창출한다.

관점을 바꾼다는 것은 대단히 힘든 일이다. 다른 사람의 관점으로 사물을 보는 것은 새 안경을 쓰는 것과 같다. 다시 말해, 처음에는 노력과 집중이 필요하고, 눈이 적응하기 전까지 불쾌감을 느낄 것이다. 하지만 그런 관점은 중요하다. 상황을 흑백 논리로 파악하는 편파적인 시각에서 벗어나 협상 전문가들이 '학습 대화'라고 부르는 것으로 옮겨가게 해주기 때문이다.[16] 학습 대화는 정체되어 있지 않고 문제에 대한 이해를 높이는 대화를 일컫는다. 그것을 통해 최대한 많은 정보를 얻음으로써, 상황에 대한 자신의 영향력을 검토하며(이는 원한다면 상황을 바꾸는 것을 가능케 해준다), 실행 가능한 해결책을 고안할 힘을 얻을 수 있다.

밀라 제이시는 뉴저지주 의회 의원이자 부의장으로,[17] 지난 10여 년 동안 교육 정책에 주력해왔다. 2019년 그녀는 교육감 급여라는 민감한 사안에 관한 중요한 입법 전쟁에서 승리했다.[18] 그녀가 승리할 수 있었던 것은 시간을 들여서 다른 사람의 관점으로 상황을 보았기 때문이다.

2011년 뉴저지 주지사는 각 학군의 행정 책임자인 교육감의 연봉 상한제를 도입했는데,[19] 그 목적은 주 예산을 아끼는 것이었다. 한때 교육 위원회에서 근무했던 밀라는 결과를 예측할 수 있었다. 경험 많은 교육감들은 즉시 뉴저지주를 떠나 급여가 더 높은 펜실베이니아 및 다른 주로 이직했고, 교육감이 떠난 학군은 대체자를 찾기 힘들었다. 이직률 증가는 학교 예산의 비효율성으로 이어져서, 희망했던 비용 절감을 무위로 돌려버렸다. 그리고 가장 중요한 점은, 아이들의 학교 성적이 나빠졌다는 것이었다.

밀라는 분명히 문제가 있다고 생각했지만, 연봉 상한제 도입에 어느 정도 근거가 있다는 것도 알고 있다. 그래서 뉴저지 전역을 돌며 가족과 학교 위원회, 공무원에게 이 조치에 대한 견해를 묻고 답변을 듣는 작업에 착수했다. 그 결과 시골 마을의 가정에서 볼 때는 연간 총 17만 5,000달러의 상한액조차도 막대한 액수라는 것을 알게 됐다. 그들은 인재를 끌어들이기 위해서 정말로 더 많은 돈이 필요한지 의심했다. 재산세를 많이 내는 일부 부유층 지역에서도 교육감의 추가 급여를 부담스러워했다. 다양한 관점을 진지하게 경청함으로써, 밀라는 신뢰를 얻고 이 문제에 효과적으로 대응할 수 있었다. 교육감의 급여가 상당하다는 것은 인정하는 한편 이직률 감소에서 학업 성취도 향상에 이르기까지 교육감의 연봉 상한선 인상으로 학교가 얻는 여러 가지 이익에 사람들이 주목하도록 했다. 그 대신 가정이 세금 부담을 줄여줄 다른 조치에 대해 생각하도록 도왔다.

그 후로 서서히 여론이 바뀌기 시작했다. 밀라는 연봉 상한제를 없애는 법안을 발의할 준비가 돼 있었다. 하지만 법안을 표결에 부치려면 의장이 필요했는데, 그는 법안에 동의하지 않았다. 그래서 밀라는 학습 대화를 한 번 더 하기로 했다. 밀라는 다음과 같이 말했다. "보통 주 정부에는 일종의 규약이 있습니다. 직원은 직원하고만 말하고, 의원은 의원하고만 말하고, 대표는 대표하고만 말하죠. 하지만 저는 가장 설득력이 있는 사람이 누구인지 감이 왔죠. 그래서 의장이 가장 신임한다는 직원을 찾아가서 긴 대화를 나눴습니다. 그들은 재성적으로 무책임하게 보이는 것을 우려했습니다. 그 우려를 알게 되자 최선의 주장을 펼 수 있었습니다. 연봉 상한제 도입으로 기대했던 비용 절감 효과가 실현되지 않았다는 사실에 초점을 맞춘 것이죠."

밀라는 몇 달을 기다렸고, 결국 어느 날 아침 법안이 표결에 부쳐질 것이라는 전화를 받았다. 누구도 법안에 반대하는 목소리를 내지 않았다. 연봉 상한제를 선호했던 지역까지 말이다. 법안은 여유 있게 통과됐다. 밀라는 오랫동안 해당 문제에 관한 다른 사람들의 인식에 관여함으로써 주요 정책을 변화시키는 성과를 냈다.

때로 문제는 당신이 생각하는 것과 다르다

"말해주세요"라는 질문의 장점은 어떤 상황에 대한 당신의 관점을 변화시킨다는 것이다. 최근에 고용 차별 소송을 중재하는 과정에서 다른 변호사를 지켜보면서 나는 직접 그런 경험을 했는데, 이 소송에서 한 당사자는 인종차별 때문에 미국 정부기관에서 해고됐다고 주장했다. 내가 이 소송을 맡기 몇 달 전, 양 당사자는 지속적인 전화 중재를 받았지만, 그 결과 고소인은 오히려 금전적 보상까지 거절하고 불쾌한 감정을 격하게 드러냈다. 그 뒤 중재자가 국외로 거처를 옮기면서 해당 소송을 내게 넘겼다. 그와 대화하면서 이야기를 들은 뒤, 나는 다른 방법을 시도했다. 양 당사자가 중립 지대인 컬럼비아 대학의 우리 사무실에서 직접 만나게 한 것이다.

중재를 공부한 경험이 있는 정부기관 변호사가 고소인을 만나러 날아왔다. 그 변호사는 모두발언을 했는데, 왜 고소인이 기관의 마지막 금전적 보상을 거절했는지 묻는 대신, 고소인 쪽으로 몸을 돌려서 "이 소송이 당신에게 어떤 의미가 있는지 말해주시죠"라고 말했다. 이것은 고소인이 예상한 것과는 분명히 다른 질문이었다. 그다음에 고소인이 한 말은 모두를 놀라게 했다. 열린 질문에 직면한 고소인은 잠시 생각한 뒤 이렇게 말했다. "제가 진정으로 원하는 것은 직장으로 복귀하는 것입니다. 그로 인해 더 적은 금전적 보상을 받고 합의해야 한다고 해도 말이죠. 저는 제 가족을 부양하기를 원합니다. 저는 제 존엄성을 되찾고 싶습니다." 우리는 결국 근본적으로 다른 합의안을 논의하게 됐는데, 그것은 양측 당사자 모두에게 더 적합하고 그들의 이해관계에 더 부합하는 것이었다. 두 사람은 중재를 끝내며 악수를 하고 서로 생산적인 논의를 해줘서 고맙다는 인사를 나눴다.

"말해주세요"라는 질문으로 협상을 시작하면, 상대방의 입장에서 대화함으로써 많은 것을 알게 된다. 하지만 이 질문을 던져서 얻는 것은 그것만이 아니다.

상대방과 관계를 형성하게 해준다

NPR의 저명한 인터뷰 진행자 테리 그로스는 "자신에 대해 말해주세요"가 인터뷰나 대화 초반에 어색한 분위기를 깨기 위해 할 수 있는 유일한 말이라고 했다.[20] 〈뉴욕 타임스〉와의 인터뷰에서 그녀는 이를 더 상세히 설명한다. "'자신에 대해 말해주세요'로 말문을 여는 것의 장점은 의도치 않게 누군가를 불편하게 하거나 움츠러들게 할지 모른다는 두려움 없이 대화를 시작하게 해준다는 것이다.[21] 폭넓은 질문을 던지면, 사람들은 당신에게 자신을 있는 그대로 보여준다."

맞은편에 있는 사람이 당신이 단순히 자신의 주장을 밀어붙이는 것이 아니라 상대방과 상대방의 관점을 진심으로 이해하려 노력하고 있다고 느끼면, 그들은 당신과 더 많은 것을 공유하고 당신이 하는 말에 더 마음을 열 것이다. "말해주세요"라는 질문은 상대방을 있는 그대로 보게 해줄 뿐만 아니라, 자신도 모르는 사이에 자신과 상대방을 동일 선상에 놓음으로써 상대방을 대화 파트너로 초대하고 더 큰 신뢰와 개방성을 조성한다.

또한 "말해주세요"라는 질문은 신뢰를 전달해서 협상 파트너와 친밀한 관계를 쌓게 해준다. 최고의 협상가는 상대방을 편안하게 해서 그들이 귀와 마음을 열고 자신이 원하는 주장만 고수하지 않게 하는 사람이다. 컬럼비아 대학의 내 학생 중 한 명은 지원한 모든 회사로부터 취업 제의를 받았는데, 그녀는 똑똑한 학생이었지만 일류 로펌에 합격하기 위해 꼭 필요한 조건인 우수한 학업 성적을 달성하지 못한 상태였다. 내가 어떻게 일류 로펌에 합격했냐고 묻자, 그녀는 "말해주세요"라는 질문의 조언을 활용해서, 면접관에게 그들과 그들의 사내 방침에 대해 질문했다고 말했다. 그녀는 다음과 같이 말했다. "저는 적어도 그들이 저에 대해 들은 만큼은 그들에 대해 듣고 싶었어요. 그리고 그들이 제게 그들 자신과 회사에 대해 말한 뒤에, 그들이 말한 내용 중에서 관심이 가거나 제가 내세울 수 있을 만한 주제를 골라서 요약했어요. 나중에 여러 면접관이 저에게 제 면접이 역대 최고였다고 말했는데, 왜냐하면 제가 면접을 볼 때 마치 우리가 파트너인 것처럼 자신감 있게 대화했기 때문이었어요. 저는 즉석에서 제가 경청하고, 진심으로 그들을 이해하고, 대화를 성공적으로 해낼 수 있다는 것을 보여줬어요. 그럼으로써 제가 의뢰인과 함께할 때도 성공하리라는 것을 그들에게 보여줬죠."

모든 협상의 첫 번째 질문

"말해주세요"라는 질문은 상대방을 잘 알지 못하는 공식적인 사업 환경에서뿐만 아니라, 사실상 모든 협상에서 첫 번째 질문으로 효과적이다.

사회사업 경력이 있는 성공한 사진작가인 제이미는 전에 만나본 적 없는 가족과 사진 촬영을 준비할 때, 첫 질문으로 "가족에 대해 말해주세요"라고 묻는다. 그녀는 내게 이렇게 말했다. "그 질문을 하면 놀랄 만큼 많은 것을 알게 됩니다. 어떤 부모는 사진을 찍기 위해 자세를 취하는 것을 겁내서 자세를 가르쳐달라고 할 수도 있고, 때로는 아이가 신경 발달 장애가 있어서 카메라를 쳐다보지 못하기도 하죠. 이 질문으로 작업을 시작하면, 최대한 많은 정보를 얻어서, 가족과 그들이 원하는 것에 대해 알게 됩니다."

이와 마찬가지로, 노련한 물리치료사 에이미는 "말해주세요"

라는 질문을 사용해서 환자의 신뢰를 얻고 치료의 목표를 정한다. 그녀는 이렇게 말했다. "많은 사람이 물리치료를 두려워합니다. 아플까 봐 걱정하거나, 수술이나 부상에서 재활하는 과정을 두려워하죠. 그래서 새 고객과 대화를 시작할 때, 저는 당신의 '일상에 대해 말해주세요' 또는 '자신에 대해 말해주세요'라고 질문합니다. 만약 독서를 좋아하고 도서관 가기를 즐기는데, 그곳에 가는 데 어려움이 있다고 말한다면, 우리는 문제를 해결하기 위해 노력할 수 있죠. 가장 중요한 건 신뢰를 얻는 겁니다. 그래야 함께 작업할 수 있거든요. 어디가 아프거나 한 주 동안 무리했다고 느끼면, 그걸 제게 말해줄 가능성이 더 커집니다. 그들이 무엇을 즐기고, 무엇을 통해 동기를 부여받는지 아는 것이 중요합니다. 물리치료와 그들이 좋아하는 것을 연결시키면, 모든 것이 그만큼 수월해지기 때문이죠."

가장 가까운 사람들에게 "말해주세요"라고 말하려면 연습을 해야 한다. 심지어 훈련받은 중재자인 나조차 어느 날 내가 매일 집에 와서 남편에게 "오늘 어땠어?"라고 묻는다는 사실을 깨닫고는 부끄러움을 느꼈다. 때때로 남편은 "아주 좋았지"라고 대답했고, 어떤 때는 우편물을 정리하면서 어깨를 으쓱할 뿐이었다. 왜 그랬을까?

나는 남편에게 완전히 닫힌 질문을 (그것도 기계적으로) 하고 있었다! 마침내 사무실에서 설교하는 것을 집에서 실천하기로 마음먹은 날, 나는 일을 마치고 집에 도착해서 "오늘 당신의 하루에 대해서 전부 말해줘"라고 말했다. 나는 남편이 마음을 너무나 활짝 터놓아서 놀랐다. 남편은 어려운 연구 프로젝트를 마무리하는 중이었고, 그 일 때문에 스트레스를 받고 있었다. 열차가 연착했지만, 우연히 로스쿨 동창을 만나서 늦지 않을 수 있었고, 아침 운동을 잘해서 기운이 넘쳤다고 했다. 요즘 "말해줘"는 내가 남편에게 하는 가장 중요한 질문이다.

나는 이 질문을 여덟 살 딸에게도 했는데, 한번은 딸의 대답에 놀랐던 기억이 난다. 나는 딸을 지역 수영장에서 열리는 수영 모임에 데리고 갔다. 딸은 온종일 수영을 한 뒤 저녁에 라커룸에서 나오면서 눈물을 흘렸다. 나는 딸아이에게 왜 우는지 물었다. 딸은 이렇게 말했다. "엄마, 이 수영장에서는 샤워를 같이 해야 해. 내가 샤워하는데 다른 여자아이가 들어왔어. 너무 불편했어!" 나는 잠시 멈칫했다. 그리고 속으로 이렇게 생각했다. '애가 자기 몸에 관해 불편한 감정을 느낄 수 있는 건가? 사생활을 더 원하는 시점에 온 건가?' 하지만 잠시 아이와 함께 그대로 있다가 간단히 물었다. "무엇 때문에 불편했는지 말해주겠니?" 딸은 화가 나서 씩씩거리며 말했다. "엄마, 뻔하지 않아?" "잘 모르겠는걸. 무엇 때문에 불편했는지 말해줄래." 내가 다시 묻자 딸이 눈을 굴리며 대답했다. "우리가 원하는 물 온도가 달랐어."

"말해줘"라는 질문은 자신이 옳다고 생각하는 답을 짐작하는 대신, 배우자나 아이들이 실제로 생각하는 것을 들을 수 있게 해준다. 진심을 담아 물으면, 그 진정성은 실제 답을 끌어낸다.

어떻게 질문할 것인가

이제 이 질문을 하는 이유가 더 많은 것을 배우고 더 나은 관계를 형성하기 위한 것임을 알았으니, 다음으로 이 질문을 하는 법을 함께 알아보자.

당신은 상대방에게 논의하고 있는 상황에 대한 견해를 말해달라고 할 것이다. 그 질문을 정확히 어떻게 제기할 것인지는 협상 유형에 따라 달라진다. "말해주세요"라는 질문이 상황에 따라 어떻게 달라지는 사례를 살펴보자.

당신이 협상을 제안했을 때

당신이 협상을 제안했다면, 먼저 문제의 틀을 잡은 다음 상대방에게 견해를 말해달라고 한다. 질문하기 전에, 대화를 요구한 이유를 되도록 간략하게 설명하고, 당신이 견해를 듣고자 하는 문제를 상대방에게 알려준다.

예를 들어, 브리태니는 자신이 다니는 스타트업 CEO에게 만나서 보수 문제를 논의하자고 했다. 그녀는 그 회사에서 자신의 지역 영업 부사장으로 1년 동안 근무하면서 모든 매출 기준을 훌쩍 뛰어넘는 성과를 올렸으며, 몇몇 주요 계약을 따내서 회사가 훨씬 더 많은 수익을 올리게 했다. 회사가 다음 투자자를 위한 회의에 들어가자, 브리태니는 경영진에게 자신의 성과와 더 많은 회사 지분을 받는 문제에 대해 논의하고 싶다는 의향을 내비쳤다.

이런 상황에서 그녀는 다음과 같이 대화를 시작할 것이다. "오늘 저를 위해 시간을 내주셔서 감사합니다. 제가 회의를 요청한 이유는 다들 아시겠지만, 이 회사에서 제가 이룬 성과와 앞으로의 보수에 대해 의논하고 싶기 때문입니다. 작년에 계약했을 때, 제가 1년 동안 회사와 함께한 뒤에 제 계약 조건을 재검토하기로 합의했고, 저는 논의할 만한 성과를 냈습니다. 저는 그동안 일이 잘 풀려서 아주 기쁘고 여기서 오랫동안 일하기를 간절히 바랍니다. 하지만 미래를 진지하게 논하기 전에, 여러분의 관점에서 지난해에 일이 어떻게 진행됐다고 생각하는지 말해주시면 좋겠습니다." 이렇게 브리태니는 자신의 성공을 내세우는 방식으로 문제의 틀을 잡았지만, 또한 CEO가 전반적인 상황을 정리한 정보를 공유할 여지를 남겼다.

다른 사람이 협상을 제안했을 때

상사나 고객, 가족과 만남을 갖는데, 주제를 잘 모를 때는 일단 이렇게 말하라. "오늘 저를 만나자고 하셨죠. 속마음을 털어놓아 보세요." 또는 "이 만남에서 바라는 것을 말해보세요"라고 묻는 것이 가장 일반적인 방식이다.

두 사람이 특정 주제를 논의하기로 합의한 경우

당신이 특정 주제(예를 들어, 업무 성과나 가정에서의 까다로운 논쟁)를 염두에 두고 합의 하에 누군가와 마주한다면, 그 주제에 대해서 가장 광범위한 "말해주세요"라는 질문을 던져라. 예를 들어 다음과 같이 물을 수 있다. "최근에 일어나고 있는 일에 대한 당신의 견해를 말해주세요." "당신이 원하는 직책을 말해주세요." "합의에 대한 당신 생각을 말해주세요." 의심스러울 때, 대화를 시작하는 아주 좋은 방법은 "당신 견해를 말해주세요"와 같은 단순한 질문이다.

협상에서 첫 질문을 던지는 법

핵심만 단도직입적으로 물어라

이제 앞에서 했던 조언을 실천에 옮기기 시작해야 한다 비행기를 착륙시킨다는 것은 "말해주세요"라고 질문한 다음 기다리는 것을 뜻한다. 이 질문에서는 비행기를 착륙시키는 것이 결정적으로 중요하다! 이것은 당신의 첫 번째 창문 질문이고, 그것은 극도로 광범위하다는 뜻이다.

앞에서도 이야기했듯이 다른 질문을 추가해서는 안 된다. 나는 수많은 사람이 "무슨 일로 여기 왔는지 말해주시죠. … 이미 구체적인 액수를 제안하셨나요?"와 같이 말하는 모습을 봤다. 이것은 훌륭한 열린 질문을 완전히 닫아버리는 행위다. 전반적인 상황에 대해 상대방이 해야 할 말에 열린 태도를 유지하는 대신, 상대방에게 당신은 그저 숫자를 이야기하기 위해 여기에 왔다고 말한 셈이다. 질문을 한 다음에는 입을 다물어라.

침묵의 시간을 즐겨라

우리는 보통 침묵을 두려워한다. 그 침묵 이후에 다가올 것에 대비하지 못할까 봐 두려워한다. 대화가 중단되며 상대방이 압박감이나 부담감을 느낄까 봐 두려워한다. 하지만 "말해주세요"는 중요한 질문이다. 상대방이 대답을 생각해내는 데는 시간이 걸릴 수 있고, 그들에게 시간을 줄 필요가 있다. 긴장된다면, 머릿속으로 수를 세면서 시선을 마주치고 긍정적인 표정을 지어라. 침묵을 깨기 전에 얼마나 높이 갈 수 있는지 스스로 도전해보라. 이 순간을 이용해 기지개를 켜거나 그냥 창밖으로 시선을 돌려도 좋다.

이 질문에 답하는 데 가장 많은 시간을 필요로 하는 이들이 누구일까? 바로 아이들이다. 내가 딸에게 처음으로 "오늘 하루에 대해 전부 말해봐!"라고 했을 때, 나는 딸이 답하기를 기다렸다. 여기서 기다렸다는 말은, 딸이 공책에 낙서하고, 부엌을 돌아다니고, 여름 캠프에서 만든 슬라임을 가지고 노는 동안 기다렸다는 뜻이다. 잠시 나는 속으로 '음, 완전히 실패네'라고 생각했다. 하지만 잠자코 있었다.

그때, 딸아이가 말문을 열며 느리지만 확실한 약간의 정보가 흘러나오기 시작했다. 임시 교사가 왔고, 그 선생님은 자꾸 아이들에게 조용히 하라고 말했다. 누군가 말썽을 부렸고, 점심으로 피자를 먹었다. 그러다 갑자기 대화의 향연이 펼쳐졌다. 침묵은 효과가 있다.

후속 질문을 하라

내가 가장 좋아하는 질문이 "말해주세요"라면, 내가 두 번째로 좋아하는 질문은 무엇일까? "더 말해주세요"다.

당신이 누군가에게 "말해주세요"라고 했고, 그에 대한 답으로 많은 정보를 들었다고 해보자. 당신은 상대방에게 어떤 상황이나 주제에 대한 견해를 말해달라고 한 뒤에, 그들이 답으로 제시한 내용을 좀 더 파고들어서 더 많은 정보를 얻기 원할 것이다. 그래서 일단 상대방의 말을 끝까지 듣고 나면, 그들의 말을 요약하고 특정한 부분에 대해 "더 말해주세요"라고 질문해서 일을 계속 진행해야 한다.

예를 들어, 직속 부하 직원과 대화를 나누는데 그가 직장 내에서 다른 업무를 맡고 싶다고 한다면, 당신은 이렇게 말할 수 있다. "그러니까 고객과 접촉을 더 하고 싶고 이전 직책보다 자율성을 더 누리고 싶다는 거죠. 이전 직책에 대해 더 말해줄 수 있나요?" "더 말해주세요"라고 물으면, 대화를 단절시키는 닫힌 질문에서 벗어나 상대방이 계속 말하게 해서 더 상세한 정보를 얻을 수 있다.

당신이 가장 좋아하는 해안으로 낚시를 하러 갔다고 상상해보자. 당신은 넓은 그물을 던져서 물고기 20마리를 잡았고, 해초와 다른 것들도 건져 올렸다. 시간을 들여서 어획물을 살펴보며 자신이 잡은 20마리의 물고기를 보기 바란다. 물고기 한 마리 한 마리가 소중하게 느껴질 것이다. 마찬가지로 질문을 통해 얻은 귀중한 정보를 그물로 잡은 '물고기'라고 여겨라. 그리고 더 많은 정보를 얻기 원하는 각 주제를 파고들어서 상대방에게 해당 주제에 대해 더 많은 것을 말해달라고 요구하라.

예를 들어, 당신이 내게 최근 다녀온 인도 여행에 대해 말해달라고 했다고 가정해보자. 나는 이렇게 대답할 것이다. "멋졌어요! 우리는 평화 회담을 개최했고, 여러 국가의 대사와 인도 정부의 지도자, 몇몇 민간 기업 CEO를 소집해서 평화 구축을 위한 민관 협력에 관해 이야기했죠. 제 학생들은 연구를 기막히게 잘 해냈고 가르치는 것도 도왔어요. 우리는 화려한 정원이 있는 아름다운 호텔에 묵었어요. 저는 그 정원에서 매일 몇 분이라도 시간을 보내려 했죠. 매일 간신히 시간을 내서 집에 전화를 걸었지만, 딸아이가 너무 졸려서 이야기를 나누지 못할 때도 있었어요. 힘든 일이었죠. 특히 여행이 끝나갈 즈음에는 아이가 너무 보고 싶었거든요. 마지막에는 타지마할에서 이틀을 보냈어요. 우리는 평화 회담을 매년 다시 할 수 있기를 바라요."

당신은 질문에 대한 대답으로 많은 정보를 들었다. 내가 얘기한 내용 중 일부는 다음과 같다.

- 올해 개최한 평화 회담
- 내 학생들

- 호텔과 정원

- 딸이 보고 싶어서 느낀 슬픔

- 타지마할

- 미래의 평화 회담에 대한 희망

만약 당신이 내 여행의 업무적인 측면에 대해 더 이야기하고 싶다고 해보자. 그렇다면 그에 해당하는 주제를 골라서 이렇게 말할 것이다. "올해의 회담에 대해 더 말해주세요." "여행에서 학생들의 역할에 대해 더 말해주세요." 내 여행의 비업무적인 부분에도 관심이 있다면, 타지마할에 대해 더 말해달라고 할 수도 있다.

"더 말해주세요"의 목적은 가능한 한 오랫동안 대화를 열린 상태로 유지하는 것이다. 때때로 사람들은 최초의 열린 질문은 아주 잘 던지지만, 그다음에는 질문의 폭을 급격히 좁혀버린다. 예를 들어, 내게 인도 여행에 대해 말해달라고 한 다음, "회담이 며칠 동안 진행됐나요?"라고 묻는 것이다. 이런 좁은 질문으로는 "회담에 대해 더 말해주세요"라는 질문만큼 많은 정보를 얻을 수 없다.

대화를 지속하면서 자신이 알아낸 정보에 대해 "더 말해주세요"라고 묻는다면, 이 질문을 최대한 활용해서 나머지 협상에서 성공할 준비를 갖추게 될 것이다.

요약하고 피드백을 요청하라

다음으로, 당신은 상대방의 말을 요약해서 상대방이 그것에 관여하게 할 것이다. 당신은 단순히 앉아서 말을 끝까지 듣는 것만으로 당신이 경청했음을 상대방에게 증명했다고 생각할지 모른다. 또 그들이 한 말을 모두 들었다고 확신할 수도 있다. 하지만 경청했다는 것을 증명하고, 필요한 정보를 모두 들었는지 확인하려면, 상대방이 대답한 뒤에 그들의 말을 요약해야 한다. 최초의 "말해주세요"와 후속 질문 "더 말해주세요"에 대한 상대방의 답변을 모두 요약하라.

직종을 불문하고 훌륭한 리더는 요약의 가치를 안다. 앞에서 이야기한 로펌 변호사 스티븐을 떠올려보자. 변호사 크레이그는 회사의 방침을 어기고 소송 변호사를 배제한 채 자신이 법원에 소송을 제기했다. 스티븐이 크레이그와 대화를 나눴을 때, 그는 상황에 대한 크레이그의 견해를 묻고, 자신이 크레이그에게서 들은 말을 다음과 같이 요약했다.

"크레이그, 나는 자네가 오늘 한 말을 이해하네. 사실, 자네는 너무 바쁘고, 그 사람은 중요한 의뢰인이었고, 자네는 그 분야의 법을 잘 알지. 자네는 이런 소송에 수십 번 관여했고, 적용되는 모든 법을 공부했어. 관련 사실을 원진히 파악했고, 잘 조사하고 반복적으로 검토해서 소송 초안을 작성했어. 아무것도 숨기려 하지 않았고, 그저 일을 끝내야 한다고만 생각했지. 고소가 정당한데, 정해진 소송 변호사의 검토를 거치면 의뢰인이 비용을 더 많이 부담해야 할 것이라고 봤어. 자네는 이 모든 것을 고려해서 소송 부서의 나를 비롯한 다른 사람이 이것을 보는 대가로 의뢰인에게 시간당 900달러를 청구하고 싶지는 않았던 거야."

이렇게 요약을 하면, 대화를 통해 알 수 있는 모든 것을 알고 있는지 확인할 수 있다. 스티븐은 크레이그의 견해를 요약하면서 크레이그가 상황을 어떻게 파악했는지 새로운 방식으로 이해했다고 말했다. 게다가 스티븐의 요약은 크레이그의 방어적인 태도를 누그러뜨려서 크레이그가 마음을 열고 스티븐이 하는 말을 진심으로 듣게 했다.

요약한 뒤에는 상대방에게 피드백을 요청해야 한다. 다시 말하지만, 나는 이렇게 말하기를 좋아한다. "제 노트에 있는 건 이게 전부예요. 제가 뭘 놓쳤죠?" 이런 식으로 피드백을 요청함으로써, 내가 대화를 통해 얻을 수 있는 정보를 최대한으로 얻었는지, 내가 꼭 알려주려고 하는 것을 상대방이 알아들었는지 확인할 수 있다.

스티븐은 크레이그에게 자신의 요약한 내용에 대한 피드백을 요청했다. 그렇게 했을 때 크레이그는 정보를 추가했고, 스티븐은 추가된 정보를 통해 상황을 좀 더 확실히 이해할 수 있었다. 크레이그는 소송 담당 파트너 변호사와 상의하지는 않았지만, 아주 유능한 소송 담당 변호사에게 소송을 함께 맡아달라고 요청했다.

스티븐은 이 추가 정보를 요약하고, 그 내용을 추가해줘서 고맙다고 했다. 스티븐의 피드백을 들은 뒤, 크레이그는 눈에 띄게 긴장을 풀었고 스티븐은 회사의 우려를 훨씬 더 성공적으로 해결할 수 있었다.

피드백을 요청하는 것은 자신이 당면한 상황에 대한 상대방의 견해를 듣고 이해했는지 확인하는 마지막 결정적 단계다. 이 단계를 통해서, 궁극적으로 미래를 생각하고 어떤 단계를 밟아나갈 것인지 생각할 때, 성공하기 위한 준비를 마치게 된다.

말하지 않은 것까지 들어라

이 질문을 할 때는 상대방의 표정과 몸짓에 주의를 기울여야 하는데, 그것이 질문에 대한 답과 피드백을 주기 때문이다. 스티븐은 크레이그가 처음 자리에 앉았을 때 극도로 긴장한 모습을 보였다고 말했다. 이마를 찌푸리고 팔짱을 긴 모습에서 방어적인 태도를 볼 수 있었다. 스티븐이 요약을 시작하자, 긴장을 약간 풀었지만 몸을 앞으로 숙이고 두 손에 힘을 줬다. 그것을 보고 스티븐은 크레이그가 할 말이 더 있을지 모른다고 생각했다. 스티븐이 크레이그에게 피드백할 기회를 주고 추가 정보를 요약하자, 크레이그는 처음으로 미소를 짓고 의자에 몸을 기댔다. 스티븐은 크레이그의 표정과 몸짓을 보고 마침내 크레이그가 자신이 해야 할 말을 다 했다고 느끼고 있음을 알 수 있었다.

당신은 아주 훌륭한 열린 질문을 했고, 후속 질문을 했으며, 요약하는 법을 배웠고, 피드백을 요청했다. 당신의 협상은 시작이 아주 좋다. 이제 대화를 계속해서 궁극적인 해결책을 위한 아이디어를 떠올려보자.

7장

상대방의 욕구를 파악하라
: 당신이 원하는 것이 무엇인가요?

한 텔레비전 방송사의 고위 임원이 자신의 텔레비전 프로그램에 관한 격렬한 법정 협상을 준비했다.

코미디극을 중심으로 진행된 한 프로그램을 생방송으로 방영한 직후, 방송사는 뜻밖의 문제에 직면했다. 미국 내 다른 지역 TV에서 코미디극을 하는 소규모 콘텐츠 제작사의 부부팀이 상표권 침해 소송을 한 것이다. 부부가 제작한 소규모 프로그램은 2년 동안 방영됐고, 이 부부는 방송사가 비슷한 이름을 사용해서 그들이 쌓아 올린 대중의 인지도와 명성을 이용해 이득을 얻으려 한다고 생각했다.

방송사는 즉시 코미디 프로그램의 제목을 바꿨다. 하지만 부부는 소송 취하를 거부했다. 그 결과 소송이 길게 늘어져서 양측 모두가 막대한 비용을 감당해야 했고, 방송사 임원이 중재를 위해 부부와의 만남에서 활용할 전략을 고안하기에 이르렀다. 회사의 입장은 제작사에 한 푼도 줄 수 없으며 재판에서 이길 수 있다는 것이었다.

그녀는 변호사 부대와 함께 조정실에 도착해 자리에 앉았고, 맞은편에 부부팀이 변호사와 함께 앉았다. 비행기에서 짠 계획을 검토하면서 탁자 건너편에 있는 부부에게 변호사를 방에서 모두 내보내고 대화할 의향이 있냐고 물었다. 부부는 잠시 주저하다가 제안에 동의했다. 양쪽 변호사가 (초조한 기색으로) 나간 뒤, 그녀는 부부 쪽으로 몸을 돌려서 하나의 질문을 던졌다. "무엇을 원하시죠?"

이 질문을 듣고 부부는 어리둥절해하면서도 안도하는 것 같았다. 그들은 잠시 생각한 뒤 임원에게 말했다. "우리는 우리가 창작한 프로그램을 아낄 뿐입니다. 그건 우리의 열정이 담긴 프로젝트입니다. 우리가 소송을 한 건 살아남지 못할까 봐 두려웠기 때문입니다. 지금 우리가 가장 원하는 것은 언론을 통해 알려지는 것입니다. 그렇지 않으면, 우리의 두려움이 현실이 될 겁니다."

임원은 잠시 생각한 뒤 다음과 같이 제안했다. "제가 감독하는 다른 TV 채널 중 한 곳에서 광고를 몇 차례 하는 건 어떨까요?" 곧 있을 광고 방송에 아직 자리가 몇 개가 있었다. 그렇게 하면 방송국은 비용을 거의 부담하지 않으면서 지역 코미디 팀에게 그들 스스로는 어떤 수를 써도 얻을 수 없는 광범위한 홍보 기회를 제공할 수 있을 터였다. 그녀가 이 제안을 하자 부부는 깜짝 놀라더니 즉시 제안을 받아들였다. 이렇게 쌍방이 합의했다. 임원은 공항으로 향할 때, 부부팀의 아내로부터 감사의 말과 비행 중에 읽을 만한 책을 추천하는 문자를 받았다.

이 한 가지 질문이 협상 전체를 가능하게 했다. 방송사가 바라던 대로 임원은 돈을 한 푼도 지급하지 않고 소송을 해결했다. 하지만 그녀의 질문은 단순한 중재 합의를 훨씬 뛰어넘는 결과를 낳았다. 임원의 창의적이고 협조적인 접근법에 충격과 감동을 받은 부부는 그녀에게 계속 연락을 했고, 그들은 결국 좋은 친구 사이가 됐다. 나중에 임원이 이직을 고려했을 때, 부부는 그녀를 자기 방송국 사람들과 연결해줬다.

이 질문 하나가 당시 상황은 물론이고 임원의 삶을 그녀가 전혀 예상치 못한 방식으로 바꿔놓았다.

협상의 판도를 바꾸는 질문

"무엇을 원하시죠?"라는 질문이 방송국 임원과 부부팀 사이에서 벌어진 긴장의 순간을 바꿔놓은 사건이 내가 이 책을 쓰게 된 계기가 되었다. 이것은 히니의 질문이 논쟁의 여지가 있는 상황을 평생의 상호 이익을 위한 기회로 탈바꿈시킬 수 있음을 증명한다.

"무엇을 원하시죠?"는 인생을 바꾸는 질문이다. 이 질문을 던지면, 사람들이 어떤 행동을 하는 이유를 알아낼 수 있다. 상대방의 요구 사항보다 그 사람의 근본적 욕구에서부터 협상을 시작할 때 훨씬 수월하게 해결책을 찾을 수 있다. 앞의 사례를 다시 생각해보자. 부부의 입장은 다음과 같았다. "당신들이 이익을 위해 우리 프로그램의 제목을 훔쳤다. 당신들은 우리가 입은 손해를 배상해야 한다." 반면에 방송국은 "우리는 당신들의 제목을 훔치지 않았다. 게다가 당신들은 손해를 입었다는 것을 증명할 수 없다. 우리는 당신들에게 배상할 것이 아무것도 없다"고 주장했다. 그들이 끝까지 자기 입장만 고수했다면, 비용이 더 들면서도 덜 생산적인, 전혀 다른 결과를 낳고 말았을 것이다.

상대방의 요구 사항을 파고들어서 그것을 유발한 욕구를 알아내면, 갈등과 관련한 상대방의 생각과 행동을 바꿀 수 있다. 사람들이 소송을 제기하는 진짜 이유는 대부분 권리가 아니라 욕구 때문이다.[1] 협상이 잘 안 풀리거나 결렬되는 이유 또한 대부분 욕구 때문이다. 그리고 다른 사람의 욕구를 알아내면, 어려운 문제를 훨씬 더 쉽게 풀어갈 해결책을 만들어낼 수 있다.

먼저 상대방의 욕구를 파악하라

당신은 얼마나 자주 누군가, 심지어 아주 잘 아는 누군가에게 무엇을 원하는지 물어보는가? 노련한 협상가를 비롯해 우리 대

2부 상대방을 파악하기 위한 다섯 가지 질문

부분은 이 질문을 하고 나서 대답에 귀를 기울이는 연습을 해야한다. 특히 시간이 흐르면서 같은 요구 사항이 계속해서 터져 나오는 것을 보기 때문에, 해결책도 비슷할 거라고 생각하기 십상이다. 하지만 일단 더 깊이 파고들면, 당사자들의 개별적 욕구가 매우 다르다는 사실을 알게 된다.

나는 컬럼비아 대학의 학생들과 함께 미국 정부와 관련된 고용 분쟁을 자주 중재하는데, 두 개의 유사한 사건에서 다른 결과가 나올 때가 있다. 이는 문제가 동일해도 협상을 거친 뒤 합의 내용이 얼마나 달라질 수 있는지 보여준다.

예를 들어, 한 여성이 승진을 거부당해서 성차별로 고소를 한다고 해보자. 정부 기관 X의 두 여성이 내 사무실에 동시에 도착한다고 상상해보자. 두 여성의 입장은 같다. 두 사람 모두 여성이라는 이유로 승진을 거부당했다며 부당함을 주장한다.

첫 번째 여성이 방으로 들어와서 다음과 같이 자신의 입장을 이야기한다. "저는 승진을 거부당해서 제 아들이 의학적 치료와 특수교육 치료를 받지 못하게 되었어요." 그녀의 욕구는 금전적인 것이다. 물론 다른 욕구도 있다. 어떤 부모라도 밤에 발 뻗고 자려면 자식에게 최선을 다해야 한다는 사실을 안다. 하지만 이 경우에 그녀의 일차적 유형의 욕구는 돈이다. 이 협상은 금전적 합의로 끝날 가능성이 크다.

이제 두 번째 여성이 들어온다. 다시 한 번, 그녀는 자신의 입장을 진술한다. "제가 정당한 승진을 거부당한 이유는 제가 여성

이기 때문입니다." 우리가 "무엇을 원하시죠?"라고 묻자, 그녀가
말한다. "제가 겪은 일을 다른 여성이 겪는 일이 다시는 없어야
합니다." 그녀의 욕구는 첫 번째 여성의 욕구와 크게 다르다. 그
녀는 제도적 변화를 원하므로 우리는 직장 내 성 평등을 목표로
하는 경영자 훈련 프로그램을 제안해야 할 수 있다. 입장이 비슷
하다고 해서 욕구가 같은 것은 아니다.

근본적 욕구를 알아내면, 관계 문제에서도 놀라운 효과를 볼
수 있다. 아마도 당신의 배우자는 당신에게 다음과 같은 말을 몇
년 동안 했을 것이다. "자기 전에 싱크대 청소를 하고 그릇을 식
기세척기 안에 넣으라니까!" 그러면 당신은 다음과 같이 대답했
을 것이다. "어제 내가 했잖아! 게다가 난 진이 다 빠졌다고. 내가
쓰레기를 내놓고 애들 숙제도 도와줬잖아. 나한테 뭘 더 바라?"

다시 말하지만, 이것은 전적으로 요구 사항에 초점을 맞춘 다
툼이다. 하지만 배우자의 욕구에 초점을 맞춘 질문을 하면, 다른
답을 들을 수 있다. 나는 한 부부와 함께 이런 문제를 해결한 적이
있는데, 알고 보니 깨끗한 싱크대 청소를 중요하게 여기는 사람
이 실제로 원하는 것은 아침에 아래층으로 내려왔을 때 평온함과
조화로움을 느끼는 것이었다. 그녀에게는 싱크대가 그런 느낌을
주는 중요한 요인이다. 그녀는 깨끗한 싱크대와 조리대를 보면,
하루를 시작할 때 긴장을 풀고 숨을 쉴 수 있었다. 남편은 아내의
욕구가 사실은 남편을 통제하는 것이 아니라 본인의 불안을 통제
하는 것임을 알게 됐다. 결국, 남편은 유난히 바쁜 저녁에는 융통

성을 발휘해야 했다. 자신들의 욕구에 대해 논의한 뒤, 부부는 선택이 필요한 상황에서는 쓰레기 수거를 포기하고 대신 부엌에 집중하기로 했다. 또 서로를 더 깊이 이해함으로써 가정이 더 화목해졌다.

근본적인 욕구를 파악하면, 틀에 박힌 협상을 피하고 관련자에게 효과가 있는 혁신적이고, 지속적이며, 구체적인 해결책을 만들어낼 수 있다. 상대방의 요구 사항이 익숙하게 들린다고 해서 그들의 욕구를 안다고 착각하는 실수를 범해서는 안 된다.

상대방의 욕구를 묻는 방법

당신은 이미 상대방에게 최대한 열린 태도로 "말해주세요"라고 묻고 답을 경청하는 것으로 이 대화를 시작했다. 이제 당신은 "무엇을 원하시죠?"라고 물을 준비가 됐다.

이 질문을 당신의 협상에 적합한 방식으로 자유롭게 바꿔보자. 예를 들어, 당신이 가정용품을 팔기 위해 타깃의 바이어에게 접근하고 있다면, "판매 회사로부터 무엇을 원하시죠?" 또는 "이번 거래에서 무엇을 원하시죠?"라고 물을 수 있다. 집안의 예산과 비싼 휴가를 놓고 배우자와 협상하고 있나면, "돈에 우선순위를 두고 고려했을 때, 당신은 무엇을 원하지?"라고 말할 수 있다. 욕실 시공업자와 마주하고 있다면, "집주인과 함께 일할 때 무엇을 원하시죠?" 또는 "이 일을 끝내려면 무엇이 필요하시죠?"라고 할 수 있을 것이다. 이제 2부의 첫 부분에서 제시했던 조언을 바탕으로 상대방의 욕구에 대해 질문하는 구체적인 방법을 알아보자.

핵심만을 단도직입적으로 물어라

노련한 전문가나 오래된 커플조차 욕구와 관련해서 열린 질문을 던지기를 망설인다. 그것은 일반적인 질문과는 달리 위험하게 느껴진다. 협상하는 사람들은 보통 이 질문을 한 뒤, 말을 빙빙 돌리며 다음과 같이 말한다. "너는 뭘 원해? 너는 진도를 너무 빨리 나가려 하는 것 같아." "여기서 무엇을 원하시죠? 이 숫자를 바꾸면 어떨까요?" 무엇을 원하는지 직접적으로 묻는 것에 대해 부담스러워할 필요는 없다. 자신의 판단을 덧붙여서도 안 되고, 상대방보다 자신이 상황을 더 잘 안다고 생각해서도 안 된다. 용기를 가져라. 그냥 무엇을 원하냐고 질문하고 비행기를 착륙시켜라.

침묵의 시간을 즐겨라

그런 다음 침묵의 시간을 견디면서 상대방이 심사숙고해서 답을 할 수 있는 시간을 충분히 갖도록 해야 한다.

후속 질문을 하라

때로는 상대방에게 원하는 바를 물어봤을 때, 짧거나 모호한 답변을 얻어서 후속 질문을 하고 싶은 생각이 들 수도 있다. 하지만 그런 상황에서도 좁은 질문을 하거나 자신이 생각하는 해결책을 제시해서는 안 된다. 그렇게 한다면, 정보를 가장 많이 얻을 수 있는 상태에서 정보의 흐름을 차단하게 된다. 그 대신, 이렇게 말하라. "고맙습니다. 그 부분에 대해 더 자세히 말씀해주실 수 있나요?"

많은 사람이 후속 질문을 할 때 실수를 범한다. 큰 질문을 던진 뒤에 후속 질문에서 방향성을 잃는다. 따라서 어설픈 질문보다는 더 많은 정보를 얻을 수 있는 "더 말해주세요"를 사용해보자. 이 질문은 "무엇을 원하시죠?"라고 물었는데, 상대방이 "몰라요"라고 말했을 때 특히 유용하다. 더 많은 정보를 폭넓게 요구하는 과정에서 다음과 같은 말로 상대방이 자기 생각을 분명히 표현하게 유도할 수 있다. "좋아요. 그러니까 뭘 원하는지 잘 모르시겠다는 거죠. 그럼 바로 지금 머릿속에 떠오르는 것에 대해 더 말해줄래요?" 그런 다음 다시 한 번 침묵을 즐겨보자.

이 질문을 하면, 상대방이 가지고 있는 유형의 욕구와 무형의 욕구를 알 수 있다. 각각에 대해 어떤 후속 질문을 해야 하는지 알아보자.

무형의 욕구 처리하기 당신은 욕구에 대해 질문했다. 앞에서 살펴봤듯이 욕구에 대해 질문하면, 근본적이고 중요한 정보를 얻어서 합의를 하거나 갈등을 해소할 수 있다.[2] 하지만 2장에서 보았듯이, 많은 욕구가 무형, 즉 구체적이지 않고 개념적인 것이다. 이는 중요한 후속 질문으로 이어지며, 2장에서처럼 다음 질문을 하게 될 것이다. "그것은 구체적으로 어떤 것이죠?"

이렇게 물으면, 상대방은 자신의 욕구에 생기를 불어넣고 그것이 현실에서 어떤 모습인지 시각화할 수 있게 된다. 그들은 미래를 내다보고 가장 보고 싶은 것을 그려보게 된다. 마지막으로, 이 질문은 당신과 상대방이 함께 앞으로 나아갈 길을 찾게 해주는 핵심적인 세부 정보를 제공한다. 이 핵심 질문을 하면, 상대방은 자신의 욕구를 구체적인 영역으로 가져오고, 당신은 둘 사이의 문제를 해결해주는 강력한 단서를 얻을 수 있다.

한 가지 사례를 살펴보자. 한 건강 코치가 고객과 자리를 함께했다. 그녀는 해당 고객을 1년 동안 지도했다. 전문직 여성인 이 고객은 열렬한 요가 수행자였는데, 스트레스를 먹는 것으로 푸는 습관이 있었고, 40세 이후로 저울의 눈금이 슬금슬금 올라가서 옷이 맞지 않는 지경까지 되자 좌절하고 있었다. 코치와 처음 만났을 때, 그 여성은 10킬로그램 체중 감량이라는 목표를 세웠다. 그녀는 신선한 고급 음식과 체육관 회원권 등 자신의 목표를 달성하기 위해 필요한 모든 것을 이용할 수 있었다. 그녀는 건강식을 먹기 시작했다. 요가 수업을 중단하고, 웨이트 트레이닝을 포함해 일주일에 5~6번씩 격렬한 운동을 했다. 그럼에도 저울 눈금은 원래 몸무게 근처에서 좀처럼 움직이지 않았다. 눈금에 변화가 없을수록 이 고객은 몸무게에 더욱 집착했다. 마침내, 고객은 코치에게 좌절감과 절망감을 토로했고, 코치는 즉시 일정을 잡아서 만남을 가졌다.

이번에 코치는 다른 방법을 택했다. 고객에게 체중은 잠시 제쳐두고 무엇을 해야 하는지 생각해보라고 했다. 고객은 즉시 대답했다. "더 건강하고 균형 잡힌 느낌을 받아야 해요." 그녀의 대답에 코치가 다시 물었다. "좋아요. 건강하고 균형 잡힌 느낌을 받아야 한다고요. 그게 구체적으로 어떤 거죠?" 고객은 잠시 생각한 뒤에 답했다. "글쎄요. … 휴식이 좀 더 필요한 것 같고, 요가가 그리운 것 같아요. 그게 제 온전한 상태였고, 지금은 살을 빼려고 다른 운동을 하고 있지만, 더 피곤할 뿐이에요. 일과 장보기, 운동, 아이들 사이에서 완전히 녹초가 돼서 밤에 잠을 안 자고 야식을 먹게 돼요."

이제 코치와 고객은 앞으로 나아가기 위한 정보를 얻었다. 이 질문을 통해서, 코치는 고객이 내면의 지혜에 접근해서 문제에 대한 해결책을 스스로 진단하도록 이끌었다. 그들은 합심해서 휴식과 균형에 초점을 맞췄다. 취침시간을 이르게 정하고 편안한 저녁 일과를 알아내서 고객이 야식을 줄이게 했다. 요가 수업을 운동에 다시 포함시켰고, 요가와 유산소 운동을 균형 있게 하도록 했다. 또 머리를 맞대고 일주일 치 음식을 한 번에 손쉽게 준비한 방법을 궁리해서 고객이 부담을 덜게 했다. 압박감에서 벗어나고 균형을 되찾으면서 고객은 기분이 좋아지기 시작했고 느리지만 지속적으로 체중을 줄여나갔다. 이 모든 것이 한 가지 질문에서 나왔는데, 그 질문은 코치와 고객이 건강과 균형을 개념화하도록 해서 고객의 목표를 달성하게 했다.

나는 "그것은 구체적으로 어떤 것이죠?"라는 질문을 아주 좋아하고, 거의 모든 협상 시나리오에서 이 질문을 한다. 하지만 대부분의 협상가는 이 질문이 존재하는지조차 모른다. 또는 알더라도 물을 수 없다. 왜 그럴까? 왜냐하면 일단 그들은 방금 당신이 한 것처럼 상대방이 원하는 바를 알아내지 않기 때문이다. 이 지점에서 당신이 폭넓은 질문을 제기하고 그 대답에 귀를 기울인 결실을 얻을 수 있다.

이 질문에 도달하면, 당신은 일단 상대방의 욕구로 보이는 것에 대해 심사숙고한 뒤, 그것이 구체적으로 무엇인지 물을 것이다. 예를 들어, 번창하는 빵집 주인과 이야기를 나눈다면, 이렇게 물을 것이다. "있잖아요, 요전에 듣기로는, 당신의 가장 큰 욕구 중 하나가 직장에서 전문성을 인정받는 것이라면서요. 그게 구체적으로 어떤 것이죠?" 그런 다음, 계속해서 그의 말을 되짚어보며, "그밖에는요?"라는 질문을 사용해서 정보를 더 요구할 것이다. 그러면 빵집 주인은 아마도 이렇게 대답할 것이다. "저는 제 가게의 제빵사들이 우리 제품에 대해 제가 지시할 때 그냥 고개만 끄덕인 다음 제 남편에게 묻지 말고 제 지시대로 했으면 좋겠어요." 그러면 당신은 이렇게 답할 수 있을 것이다. "좋아요, 그러니까 당신이 제빵사들에게 충고할 때 남편의 확인을 받지 않고 일단 그대로 따랐으면 좋겠다는 거군요. 직장에서의 인정이란 것

2부 상대방을 파악하기 위한 다섯 가지 질문

이 그밖에 구체적으로 또 어떤 모습일까요?"

이 질문의 개방성이 중요한 이유는 상대방이 기대하는 (그리고 아마 당신도 공유할) 미래를 파고들게 해주기 때문이다. 여기서 다시 한 번 우리는 좁은 후속 질문을 덧붙이려는 충동을 억눌러야 한다. 그런 질문은 일반적으로 상대방이나 상황에 대한 우리의 가정을 반영하고, 그런 가정은 현실과 완전히 동떨어진 것일 수 있다. 10대 딸이 집에서 자유가 더 필요하다고 말한다면, 다음과 같이 말하고 싶은 충동을 억눌러야 한다. "더 큰 자유가 구체적으로 어떤 거지? 가만, 아이폰을 또 사고 싶다는 거야?" 나도 10대 소녀의 부모지만, 딸의 속내는 예측할 수 없다. 딸의 말에 귀를 기울이도록 나 자신을 단련하면서, 딸이 어떤 사람인지 또 어떤 사람이 되어가고 있는지 알게 되었고 우리는 훨씬 더 가까워졌다.

이 질문은 내가 반박가라고 부르는 사람과 협상을 할 때도 중요하다. 상대방의 제안에 대해서는 "그건 안 될걸요"라는 말로 모조리 묵살하면서 정작 긍정적인 제안은 하나도 하지 않는 사람을 봤을 것이다. 반박가란 바로 그런 사람을 일컫는다. 그런 사람에게 "실질적인 해결책은 구체적으로 어떤 것일까요?"처럼 그들에게 공을 넘기는 질문을 던지고, 뒤따르는 침묵을 끈기 있게 즐기면, 당신은 그들이 해결책을 찾는 작업에 적극적으로 참여하도록 하는 셈이다.

유형의 욕구 처리하기 이 질문을 할 때, 유형의 욕구를 접한다면(예를 들어, 직장에서 누군가 "일주일에 두 번 전화로 결과를 보고해 주세요"라고 한다면), 당신은 다음과 같은 후속 질문을 할 것이다. "잘 이해가 안 돼서 그러는데요, 일주일에 두 번 전화하는 게 중요한 이유가 뭐죠?"

상대방이 유형의 욕구를 말하면, 우리는 이런 후속 질문을 사용해서 그 이면에 있는 무형의 욕구를 더 깊이 이해하려고 한다.

하지만, "그게 왜 중요하죠?"라고 물어서는 안 된다. "왜?"라고 묻지 말고, 대신 "무슨 일로 그러시죠?" 또는 그냥 "말해주세요"라고 해야 한다. 특히 전에 의사소통에 어려움을 겪거나 불만족한 경험이 있다면, "왜?"라고 묻는 것은 맞서거나 공격하는 것처럼 보일 수 있다. 사회복지사들이 "왜?"라는 질문을 좀처럼 하지 않는 이유는 신뢰와 친밀감을 높이기 위해서다.[3] 예를 들어, "왜 골프 회원권을 해약하지 않는 거죠? 우리가 경제적인 어려움을 겪고 있는 것을 알잖아요?"라는 질문과 "골프 회원권이 당신에게 그렇게 중요한 이유가 뭐죠?"라고 묻는 것을 비교해보자. 어떤 질문이 건설적인 답을 낳을 가능성이 더 큰지 알 수 있을 것이다.

이렇게 물으면 전화로 일주일에 두 번 보고해달라고 요청한 동료가 그 보고가 어떤 의미가 있는지 명확히 설명해줄 수 있을 것이다. 일주일에 두 번씩 보고하는 것이 이사회와 더 잘 소통하는 데 도움이 될까? 아니면 소속감을 높이고 일이 진행되는 상황을 확실히 알기 위한 안전장치가 필요한 것일까? 우리는 그들이 대답한 내용의 밑바닥에 있는 욕구를 알아내서, 그들이 해결하려

2부 상대방을 파악하기 위한 다섯 가지 질문

는 문제를 이해하고 잠재적인 해결책을 찾아내려고 애쓴다.

그들은 소속감을 위해서 보고가 필요하다고 말하지만, 당신은 어떤 이유 때문에 일주일에 두 번씩 보고하는 것이 효과가 없다고 생각한다면, 당신은 앞으로 나아갈 아이디어를 갖춘 셈이다. 결국, 상대방의 대답을 요약한 다음 그들에게 피드백 기회를 제공하면, 당신은 소속감을 높이려는 그들의 욕구를 인정하는 동시에 전화 보고의 문제점을 설명한 다음, 그들에게 어떻게 생각하는지 물어보거나 스스로 아이디어를 제시해서 그 욕구를 충족할 다른 방법을 함께 알아낼 수 있다.

또 다른 예를 살펴보자. 〈포춘〉 선정 뉴욕 100대 기업에 속하는 한 기업의 부회장이 1년 동안 추가 사업부를 맡아달라는 제안을 받았다. 이 승진에 직함 변경은 포함되지 않았지만, 이 역할을 맡으면 전보다 상당히 높은 인지도를 얻게 되지만 서부 해안으로 출장을 자주 가야 했다. 그녀는 연봉을 두고 회사와 밀고 당기기를 했고, (조사를 통해) 회사가 그 자리를 위해 줄 수 있는 최고 연봉을 빨리 알아냈다.

그녀가 이 거래에서 더 많은 대가를 얻고 싶다고 말하자, 그들은 이렇게 답했다. "압니다. 그래서 보수를 최대치로 올렸잖소. 우리가 여기서 달리 어떻게 당신에게 대가를 제공할 수 있죠?" 임원은 이에 대해 생각했다. 그녀가 원하는 이 새로운 일을 맡으면, 출장을 상당히 자주 가서 한 달에 두 번, 한 번에 일주일씩 집을 비워야 했다. 그녀는 한 달에 한 번 남편과 함께 지낼 수 있도록 남편의 항공료, 호텔료와 일상 비용을 지급해달라고 했다.

당신이 상대방의 유형의 욕구를 충족시키기 어려울 것 같다고 생각한다면, 한 가지 훌륭한 전략은 그 아래에 있는 무형의 욕구를 드러낸 다음, (질문을 마친 뒤에!) 달리 어떤 방식으로 그 욕구를 충족시킬 수 있겠냐고 묻는 것이다.

요약하고 피드백을 요청하라

질문하고, 침묵을 묵묵히 견디고, 이어서 열린 질문을 더 하고 나면, 이제 당신이 들은 내용을 되짚어볼 때다. 요약은 당신이 상대방의 말을 듣고 그것을 소화했음을 확실히 증명하는 방법이다. 특히, 상대방의 욕구를 들으면 속이 후련해진다.

내 멘토인 캐럴 리브먼이 가르쳐준 연습 중 하나는 듣기 연습인데, 연수생들을 그룹으로 나누어서 서로 자신이 겪고 있는 갈등을 설명하고 거기에 귀를 기울게 하는 것이다. 그리고 동료 그룹 멤버들이 서로 상대방이 원하는 바를 요약하게 했다.

최근에 나는 인권 변호사를 위한 훈련에서 이 연습을 실시했는데, 나중에 부서장이 나를 한쪽으로 끌어당겨서 이렇게 말했다. "알렉스, 당신이 우리에게 중재를 가르치기 위해 온 것은 알지만, 저는 방금 훨씬 더 강력한 것을 경험했어요. 저는 골치 아픈 업무 갈등을 다루느라 밤잠을 설쳐요. 상대방이 진심으로 제 욕구를 듣고 그것을 저를 위해 요약해주니, 지금껏 경험한 적 없는 깊은 안도감을 느끼게 되더군요. 기운을 되찾아서 일을 시작하고 문제를 실제로 해결할 수 있을 것 같은 느낌이 들었어요. 당장 사무실로 돌아가서 그렇게 해야겠어요!" 상대방의 욕구를 듣고 요약하는 것의 첫 번째 이점은 당신이 상대방을 존중하고 그의 말을 경청하고 있음을 전달하는 것이다.

상대방의 욕구를 요약하면, 이전에는 이해하지 못한 정보를 얻을 수도 있다. 나는 남동생 채드와 갈등을 겪던 사업가 안드레아를 위해 그의 욕구를 요약해준 적이 있다. 채드가 경제적으로 곤란한 시기에 안드레아는 채드에게 아파트를 사주고 직원으로 고용했다. 그녀는 내게 지금 그 결정을 후회한다고 말했다. 채드는 폭행과 불법 금융 거래 전과가 있는 사람과 어울렸다. 갑자기 감당하지도 못할 값비싼 차를 사고, 여자 친구를 회사에 데려오고 싶다고도 했다. 안드레아는 자기 사업의 건전성을 위해서는 평판이 중요하다고 하며, 마지막으로 이렇게 말했다. "현재로서는 제가 발을 빼서 그냥 동생을 사적으로 보지 않아야 하는 건지도 모르겠어요."

내가 말했다. "당신은 채드를 사업에 끌어들인 것을 후회하고, 평판이 당신의 사업에 아주 중요하다고 말했습니다. 사업 영역에서도 채드와 잠시 거리를 둘 필요가 있다고 생각하는지 궁금하네요."

그녀는 고개를 끄덕였다. "그런 생각은 하고 싶지 않지만, 그렇습니다."

요약은 그것을 듣는 사람에게도 강력한 영향을 미친다. 요약은 당신이 상대방의 말을 다른 방식으로 듣도록 함으로써 상대방이 실제로 말한 것을 더 잘 이해하게 해준다. 우리는 보통 절반만 주의를 기울인 상태로, 또는 자신의 경험이라는 렌즈를 통해서 듣는다. 하지만 상대방의 말에 대응하기 위해서가 아니라 상대방을 말을 이해하기 위해 들으면, 다른 방식으로 더 잘 들을 수 있다.

게다가 당신은 요약할 때, 상대방이 실제로 한 말을 자신이 제대로 이해했는지 확인해볼 기회를 얻을 수 있다. 당신은 고객이 이메일로 더 자주 소통해야 한다고 말했다고 생각하는데, 그들이 실제로 원하는 것은 실질적이거나 인사와 관련된 변화가 있을 때만 소통하는 것이라면, 그것은 전혀 다른 얘기다. 마지막으로 요약하고 확인하는 단계를 거치면 상대방이 의도한 바를 알아들었는지 분명하게 할 기회를 얻을 수 있다.

언제나 요약을 마무리할 때는 상대방에게 피드백을 요청해야 한다. 피드백은 당신이 어떻게 했는지를 알게 해준다. 이때 "제가 제대로 이해했나요?"라고 물어서는 안 된다. 그것은 낚싯줄을 던져서 단순한 예/아니오 대답을 유도하는 셈이기 때문이다. 대신 피드백을 요청하라. 그것도 듣는 사람이 당신이 피드백을 기대하고 환영한다는 것을 알도록, "제가 어떻게 했죠?" 또는 "제가 뭘 놓쳤죠?"와 같이 말하는 것이 좋다. 그런 다음 다시 한 번 인내심을 갖고 상대방에게 완전히 주의를 기울여라.

하지 않은 말까지 들어라

때로는 상대방의 욕구를 파악하려면, 그들의 대답이 의미하는 바를 알아내기 위해서 비언어적인 단서를 비롯해 상대방의 이야기 아래에 숨겨진 또 다른 의미에 주의를 기울여야 한다. 예를 들어, 내가 상대방의 대답을 요약한 다음 "제가 제대로 이해했나요?"라고 물었는데, 상대방이 미심쩍고 꺼림칙한 어조로 말하거나, 얼굴을 찌푸리거나, 고개를 젓거나, 아래를 내려다본다면, 그것은 내가 뭔가를 놓쳤다는 뜻일 수 있다. 이런 경우 나는 일반적으로 다음과 같이 말한다. "어째 제가 뭔가를 놓친 것 같네요. 어떻게 하면 제가 더 잘 이해할 수 있을지 말해주시겠어요?"

당신은 다른 사람의 욕구에 대해 질문했다. 당신은 그들이 자신의 욕구를 구체화하게 했고 그런 유형의 욕구를 더 중요한 것과 연결시켰다. 또한 상대방의 말을 요약하고 피드백을 요청했다. 그리고 비언어적인 의사소통을 탐구했고 상대방이 바라는 만큼 마음을 열도록 유도했다.

이제 다음 질문으로 넘어가자. 나는 3장에서 자신에게 했던 것처럼 상대방의 감정에 대해 질문할 수 있는 간단하고 효과적이며 상담용 소파가 필요 없는 방법을 알려줄 것이다.

8장

상대방의 우려를 먼저 해결하라
: 걱정하시는 것이 무엇인가요?

라훌은 상사의 사무실로 걸어 들어가면서 힘든 대화가 기다리고 있을 것 같아 두려웠다. 6개월 전 국내 업무 담당을 넘어서 새로운 도전을 모색하던 그는 국제부 운영 담당 부사장에 지원해서 선임됐다. 역동적인 젊은 리더인 그의 경영 스타일은 젊은 직원들에게 많은 영감을 주곤 했다. 국제부에서 경력을 쌓아온 라훌은 전임 사장이 회사 전체의 CEO가 되면서 승진했다.

라훌이 새로운 자리에 앉자마자, 국제부 운영에 도전한다는 것이 무엇인지 분명해졌다. 국제 시장은 전 세계에서 일어나는 변동성의 직격탄을 맞고 있었고, 라훌의 회사는 새로운 회사와의 경쟁이 점점 격화되는 업계에서 중견 기업으로서 고전을 면치 못하고 있었다. 얼마 후 라훌은 새로 부임한 그의 상사인 사장과 함께 회사의 재무 담당 이사 아리야와 긴장이 감도는 회의를 했다. 아리야는 인사 차트를 훑어보더니 국내부에는 없는 특정 직급이 국제부에는 왜 있어야 하냐고 물었다. 잠시 침묵이 흐른 뒤 라훌이 말했다. "흥미로운 질문이군요. 제가 한번 살펴보겠습니다."

라훌은 나중에 이 대화를 떠올리며 이렇게 말했다. "제가 아리야와 대화한 뒤에 제 상사가 저를 보며 알 수 없는 표정을 지었습니다. 처음에는 별일 아니라고 생각했지만, 다음 주에 그는 평소보다 제게 말을 훨씬 짧게 했고 말을 거는 빈도도 낮았습니다. 뭔가 잘못된 것 같았습니다. … 마치 제 반응에 상처를 받은 것 같았죠." 그는 말을 이어갔다. "그래서 그의 사무실로 찾아갔습니다. 상사의 심경을 정말 묻고 싶었지만, 너무 직설적일까 봐 겁이 났습니다. 그가 방어적인 태도를 보일지도 모른다고 생각했죠. 그를 감정적인 사람으로 몰고 가는 것 같았으니까요. 그래서 대신 이렇게 말했습니다. '그냥 제 억측인지도 모르겠지만, 지난주에 아리야와 대화한 이후로 저희 사이가 좀 틀어진 것 같습니다. 무엇을 걱정하시는지 알고 싶습니다.'"

사장이 입을 열었다. 그는 라훌이 업무 성과는 뛰어나지만, 자기 팀원이라는 느낌을 받을 수 없다고 말했다. 사장은 자기 직원들에게서 강한 충성심을 느꼈고, 그들 중 상당수가 (라훌과 달리) 사장처럼 국제부에서 성장했다. 그는 자기 부서의 독특한 상황을 아리야에게 분명히 표현하는 일을 라훌이 도와주기를 바랐으며, 국내부에 없는 직급이라는 이유로 국제부 직원들을 감축한다는 방안을 고려하는 대신, 그들과 함께 전략을 짤 수 있을 때까지 언급을 유보하기를 바랐다.

사장이 말하는 동안, 라훌은 그의 부드러운 말투에 귀를 기울이며 또 다른 것을 알아냈다. 전임 국제부 사장은 사무실에서 허풍을 떨면서 조직을 지휘하는 외향적인 사람이었다. 라훌의 상사인 신임 사장은 조용하고 자료에는 밝지만, 개인적인 소통에는 다소 소극적인 사람이었다. 그의 말에 귀를 기울이며, 라훌은 자신이 고용된 이유 중 하나가 사장이 약점이라고 느끼는 영역을 라훌이 채워주리라 여겼기 때문임을 깨달았다. 사장을 만족시키기 위해서는 모든 부서원들이 하나의 목적을 위해 움직인다는 느낌을 주어야 했다. 라훌은 그렇지 않으면 본인이 사장직을 넘본다는 인상을 줄지도 모른다는 것을 깨달았는데, 그건 사실이 아니었다. 그는 부사장 역할에서 많은 것을 배우고 있었고, 부서를 총괄하기보다는 운영 쪽에 머물고 싶었다.

라훌은 상사의 걱정을 요약하며 그의 솔직함에 감사를 표했다. 위험을 무릅쓰고 자신에게 이 역할을 맡긴 것에 대해 감사하다고 말하고 그동안 얼마나 많은 것을 배웠는지 털어놓았다. 그들은 합심해서 아리야에게 국제부 직원들의 역할에 대해 알려줬고, 한편으로 회사가 인력 감축을 고집할 경우를 대비해 은밀히 비상대책을 세웠다. 향후 아리야와 소통하기 위한 계획도 세웠다. 그러자 사무실 분위기가 좋아졌고, 그들은 다시 한 번 같은 팀이 됐다.

상대방의 걱정에 대해 질문하라

협상의 다음 단계는 상대방이 우려하는 바에 대해 질문하는 것이다. 상대방 우려하는 내용을 들으면, 어떤 협상에서든 도움이 된다. 협상에 중요한 정보를 얻을 수 있을 뿐만 아니라, 당신이 상대방의 말을 경청하고 있음을 확실히 보여주기 때문이다.[1]

상대방의 걱정에 대해 질문하는 것은 성공적인 거래를 방해할지도 모르는 요소를 이해하고 다루는 최고의 방법이다. 일반적으로 사람들은 자신의 걱정을 다른 사람과 솔직하게 나누려 하지 않는다. 걱정을 말하지 않은 채로 남겨두고 협상을 미해결 상태로 내버려두거나, 일을 다른 사람에게 맡길 수도 있다. 하지만 당신이 상대방의 걱정에 대해 질문한다면, 당신은 협상에서 성공할 최고의 기회를 자신에게 선사하는 셈이다.

둘째, 상대방의 걱정에 대해 질문하는 것은 그들의 욕구에 접근하기 위한 아주 좋은 방법이다. 특히 상대방을 처음 만나거나, 새 고객을 유치하려 할 때 유용하다. 상대가 걱정하는 것이 무엇인지에 대해 질문을 하면 어떤 욕구가 충족되지 않았는지 밝히고 그것을 충족할 방법을 찾을 수 있다.

마지막으로, 상대방의 걱정에 접근하는 것은 상황에 대한 상대방의 감정을 에둘러서 알아내는 좋은 방법이다.

합의를 가로막는 장벽을 제거하라

당신이나 당신의 제안에 대해 상대방이 걱정하는 문제를 해결하면, 합의를 가로막는 장벽을 제거할 수 있다. 또한 아직 상대방과 합의에 도달하지 못한 이유, 즉 상대방을 망설이게 하는 것이 무엇인지에 대한 좋은 자료를 얻을 수 있다. 당신의 고객과 배우자, 동료는 대체로 자신의 걱정거리를 분명하게 밝히지 않을 것이다. 그들은 괜찮다고 말할 기회를 기다리고 있는지도 모른다. 당신이 묻지 않으면 그들은 말하지 않을 것이고, 그러면 합의에 이르지 못할 수도 있다. 따라서 그들을 올바른 방식으로 이끌 필요가 있다.

나는 예전에 어떤 회사와 연설 약속에 대해 의논한 적이 있다. 이 회사는 외부 강사를 불러서 협상을 가르친 적이 없었으며, 그동안 사내 교육자에게만 의존했다. 회사와 이야기를 나누면서 나는 직접적으로 물었다. "사내 교육팀이 있다고 알고 있습니다. 외부 강사를 부르는 것과 관련해 걱정하시는 점이 있나요?" 그들은 말 그대로 안도의 한숨을 내쉬었다. "물어봐주셔서 감사합니다." 부장이 대답했다. "회사의 역사와 관련해서 몇 가지 점이 걱정됩니다. 하나는 비용 그리고 우리가 고위 경영진 앞에서 추가 비용을 정당화할 수 있을지에 대한 것입니다. 또 다른 하나는 외부 강사를 초청하는 것이 우리 직원들에게 어떤 것을 시사할지에 대한 것입니다. 우리는 평소 사내 훈련팀을 이용했습니다. 따라서 이번에 외부 강사를 초빙한 것에 대해서 사내 훈련팀이 홀대받는다는 느낌을 받거나 자신들이 뭔가 심각한 잘못을 했다고 생각하지 않기를 바랍니다."

이 정보는 내가 이 회사의 욕구를 충족시킬 수 있는 제안서를 구성하는 데 도움이 됐다. 나는 내가 그동안 훈련을 담당한 모든 회사에 사내 훈련팀이 있었다는 내용을 제안서에 넣었고, 그 덕에 경영진은 직원들에게 이제는 대부분의 회사가 외부에서 협상에 대한 전문지식을 얻는 일을 유익하게 여긴다고 말할 수 있었다. 나는 중요 항목에 많은 회사가 협상과 관련해 외부 강사를 고용해서 사내 교육을 하는 이유도 넣었다.

이런 종류의 훈련은 교육자를 포함한 모든 사람이 회사 내에서 성공적으로 경력을 쌓는 데 도움이 된다. 그리고 경영진에게 사내 교육자들을 내 연수에 참여시킬 방법에 대한 아이디어를 제공해서, 함께 전문지식에 대해 토론할 수 있게 했다. 나는 그들에게 무엇을 걱정하고 있는지 물어봄으로써 계약을 성사시키는 데 도움이 되는 귀중한 정보를 얻을 수 있었다.

합의를 가로막는 장벽을 처리하는 데 도움이 되는 것 외에도, 상대방이 당신과 당신의 제안에 대해 걱정하는 바를 묻는 또 다른 이유는 그것이 친밀감을 쌓게 해주고 솔직함을 유도하기 때문이다.[2] 그 과정은 당신이 어떤 걱정도 불식시킬 자신감이 있다는 것과 당신의 제안이 거래에 적합한지 확인하는 일에 신경 쓰고 있다는 것을 보여준다.

한 성공한 미술품 바이어는 고객의 걱정을 귀담아들음으로써 수년 동안 고객의 신뢰를 쌓아왔다고 말했다. 그녀가 고객을 위해 확인한 미술품이 그런 걱정을 불식시키지 못한다면, 그녀는 자신의 수수료를 포기하고서라도 고객에게 구매하지 말라고 조언한다. 그리고 사람들에게 장기적으로 욕구를 충족시킬 작품을 기다리라고 말한다. 그렇게 함으로써 그녀는 평생 고객과 수수료를 얻을 수 있었다.

상대방의 충족되지 않은 욕구를 파악하라

상대방의 걱정거리를 물어보면, 그들이 갖고 있지만 충족하지 못하는 욕구와 현 상황에서 그들이 만족하지 못하는 부분이 무엇인지 이해할 수 있다. 당신이 새로운 고객이나 거래처를 찾고 있다면, 그들이 했던 마지막 거래에서 어떤 점에 만족하지 못했는지를 알아야 한다. 그러기 위해 "지난 거래에서 당신은 무엇을 걱정했나요?"라고 물어야 한다. 이렇게 하면, 상대방의 우선순위와 욕구를 더 잘 이해하게 되고, 상대방을 더 많이 도와줄 수 있다.

엘리자베스는 보험 중개인으로 큰 사업체나 재산을 소유한 가족에게 보험의 필요성에 대해 조언을 해주는 업무를 맡고 있다. 어느 날, 그녀와 그녀의 팀은 보험이 꼭 필요한 잠재 고객인 가족과 만나기 위해 회의실로 들어가며 일을 따내기를 바랐다. 그 가족은 다른 보험 중개인과 한동안 함께했고 그와의 거래에 "만족했다"라고 말했지만, 그럼에도 엘리자베스에게 회의를 요청했다.

엘리자베스는 회의를 시작하며 자신의 회사를 소개하고 회사가 제공할 수 있는 것을 말했다. 엘리자베스는 가족을 지켜보며 상황을 가늠하다가 발표를 잠시 멈추고 가족에게 질문을 던졌다. "내용을 더 말씀드리기 전에 우리가 고객님의 요구를 잘 수용하고 있는지 확인하고 싶군요. 고객님은 현 상황에 대해 어떤 점을 걱정하고 계신가요?"

가족은 현재 거래하고 있는 중개인으로부터 받는 서비스 수준을 걱정한다고 말했다. 엘리자베스는 요약해서 되물었다. "그러니까 서비스 수준이 고객님이 원하는 수준이 아니었다는 말이죠. 좀 더 말씀해주시겠어요?" 그들은 자세히 설명했다. 현 중개인은 파트타임으로 일하고 있어서, 연락을 하면 중개인이 자리에 없는 경우가 많았고 도움을 받으려면 며칠을 기다려야 했다. 중개인은 그들에게 신경 쓰지 않고, 그들의 관심사를 우선순위로 두지 않는 것 같았다.

보험 중개인들은 보통 잠재 고객을 위해 여러 가지 다양한 정책을 나열하고 각각의 정책에 번호를 붙여서 스프레드시트와 같은 제안서를 작성한다. 하지만 회의를 마치면서, 엘리자베스는 가족의 보험 계좌의 일차적인 담당자가 누구인지, 그리고 그 사람이 자리에 없을 경우를 대비한 대체 인력이 누구인지 보여주는 서비스 계획을 작성했다. 그녀가 그 제안서를 보낸 뒤, 가족의 대변인이 전화를 걸어와 말했다. "와, 이것은 우리가 일반적으로 보는 것과 다르네요. 이런 서비스까지 포함된 제안서는 본 적이 없습니다." 가족은 엘리자베스에게 자기들 계좌를 전부 맡겼다. 엘리자베스의 질문은 그녀가 일을 따내고 가족의 신뢰를 얻는 데 도움이 됐다. 몇 년 뒤 엘리자베스가 회사를 옮겼을 때, 그 가족은 전화를 걸어서 "우리도 함께 옮기겠습니다"라고 말했다.

때로는 감정이 문제의 핵심이다

"무엇을 걱정하시죠?"라는 질문은 감정을 직접 거론하지 않으면서 상대방의 감정에 대해 묻는 아주 효과적인 방법이다.[3] 우리는 감정이 갈등을 풀고 합의에 도달하는 데 얼마나 중요한지 안다. 하지만 우리는 직장에서든 인간관계에서든 감정을 나타내는 말에 민감하게 반응한다. 동료나 잘 알지 못하는 사람, 갈등을 겪고 있는 사람에게 방어적인 태도를 불러일으키지 않으면서 어떤 감정을 느끼고 있는지 묻기란 힘든 일이다.

협상에 임하는 사람들은 보통 다른 사람이 감정에 대해 질문할 때 자신의 감정을 정면으로 마주할 준비가 되어 있지 않다. 그리고 엎친 데 덮친 격으로 사람들은 보통 감정과 관련해서 더 닫힌 형태의 질문을 던진다. 예를 들면 "나한테 화났어?" 같은 질문이다. 이런 질문은 기껏해야 제한된 정보를 제공하고, 종종 대화에 기름을 끼얹기도 한다. 반면에 상대방의 걱정에 대해 질문하면, 상대방에게 감정을 이야기할 수 있는 안전하고 열린 기회를 제공할 수 있다.

라훌의 이야기를 다시 생각해보자. 그는 상사와의 관계에 뭔가 문제가 있다는 것을 감지했다. 그는 아리야의 걱정을 불식시키기 위해 상사와 함께 계획을 세울 수도 있었지만, 그것으로는 진짜 문제를 해결할 수 없었을 것이다. 진짜 문제는 상사가 팀워크를 느끼고 싶어 하는 것이었기 때문이다. 라훌은 사장의 걱정에 대해 질문함으로써, 미지의 문제를 놓고 해결책을 찾는 악순환을 반복하는 대신 근본적인 문제를 해결할 수 있는 길을 열었다. 그리고 근본적인 걱정을 처리한 덕에 그들은 업무 관계를 바로잡고 재무 담당 이사와 대화하기 위한 계획을 세울 수 있었다.

트레이너인 오텀 칼라브리스는 고객의 걱정을 해소하는 것이 고객이 목표를 향해 나아가도록 하는 데 도움이 됐던 이야기를 들려줬다. 오텀은 소수의 유명 고객을 상대로 개인 운동과 식단을 담당해서 체중 감량을 돕고 있었다. 어느 날, 그녀는 이 질문을 사용해서 한 고객과 협상했는데, 그는 성공한 30대 과체중 남성으로 더 건강해지기 위해 운동과 식단에 공을 들이고 있었다. 오텀은 이렇게 말했다. "어느 날 그가 운동하는 도중에 심각한 일이 발생했습니다. 그는 180킬로그램이 넘는 상당한 과체중 상태였기 때문에 운동을 힘겨워했습니다. 그는 운동을 막 시작한 상태였습니다. 그런데 제가 특정한 운동 동작을 시키자, 그는 분노를 터뜨렸습니다. 운동을 하면 할수록 더 화를 내고 더 좌절했습니다. 그런데 화를 내고 좌절하면 할수록 자세가 더 흐트러져서 동작을 제대로 할 수 없습니다. 그러다 보면 다칠 수도 있기 때문에 저는 그를 막았습니다. 제가 물었죠. '무슨 일이죠? 무슨 걱정거리라도 있으신가요?' 그가 말했습니다. '동작을 제대로 할 수 없어서 화가 났어요.' 제가 말했습니다. '그래서 화내시는 건 아닌 것 같은데요.' 그리고 우리는 앉았습니다. 잠시 후 그가 말했습니다. '잊어버리세요, 이런 대화는 하지 않을래요.' 하지만 제가 말했죠. '이대로 체육관을 나가게 하지는 않을 거예요. 앉으세요. 걱정거리가 뭐죠?' 그리고 그의 말은 우리 둘을 모두 놀라게 했습니다. 그는 아주 어렸을 때 부모님을 잃었고, 할아버지가 그를 키웠습니다. 그는 열 살 때 학교에 갈 준비를 하려고 침실에 들어갔다가 할아버지가 돌아가신 것을 발견했죠. 그 후로 그는 1년 넘게 양부모 밑에서 생활했고, 그곳에서 수많은 정신적 충격을 받았습니다. 그 집은 아이가 몇 명 있었는데, 양부모는 밤에는 냉장고를 잠가서 특정 시간에만 음식을 먹을 수 있게 했습니다."

오텀의 말에 따르면, 그는 이 충격적 사건 때문에 나쁜 식습관을 갖게 되었다. 세월이 흐르고 30대가 되어 운동하다가 갑자기 분노가 폭발한 이유는 할아버지를 잃은 슬픔과 양부모 밑으로 들어간 것과 관련된 감정, 그동안 억눌려 있던 음식과 식사와 관련해 학대받은 경험이 수면 위로 부글부글 끓어올랐기 때문이었다. 그녀는 이렇게 덧붙였다. "그가 속마음을 털어놓은 뒤, 우리는 다시 운동을 했습니다. 진짜 해야 할 일을 처리했으니까요. 그의 걱정에 대해 질문함으로써 그것이 운동 때문이 아니라는 것을 알게 됐죠. 수면 아래에 훨씬 더 큰 무언가가 있었던 거예요. 그 문제를 해결하자 우리는 그의 목표를 향해서 다시 올바른 방향으로 나아갈 수 있었습니다." 오텀은 한 가지 열린 질문을 사용해서 고객과의 곤란한 관계를 극복하고 그가 더 건강한 미래를 향해 계속 노력할 수 있도록 도움을 줄 수 있었다.

상대방의 걱정을 해소하기 위한 전략

상대방의 걱정을 묻는 것이 가져오는 효과를 알아봤으니 이제 구체적인 방법에 대해 살펴보자. 지금부터는 질문을 준비하는 요령과 질문했을 때 얻을 수 있는 반응에 대처하는 방법에 대해 알아보자. 앞에서 언급했던 조언에 따라 상대방의 감정을 정확히 요약했지만, 상대방이 그 내용을 들을 준비가 돼 있지 않을 때 어떻게 해야 하는지, 그리고 상대방의 답을 요약한 뒤 상대방의 피드백을 다루는 방법에 관한 전략을 살펴보자.

핵심만을 단도직입적으로 물어라

상대방의 걱정에 대해 물어보면, 그는 당신이 동의하지 않거나 좋아하지 않는 것 또는 당신이 완전히 대비하지 못한 것을 말하게 된다. 하지만 용기를 내라. 우선, 상대방은 당신이 아니라 어떤 일이나 다른 사람에 대해 우려하는 것일 수도 있다. 그런 부분까지 알아두는 것도 협상에 도움이 될 수 있다.

둘째, 상대방이 걱정하는 것이 있다면, 모르는 것보다 아는 편이 훨씬 낫다. 그러면 그것이 곪아 터져서 당신의 협상을 방해하는 사태를 막을 수 있을 뿐만 아니라 그 문제를 해결하고 거래를 성사시킬 기회를 얻을 수 있다. 상대방의 걱정을 추측하거나 대화를 차단하려 해서는 안 된다. 질문하고 비행기를 착륙시켜라. 명심해야 할 것은 당신이 상대방의 걱정에 대한 답을 즉시 내놓을 필요조차 없다는 것이다. 당신에게는 정보를 모으고 계획을 세울 충분한 시간이 있다.

침묵의 시간을 즐겨라

상대가 걱정하는 것이 무엇인지 물은 뒤에는, 뒤따르는 침묵을 견디고 즐겨야 한다. 특히 이 질문은 상대방이 대답하는 데 추가적인 시간이 필요할지도 모른다. 방송 중단처럼 느껴지는 순간을 성급하게 대화로 채우려 들 필요는 없다. 왜냐하면 그것은 방송 중단이 아니라, 엄청난 가능성을 지닌 생방송이기 때문이다. 그 침묵의 끝에서 나오는 것이 협상과 상대방에 대해 당신이 알고 있는 모든 것을 바꿀 수도 있다.

후속 질문을 하라

상대방의 걱정에 대해 질문하면, 그들이 전에는 표현하지 않았던 감정이나 충족되지 않은 욕구 중 일부를 알아낼 수도 있다. 예를 들어, 엘리자베스가 잠재 고객에게 이 질문을 했을 때, 그들은 더 나은 서비스가 필요하다고 말했다. 이런 욕구에 대해 후속 질문을 해서 더 많은 것을 듣는 최고의 방법은 그들의 욕구를 요약한 다음, "그것에 대해 더 말씀해주시겠어요?"라고 묻는 것이다. 이렇게 하면 당신은 상대방이(그리고 자신이) 그런 욕구를 구체화해서 협상을 통해 그것을 해결하도록 도울 수 있다. 엘리자베스의 사례에서, 그녀는 더 나은 서비스가 의미하는 것이 그들이 필요할 때 항상 누군가가 회신해주는 것이라는 사실을 알아냈다.

요약하고 피드백을 요청하라

상대방의 걱정에 대해 질문을 할 때는 들은 것을 요약해야 한다. 들은 것을 반복하고 상대방이 개입할 기회를 주면, 상대방은 (그리고 당신도) 자신이 한 말을 듣고 원하는 대로 수정하거나 내용을 추가할 수 있다. 마지막으로, 상대방의 우려를 요약해서 다시 이야기해주면 그는 당신이 자신의 걱정을 이해하기 위해 시간을 할애할 만큼 중요하게 여긴다는 것을 인식하게 된다.

말하지 않은 것을 들어라

상대방에게 질문을 할 때는 언제나 비언어적인 언어에 주의를 기울이라고 했지만, 특히 걱정에 대해 질문할 때는 특히 상대가 말하지 않은 것에 주의를 기울여야 한다. 이것은 상대방이 걱정하는 바에 관해 하는 말의 행간을 읽는 것, 즉 그들을 진짜로 괴롭히고 있는 것을 알아내는 작업이다. 비언어적 의사소통에 주의를 기울이는 것은 상대방의 걱정에 대해 질문할 때 매우 중요하다. 사람들은 말해달라고 여러 번 요청받지 않는 한, 협상 과정에서 자신의 걱정거리를 검열한다.

나는 상대방에게 특정한 제안이 효과가 있을 것 같냐고 물어봤을 때 그들이 '예'라고 말하는 동시에 고개를 저어서 '아니오!'라고 표현하는 경우를 수없이 봤다. UN의 니킬 세스는 외교 협상에서 상대방의 우려에 대해 질문하는 것은 극히 중요하며 그 질문에 대한 답은 말로 표현되지 않을 수도 있다고 말했다. "상대방의 감정적인 언어를 해석해야 사람들이 어떤 문제를 진짜로 어떻게 느끼는지 알 수 있습니다. 그런데 그건 말이 아니라, 제가 '몸의 눈'이라고 부르는 것을 통해 표현될 수도 있습니다."

그러므로 상대방의 걱정에 대해 질문할 때, 그들의 몸짓언어뿐만 아니라 그들이 걱정을 억누르고 있거나 말하기 꺼리는 뭔가가 있음을 보여주는 아주 작은 언어적 단서에도 극도로 주의를 기울여야 한다. 이럴 때 내가 대응하는 방법은 (1) 내가 보고 있는 언어적/비언어적 표현을 정중하게 이야기하고, (2) 상대방에게 그의 견해를 존중한다고 말하고, (3) 다시 질문을 하는 것이다.

나는 중재자로서 사람들에게 특정한 거래에서 어떤 점을 걱정하는지 여러 번 물어봤다. 만약 그들이 어깨를 으쓱하고 아래를 내려다보며 "네, 괜찮습니다"라고 말한다면, 그들이 말한 "괜찮다"는 "좋지 않다"를 의미하고, 어깨를 으쓱한 것은 체념을 나타낼 수도 있다. 그러면 나는 이렇게 대응한다. "말로는 괜찮다고 하시지만, 표정으로는 뭔가 다른 것을 말하고 계시군요. 여기서 결정권자는 제가 아니라 당신이니까, 걱정하는 점이 있다면, 제가 그것을 알아야겠습니다. 제가 뭘 놓쳤죠?" 내가 이렇게 말하면 그들은 고맙게 여기면서 내가 처음에 얻지 못한 정보를 덧붙인다.

심지어 사랑하는 사람들, 다시 말해 가족이나 다른 가까운 관계에 있는 사람들도 두려움이나 부끄러움 때문에 걱정거리를 이야기하지 못할 수 있다. 내 남동생과 올케는 최근에 딸을 낳았다. 출산 후 첫 가족 모임에서 나는 우리 가족에서 수년 동안 유일한 아이로 사랑을 독차지하던 내 딸이 모든 사람의 관심이 다른 쪽으로 향하는 것에 신경을 쓰고 있음을 느꼈다. 나는 조용히 딸에게 기분이 어떤지 물었고, 딸은 이렇게 말했다. "아무렇지도 않아, 엄마! 난 괜찮아. 여행 때문에 좀 피곤할 뿐이야." 나는 다시 물었다. "괜찮다고 하지만, 표정이 안 좋은걸. 조금이라도 마음에 걸리는 게 있으면 말해봐." 그러자 딸은 내 품으로 파고들어서 사촌동생을 사랑하지만, 자기가 가족 어른들에게 더는 중요하지 않은 것 같다고 말했다. 나는 딸에게 나 역시 맏이라서 형제자매가 태어났을 때 버려진 느낌이 들어 고심했다는 이야기를 털어놓았다.

딸이 하지 않은 말을 들으려 하고 속마음을 털어놓게 유도하자 우리는 마음이 통했다. 그리고 의미 있는 대화를 나눌 수 있었다.

질문을 했는데 저항에 부딪힌다면 어떻게 해야 할까? 내가 누군가에게 "무엇을 걱정하시죠?"라고 물었는데, 상대방이 의자를 뒤로 밀치고 팔짱을 끼며 "무슨 말을 하시는 건지 모르겠네요"라고 말한다면 어떻게 하는 것이 좋을까? 이것은 상대방이 방어적인 감정을 느끼거나 당신이 곤란한 질문을 할까 봐 두려워한다는 신호다. (두려움과 죄책감 중 하나 또는 둘 다를 느끼고 있을지도 모른다는 것에 주목하라.) 이런 일이 일어난다면, 다음과 같이 해보라.

1부에서 자신의 감정에 대해 했던 질문을 떠올려보자. 나는 당신에게 답변하라고 요구하기 전에 나 자신에 관한 이야기를 털어놓았다. 여기서 그 방법을 이용해볼 것이다. 라훌이 상사에게 답변을 요청하기 전에 자신의 걱정을 먼저 꺼냈던 방식처럼 말이다. 예를 들어, 나는 다음과 같이 대답할 수 있을 것이다. "질문이 제 의도대로 전달되지 않은 것 같네요. 제가 다시 말씀드리겠습니다. 지난주에 우리 관계가 좀 걱정되더군요. 뭔가 잘못된 것 같아 걱정스러웠지만, 그게 뭔지 알 수 없었습니다. 저는 사장님이 하는 말을 아주 소중하게 생각합니다. 그래서 저는 사장님이 걱정하는 일이 무엇이든 그것에 대해 들어보려고 여기에 왔습니다." 상대방이 초반에 망설이는 태도를 존중해주고 자신의 인간미를 약간 보여주면, 두 번째 시도에는 성공할 가능성이 커질 것이다.

이렇게 해도 상대방이 여전히 걱정이 없다고 우기면, 나는 일단 그 문제는 그대로 둘 것이다. 상대방이 자신의 걱정거리를 이야기할 준비가 돼 있지 않을 수 있기 때문이다. 그 대신 그와 친분을 쌓기 위해 계속 노력해야 한다. 잡담을 하거나 일단 넘어가서 긍정적인 감정을 불러일으킬 만한 다른 질문을 두어 개 한 뒤, 나중에 시기가 적절한 듯 보일 때 다시 시도해보자.

당신은 상대방의 걱정거리에 대해 질문했고 그 걱정이 어디에서 비롯하는지 더 잘 이해하게 됐다. 이제 다음 질문으로 넘어가자. 다음 질문을 통해 과거의 성공을 검토해서 마지막 장과 그 너머에서 협상을 성공시키기 위한 발판을 마련하게 될 것이다.

9장

과거의 성공을 기억하게 하라
: 과거에는 이런 문제를 어떻게
해결하셨죠?

레이철과 닉은 5년 동안 대학을 함께 다니고 2년 동안 사귀었으며, 6개월 전에 동거를 시작했다. 두 사람은 교제 초기에 야외에서 많은 시간을 보내고, 주말에는 하이킹을 하고, 부엌에서 함께 요리도 했다. 혼자일 때가 더 행복했다고 느낀 적은 없었다. 가정환경과 인생을 바라보는 관점이 비슷했고, 두 사람 모두 곧 결혼을 하리라고 생각하고 있었다.

레이철은 회사에서 힘든 홍보 업무를 맡고 있었고, 반면 닉은 대체로 정해진 근무 시간이 있는 프리랜서 그래픽 디자이너였다. 지금의 직장에서 일을 하기 전, 레이철은 인정받는 미용 회사에서 3년 동안 홍보 과장으로 일했는데, 정규 근무 시간은 있었지만 승진을 할 여지가 없어 보였다. 그러다가 떠오르는 화장품 브랜드로 이직해서 홍보 부장으로 승진할 기회를 잡았다. 레이철은 새로운 회사에서 일하고 자신이 실제로 사용할 제품을 대표한다는 사실에 신이 났다. 하지만 새로운 직장은 그녀의 삶을 순식간에 집어삼켰다.

그 회사는 빠르게 사업을 확장하는 중이라서 예상할 수 있는 모든 성장통, 즉 높은 이직율과 전략적 변화 등을 겪고 있었다. 게다가 레이철의 상사가 예상치 못하게 2주 동안 자리를 비우는 바람에 회사가 대체할 사람을 찾는 동안 그녀가 상사의 업무까지 떠맡아야 했다. 전에는 출장을 전혀 가지 않았는데, 이제 한 달에 한 번 일주일 가까이 출장을 가게 됐다.

하지만 레이철에게 가장 큰 충격을 준 것은 문화적 변화였다. 평일에 사무실에서 더 오랜 시간을 보냈을 뿐만 아니라, 저녁 시간과 주말에도 문자, 전화 그리고 최근의 소방 훈련에 대한 평가 요청으로 정신없이 보내기 일쑤였다. 이 회사의 사장은 성격이 괴팍해서 즉각적인 응답을 요구하고, 때로는 모순된 말을 하고, 가끔은 소리를 질렀다. 레이철은 자주 스트레스를 받았다. 저녁 시간 동안, 혹시라도 업무와 관련된 연락을 놓칠까 두려워서 닉과 함께 텔레비전을 보는 동안 휴대전화를 계속 확인했다.

레이철의 자유 시간이 줄어들자, 닉은 점차 레이철에게 화를 내고 걸핏하면 눈을 치켜뜨며 그녀의 일을 신랄하게 비판했다. 두 사람은 각자 단절감을 느끼기 시작했다. 주말 활동은 점점 줄어들다가 거의 중단됐다. 마지막으로 하이킹을 갔을 때는 휴대전화가 잘 연결되지 않는 지역에 있었는데, 레이철은 하이킹 내내 뭔가를 놓쳤을까 봐 스트레스를 받았다. 그들은 말없이 차를 몰고 집으로 돌아왔다.

마침내, 닉과 레이철은 자리에 앉아서 허심탄회하게 이야기를 나눴다. 닉은 레이철이 자신들의 관계보다 일을 선택했다고 느꼈다. 레이철은 닉이 눈을 치켜뜨는 것에 불만을 느꼈고, 그가 자신이 통제할 수 없는 일을 두고 자신을 탓하는 데 대해 무력감을 느꼈다고 말했다. 업무 환경은 강압적이고 가차 없었다. 레이철도 자신의 삶에서 균형을 되찾기를 간절히 원했다.

닉이 말했다. "너는 나와 사고방식이 다르다는 걸 알아. 나는 자유 시간이 많이 필요하고, 너는 언제나 열심히 일하는 걸 좋아했잖아. 이전 직장에서는 어떻게 개인적인 삶을 누릴 수 있었지?" 레이철은 과거를 돌이켜보며 대학을 졸업한 첫해에 대해 말했는데, 당시 그녀는 고향에서 미국 대통령 선거운동 담당자 중한 명으로 일했다. 업무 일정은 빡빡했고 해야 하는 일은 끝이 없어 보였다. 그녀는 당시에도 닉과 사귀고 있었고, 그와 함께할 시간을 내려고 애썼다. 일단 적응을 마치고 팀과 신뢰를 쌓고 나자, 주말과 평일 저녁 시간에 어느 정도 자신의 시간을 낼 수 있는 방법을 찾아냈다. 이를테면 중요한 모금 활동 마감일이나 행사일이 언제인지 미리 살펴본 다음, 좀 더 여유가 있을 만한 다른 시간을 찾아냈다. 함께 일하는 인턴들을 가르쳐서 때로는 그들이 자기 일을 대신할 수 있게 했다. 그런 다음 휴식이 필요할 때를 미리 전달해서 시간을 정했다. 그런데 지금에 와서 생각해보니, 당시에도 레이철은 매일 운동할 시간을 가질 수 있는지에 대해 협상했다. 그리고 실제 비상사태를 제외하면 호출을 받지 않았고, 그것 때문에 기분이 아주 좋았다는 것이 기억났다. 하지만 이 회사에서는 몇 주 동안 운동을 하지 못했다는 것을 깨달았다.

대화하는 동안, 레이철은 이 전략을 현재 직장에서 실행할 방법에 대해 생각나는 대로 말하기 시작했다. 그녀는 거기서 1년을 있었다. 물론 주말에 근무해야 할 때도 있었다. 하지만 매주는 아니었다. 상황이 혼란스러울 때가 있었지만, 그만큼 업무가 진행되는 패턴이 보이기 시작했다. 예를 들어, 사내 행사나 투자자의 방문이 있을 때는 휴식 시간을 낼 수도 있었다. 게다가 그녀는 지금 부장이었고, 정보와 전략을 팀과 공유하는 훌륭한 상사였다. 그녀의 부서에는 더 많은 일을 맡기 원하는 훌륭한 홍보 과장이 있었고, 그는 약간의 훈련을 거치면 급할 때 레이철을 대신할 수 있었다.

이런 생각을 하자 레이철은 현재 상황과 닉과의 관계에 대해 마음이 좀 놓였다. 하지만 과거의 성공을 상세히 설명하는 과정에서 어려운 선거운동을 헤쳐나갈 수 있었던 이유 중 일부는 그것이 한시적인 일임을 알았고, 도움을 주는 상사가 있었기 때문임을 깨달았다. 그녀의 홍보 업무는 한시적인 일이 아니고, 상사는 언제나 정중하고 일관되게 소통하는 사람이 아니었다. 레이철은 열심히 일해서 자기 분야에서 더 성공하고 싶었지만, 한편으로 자신의 건강과 인생에서 중요한 사람들을 위한 시간이 필요했다. 이전의 선거운동 업무를 지속하게 해준 것이 무엇이었는지 떠올려보면서, 레이철은 이 직업이 장기적으로 자신에게 가장 적합한 일인지 다시 생각해볼 수 있었다.

레이철과 닉은 대화를 마치면서 새로운 계획을 세웠다. 레이철은 비상사태가 생기지 않는 한, 토요일과 일요일 아침에 일을 쉬기로 했다. 그리고 일주일에 이틀은 오후 7시 이후에 전화기를 끄고 같이 저녁을 먹고 대화를 나누기로 했다. 닉은 레이철이 직장에서 겪는 일과 관련해 더 많이 격려를 해주기로 약속했고, 만약 그녀가 비상사태에 대처하고 있다면, 비난 대신 공감을 해주고 눈을 치켜뜨지 않기로 했다. 그리고 레이철은 지금의 회사에서 계속 근무하되 새로운 근무 조건을 협의하거나, 아니면 다른 일자리를 알아보면서 건전한 직장 문화를 갖춘 또 다른 도전적인 자리를 찾을 가능성을 열어두었다. 그다음 주말에 두 사람은 등산을 갔고, 몇 달 만에 처음으로 각자 숨을 쉴 수 있다고 느꼈다.

성공의 경험을 떠올리게 하라

이 장에서 우리는 상대방과 당신이 과거에 지금과 비슷한 문제를 성공적으로 해결했던 방법을 기억해내도록 하기 위해 시간을 거슬러 여행을 해볼 것이다.

우리는 이미 1부에서 과거의 성공에 대해 자문하면 다양한 이득을 얻는다는 사실을 알게 되었다. 경험이 저장된 기억 장치를 작동시켜서 과거의 성공을 검토하면, 현재의 상황에서 고를 수 있는 선택지도 넓어진다.[1] 게다가 기억은 우리가 결정을 내리는 방식에도 영향을 미친다.[2] 또한 동기와 자신감에 영향을 미치고,[3] 다음 문제를 해결하는 데 도움을 줄 수 있다.

상대방에게 과거의 성공에 대해 질문을 하면 상대방에 대한 당신의 시야가 확장되면서 무엇이 과거에 그들을 성공하게 했는지에 대해 더 알 수 있다. 과거에 이 사람에게 무엇이 효과가 있었는지, 그리고 미래에 그와 당신에게 무엇이 효과가 있을지에 대해 중요한 자료를 얻을 수 있다.

연구에 의하면, 과거의 성공에 대해 질문함으로써, 당신은 상대방에게 긍정적인 사고와 자신감을 심어줄 수 있고, 상대방은 이를 통해 당신과 더 활발하게 의사소통을 하게 될 것이다![4] 이 장에서 나는 상대방을 성공하는 사고방식으로 이끌어서 그들이 내면의 지혜를 깨닫고 앞으로 나아가는 데 도움이 되는 아이디어를 떠올릴 수 있는 전략을 제시할 것이다. 과거의 유사한 성공 경험을 떠올릴 수 없다면, 다른 종류의 성공 경험을 찾아내는 방법을 알려줄 것이다. 그러면 당신은 그들과 함께 고민함으로써 과거의 성공에서 현재 상황과 유사한 점을 찾아낼 수 있을 것이다. 이 과정을 통해 상대방은 자신의 문제를 정의하고 해결책을 찾을 수 있다.

상대방에게 과거의 성공에 대해 질문을 하면, 상대방은 과거에 자신에게 효과가 있던 기술과 전략을 가능한 한 상세히 기억하고 검토할 수 있게 된다. 이때는 상대방과 협력해서 어떤 전략이 협상에서 두 사람 모두에게 효과적일지 알아내는 것이 바람직하다.

"과거에는 이런 문제를 어떻게 해결하셨죠?"라고 질문할 때 일단 "이런 문제"가 무엇인지 이해해야 한다. "이런 문제"란 곧 "말해주세요"에서 언급했던 당신의 문제나 목표를 의미한다. 따라서 "이런 문제"가 무엇인지 이해한다는 것은 문제나 목표를 정확히 정의했는지 확인해야 한다는 것이다. 앞의 사례에서 레이철과 닉은 둘 다 열심히 일하겠다는 레이철의 욕구를 지지했고, 또한 동반자 관계를 개선하기 원했다. 그들은 함께 이 문제를 "우리가 어떻게 하면 레이철의 직업적 욕망을 존중함과 동시에 우리 관계를 위한 시간을 확보할 수 있을까?"로 정의했다.

일단 당신이 공을 들이고 있는 목표나 해결하려는 문제를 알면, 그와 관련된 과거의 성공을 떠올리는 것은 현재 협상을 위한 효과적이고 구체적인 전략을 기억해내는 데 도움이 된다.[5] 또한 이 질문은 당신이 해결하고자 하는 문제에 대한 이해를 개선하는 데 도움이 되고 그것을 해결하기 위한 아이디어를 제공해 줄 것이다.

스미스와 로자의 사례를 다시 생각해보자. 각각 건축업자와 임대주인 이들은 동업자로서 로자의 아파트를 개축하는 작업을 여러 차례 성공적으로 해왔지만, 가장 최근의 작업에서 갈라서서 결국 소송을 하기에 이르렀다. 그들의 협상 자리에서, 중재자가 이렇게 질문한다고 상상해보라. "좋습니다, 그러니까 두 분 다 지난번 작업 전까지는 협업이 잘 됐다고 말씀하시는군요. 과거에는 어떻게 협력해서 성공적으로 작업을 하셨죠?" 그러면 임대주가 대답한다. "음, 그건 작은 일이었고, 디자인을 선택할 때 그와 더 많이 소통했어요. 하지만 이번에는 많은 일이 진행됐고, 그는 결국 형편없는 수납장을 골랐죠." 건축업자가 말한다. "보통 우리는 계약서를 작성했고, 그녀는 항상 계약금의 25퍼센트를 선불로 줬어요. 그런데 이번에는 이미 많은 일을 함께 해왔기 때문에 계약서만 작성하고는 착수금 같은 것은 전혀 주지 않았어요. 그녀가 자식의 대학 등록금을 마련해야 했다는 것은 알지만, 그렇다고 착수금을 전혀 주지 않은 것은 이해할 수 없어요."

이렇듯 양측이 첨예하게 대립하는 상황에서 우리는 과거의 성공에 대해 질문함으로써 아주 많은 정보를 얻어서, 지금 어떤 일이 일어났는지 진단하고, 두 사람이 앞으로 더 잘 협력할 방법을 알아낼 수 있었다. 두 사업가는 자신들이 과거에 거둔 성공의 희생양이었다. 두 사람 사이에 갈등이 일어난 원인은 인간성 때문이 아니라, 그들이 (1) 계약을 맺지 않을 만큼 서로를 신뢰했는데 그것이 역효과를 냈고, (2) 예전에 협력했을 때보다 더 규모가 큰 일을 하고 있었으며, (3) 외부 약속 때문에 디자인 선택에 대해 소통할 수 없었고 (4) 돈을 지급하는 문제에서 평상시의 계획을 따르지 않았기 때문이었다. 하지만 과거에 그들을 성공으로 이끈 것이 무엇인지 생각해보자. 보수 지급일을 포함하는 계약서를 작성하고, 디자인을 함께 선택할 시간을 잡는 것이 바로 그들의 성공 공식이었다.

성공의 경험이 가져온 능력 점화 효과

과거의 성공에 대해 질문하는 두 번째 이유는 상대방이 자신감을 얻고 동기를 부여받아서 두 사람이 직면한 문제를 해결하는 데 도움이 되기 때문이다. 과거의 성공을 떠올리며 자신감을 얻으면, 협상에 직면했을 때 큰 도움이 된다.

연구에 따르면, 컬럼비아 경영대학원 교수 애덤 갤린스키와 그의 공동저자들이 말하는 "능력 점화",[6] 즉 "자기 자신이 평소 느끼는 것보다 더 능력이 있다고 느끼게 하는" 행동은 매우 유용하다.[7] 수백 건의 연구 결과에 따르면,[8] 자신의 능력을 충분히 발휘하던 과거를 떠올리는 것만으로 현 상황에서 실제로 능력을 갖는 것과 같은 효과를 낼 수 있었다.[9] '능력 점화'는 협상처럼 도전적이거나 스트레스를 받는 경험에 직면할 때 특히 도움이 된다.[10]

우리는 이미 4장에서 그 효과를 직접 확인했고, 이 장에서는 상대방에게 비슷한 효과를 내기 위해 그와 같은 질문을 사용할 것이다. 즉, 일이 잘 풀렸던 때를 상기시켜서 상대방이 현재 협상을 맥락 안으로 집어넣게 할 것이다. 과거의 성공을 살펴보면 상대방은 자신과 현 상황을 좀 더 긍정적으로 볼 수 있고, 이것은 두 당사자에게 좀 더 이로운 해결책을 내놓는 데 도움이 될 것이다.

적에게 과거의 성공을 묻는다

내가 워크숍에서 과거의 성공을 떠올리기 위한 질문을 가르치면, 사람들은 이렇게 묻곤 한다. "정말로 적에게 과거의 성공에 대해 질문하라는 건가요? 두 사람 모두가 협상에서 최대한 많은 것을 얻으려 기를 쓰는데요?"

첫째, 협상하는 동안 당신의 적이었던 사람이 보통 합의가 끝나면 파트너가 된다는 것을 기억해야 한다. 상사에게 보수를 더 많이 달라고 요구하고 있는가? 대규모 체인점에서 당신 제품을 더 좋은 가격에 더 좋은 진열대에서 팔기 위해 협상하고 있는가? 공동 결의안을 작성하면서 당신이 원하는 정책에 다른 나라가 동의하도록 애쓰고 있는가? 이런 상황에서 당신은 탁자에서 상대방을 마주하고 문제를 해결하거나 대화를 끝내자마자, 다시 그들과 함께 일해야 한다. 그들에게 과거에 비슷한 상황을 어떻게 성공적으로 해결했는지 물으면, 선택지를 확대해서 당신이 타당하다고 생각하는 해결책을 더 잘 관철시킬 수 있다.

또 당신이 상대방에게 어떤 아이디어를 제시한다고 해서 그것을 전부 채택해야 하는 것은 아니다. 당신은 이미 자신의 목표와 욕구, 아이디어를 이해하는 작업을 마쳤다. 그러므로 상대방의 아이디어를 듣고 나면, 지금까지 알아낸 모든 정보를 바탕으로 그것을 채택할지 판단할 수 있다. 이 질문의 역할은 당신의 욕구도 충족해줄 선택지를 확장하는 것이 전부다. 상대방이 당신에게 맞지 않는 방향을 제시한다면, 그 이유를 정확히 설명하고 대안을 제시할 수 있을 것이다.

협상 상대와 지속적인 관계를 맺지 않는다고 해도, 이 질문은 훌륭한 결과를 낳는다. 예를 들어, 직장에 들어가기 위해 협상하는데 고용 담당자와 급여를 두고 의견이 엇갈리는 상황이라면 상대방에게 과거에는 이런 문제를 어떻게 해결했는지 물어보면 유용한 정보를 얻을 수 있다. 결과적으로 상대방이 그 일에 합당한 급여를 제시하지는 않았지만, 대신 교육과 자기계발을 위한 예산을 제시할 수 있다. 만약 그 제안에 관심이 갔다면 다음에 예비 고용주를 만났을 때 그런 측면에서 무엇을 제공할 수 있는지 물어볼 수 있을 것이다.

마지막으로, 적에게 과거의 성공에 대해 질문했을 때 얻는 또 하나의 이점은 친밀감 형성이다. 상대방을 협상 파트너로 대하면, 그들이 당신에게도 도움이 되는 일을 할 확률을 높일 수 있다.

성공의 사고방식을 떠올리는 법

이제 과거의 성공 경험에 대한 질문이 얼마나 유익한지 알게 됐으니, 그다음으로 질문하는 방법에 대해 알아보자. 1부에서 자신에게 했던 것처럼, 이번에는 같은 질문을 통해 상대방과 그들의 생각을 더 잘 파악하게 될 것이다.

핵심만을 단도직입적으로 물어라

과거의 성공에 대해 질문한 뒤, 비행기를 착륙시켜라. 다시 한번 말하지만, 질문하면 … 그게 전부다. 우리가 피해야 하는 사례는 다음과 같다. "과거에는 이런 문제를 어떻게 해결하셨죠? … 지난해 영업 회의는 어때나요? 제가 볼 때는 아주 성공적이었던 것 같은데요." 이처럼 올바른 질문을 하고는 초점을 흐리는 추가 질문을 해서는 안 된다.

침묵의 시간을 즐겨라

질문한 뒤에는 뒤따를지도 모르는 침묵을 위한 여지를 남겨둬라. 상대방에게 과거의 상황을 떠올리며 반향을 불러일으킬 수 있는 성공의 경험을 떠올릴 시간을 주어야 한다. 상대방이 도움을 요청할 때 어떻게 도울 것인지 알고 싶다면 다음의 내용을 계속 살펴보자.

후속 질문을 하라

당신은 양쪽 당사자가 최대한의 정보를 얻도록 후속 질문을 해야 한다. 과거의 성공에 대해 질문한 뒤, 당신은 스스로 했던 것처럼, 상대방이 과거의 성공에 대해 가능한 한 상세히 묘사하기를 바랄 것이다. 내가 당신에게 눈을 감고 과거의 성공을 가능한 한 상세히 그려보라고 했던 것을 기억할 것이다. 어떤 기분이 들었고, 어떤 소리가 들렸고, 어떤 맛이 느껴졌는가? 당시에 어떤 자세를 취했고, 어떤 장소에 있었나? 다시 말해, 그 순간으로 이어진 시간, 즉 어떤 문제를 겪었고, 그 문제를 해결하기 위해 어떤 준비를 했으며, 그때 어떤 감정을 느꼈는지 떠올려보는 것이다.

그렇게 한 이유는 그것이 유용한 자료이기 때문이다. 과거의 성공에 포함된 모든 것을 떠올리면, 그것을 반복할 준비를 하는 데 도움이 된다. 게다가 연구에 따르면 과거의 성공을 떠올릴 때 다음 협상에서 더 나은 성과를 낼 가능성이 커진다.[11] 나는 사람들에게 과거의 성공에 대해 질문할 때, 그들이 그 성공을 가능한 한 생생하게 상세히 떠올리도록 돕는데, 다음의 내용을 읽다 보면 당신도 다른 사람에게 그렇게 해줄 수 있을 것이다. 그 방법은 지금까지 연습한 두 가지 핵심 기술, 바로 후속 질문과 요약이다.

상대방이 과거의 성공에 대해 말해준 내용을 다시 살펴보자. 한 번에 한 가지씩 "더 말해주세요"라는 질문을 사용해서 질문해보자. 예를 들어보자. "유용한 정보를 제공해주셔서 감사드립니다. 교육과 자기계발 예산에 대해 더 말씀해주시겠습니까?" 그런

2부 상대방을 파악하기 위한 다섯 가지 질문

다음, 다음과 같은 방식으로 요약하라. "해당 교육 예산을 강력히 추진하셨고 그것이 통과돼서 기뻐하시는 것 같군요. 경쟁사에는 대부분 이런 것이 없는데, 귀사는 훌륭한 인재를 보유하고 성장시키는 데 성공하셨겠군요." 스미스와 로자에게는 이렇게 물을 수 있을 것이다. "과거에 작성한 성공적인 계약서에 대해 더 말씀해주실래요?" "디자인 선택뿐만 아니라, 지급 금액과 날짜도 명확히 기술하신 것 같네요."

유사한 성공의 경험을 떠올릴 수 없을 때

상대방이 과거의 성공을 떠올리는 데 어려움을 겪는다면, 아마도 "이런 문제에 직면한 것은 이번이 처음입니다"라고 말할 것이다. 그런 경우에도 현 상황과 유사한 요소를 공유하는 과거의 성공을 떠올리게 해서 도움을 줄 수 있다. 그렇게 하면 상대방이 더 넓은 그물을 던지게 할 수 있고, 당면한 문제를 해결하는 데 유용한 자료가 될 수 있는 과거의 성공을 떠올리게 할 수 있다.

몇 가지 예를 통해, 현 상황과 다르지만 연관성이 있는 성공을 떠올리는 것이 어떻게 협상에서 도움이 될 수 있는지 살펴보자. 당신이 상사와 함께 일하는데, 어떤 고객이 처음에는 만족하는 듯 보이다가 이제는 납품이 임박한 사업 계획 전체를 미심쩍어한다면, 그리고 이런 일이 처음이라면 당신은 틀어진 업무 관계, 이를테면 동료와의 관계를 마지막 순간에 정상궤도로 돌려놓는 데 성공한 적이 있는지 상사에게 물어볼 것이다. 아마도 그런 상황에서 상사가 사용한 방법이 있을 것이고, 그것이 고객을 대면하는 상황에도 적용될 수 있을 것이다.

아니면 건축업자 스미스와 임대업자 로자가 함께 일해본 적이 없다고 생각해보자. 당신은 그들에게 현 상황과 다르지만 연관성이 있는 성공을 떠올려보라고 할 수 있다. 예를 들어, 건축업자에게 이렇게 말할 수 있다. "당신은 전에 이 임대업자와 함께 일한 적이 없다고 하셨죠. 다른 고객과의 계약은 어떻게 성공적으로 처리하셨나요?" 그리고 임대업자에게는 이렇게 말할 수 있다. "새 건축업자가 디자인에 대한 소통이 부족했다고 하셨죠. 다른 건축업자와 일할 때는 이런 문제를 어떻게 해결하셨나요?"

마찬가지로 재정 계획을 세우는데 배우자와 의견이 달라서 고민이라면, 그리고 이런 문제에 직면한 것이 처음이라면 이렇게 질문할 수 있다. "당신은 과거에 우리 사이에 있었던 다른 문제를 어떻게 해결했다고 생각해?" 이런 유형의 질문은 최근의 구체적인 실패 경험을 파악하는 것을 넘어서 유용한 정보의 새로운 원천을 여는 데 도움이 된다. 이때 다시 한 번 감정과 관련한 후속 질문을 해야 한다. "우리가 그 문제를 극복하고 다시 가까워졌을 때 기분이 어땠어?" 그러면 상대방에게 긍정적인 감정을 심어줄 수 있고, 그로 인해 이전과 다른 새로운 문제를 해결할 창의력을 발휘하게 될 것이다.

상대방이 성공한 경험을 전혀 떠올리지 못한다면 어떻게 해야 할까? 그럴 때는 자신에게 했던 것처럼, 상대방에게 그가 성공적으로 해오고 있다고 느끼는 분야에 대해 질문하는 것이 좋다. 한 진로 상담가는 목표를 정의하는 데 큰 어려움을 겪는 고객에 대한 이야기를 들려줬다. 이 고객은 한동안 직장을 떠나 있었지만 이제는 직장으로 복귀하기를 원했는데, 계속 무성의한(그리고 보통은 상충하는) 아이디어를 툭툭 던진 다음 그것을 거부했다. 그 결과 그의 아이디어는 별다른 성과를 가져오지 못했다. 그는 이력서를 갱신하거나 구직 행사에 참석하는 것조차 버거워했다. 진로 상담가가 그에게 과거에는 어떻게 직업적 결정을 내리는 데 성공했냐고 질문하자, 그는 굳은 표정으로 여기서 말할 만한 성공의 경험이 전혀 없다고 했다. 그는 기본적으로 대학을 졸업했고, 몇 가지 일을 잠시 해보기도 했지만, 그다음에는 육아를 위해 휴식기를 가졌다.

상담가는 방향을 바꿔서 다음과 같이 말했다. "걱정 마세요. 그래서 우리가 함께하고 있는 거예요. 당신이 직업 영역에서 새롭게 시작하는 것을 돕기 위해서요. 살면서 더 성공적이었다고 느낀 일이 또 뭐가 있을까요?" 그가 소심하게 말했다. "음, 30킬로그램을 감량했어요. … 그리고 간신히 그 상태를 유지해왔죠. 5년 전에 당뇨병 초기 증세가 있다는 것을 발견해서 달라지기로 마음먹었어요." 상담가는 이 놀라운 성취에 대해 깊이 생각한 뒤, 그에게 30킬로그램 감량에 성공하기 위해 취한 행동에 대해 더 질문했다. 그리고 그의 자신감이 높아지는 모습을 지켜봤다. 서서히 그들이 이력서를 작성하고 직업적 목표를 정하는 데 진전이 나타나기 시작했다. 이 과거의 성공은 그의 직업과는 무관했지만, 그럼에도 그가 자신의 목표를 위해 나아갈 길에 대한 협상에서 큰 도움이 되었다.

요약하고 피드백을 요청하라

사람들이 자신의 성공에 대해 듣기를 좋아하는 것은 당연한 일이므로, 나는 그들의 성공을 돌이켜볼 때, 내가 모든 세부사항을 들었음을 확실히 보여준다. 예를 들어, 당신의 상사가 중대한 고객 문제의 막바지에 직면했다고 해보자. 당신은 검토할 수 있는 과거 고객 사례가 없지만, 상사가 사내 사건을 시간에 쫓기면서 처리한 경험에 대해 이야기해줬다. 당신은 이를 다음과 같이 요약할 수 있다. "와, 방금 말씀해주시기 전까지 동료 X와 Y 사이에 그렇게 심각한 문제를 처리하셨는지 전혀 몰랐습니다. 제 주변에서 아무도 그 문제에 대해 모르는 걸 보니, 그 문제를 해결하는 데 성공하신 것 같네요. 그러니까 요약하면, 그건 고객을 대면하는 문제가 아니라, 두 광고 기획 담당자 사이에서 누가 어떤 거래를 맡을 것인지를 놓고 벌어진 문제였다는 거죠. 그리고 마지막 순간에서야 그 문제가 터졌고요. 이메일로 인한 오해의 소지를 줄이기 위해 두 사람을 소집해서 문제를 해결하신 것 같아요. 그들을 직접 만나 그들이 공통의 목표, 즉 고객을 위해 최선을 다하는 동시에 자신을 발전시키는 것에 초점을 맞추도록 도우셨고요. 그들의 고민에 귀를 기울여서 그들이 자기 말을 들어주는 사람이 있다고 느끼게 하셨군요. 궁극적으로, 그 대화를 통해 두 사람은 각자 해당 거래에서 자신이 맡은 역할을 기분 좋게 받아들였고, 부장님은 원래의 분업을 추진할 수 있게 됐습니다."

이렇게 하면, 당신은 상사가 이 문제와 관련해 자신이 한 일에 만족하도록 할 수 있으며, 그가 그 상황을 성공적으로 해결하기 위해 취한 모든 구체적 행동을 강조할 수 있다. 그런 행동을 거론하면 다음의 마지막 질문, 즉 미래를 고려해서 고객 문제를 해결하도록 해주는 질문으로 넘어가는 데 도움이 된다.

요약을 마무리하면서 피드백을 요청해서 혹시 놓친 것이 없는지 확인하는 것도 잊어서는 안 된다. 내가 자주 경험한 것처럼, 당신이 상대방의 과거 성공 사례를 요약해서 들려주면, 상대방은 그에 반응해서 자신의 성공에 도움이 됐던 행동을 훨씬 많이 덧붙일 것이다. 예를 들어, 당신의 상사는 이렇게 말할 수도 있다. "그래, 맞아. 하지만 지금 생각해보니, 내가 공동 회의 후에 임원들을 일일이 따라다니면서 이 고객 문제를 해결할 방법을 함께 궁리해주는 것에 대해 감사를 표한 것도 도움이 된 것 같아. 그렇게 하니 분위기가 훨씬 좋아져서 앞으로 다가올 힘든 시간을 헤쳐나가는 데 도움이 됐어." 이런 식으로 당신은 상대방의 기분을 좋게 만들고, 협상에서 성공을 거두는 데 도움이 되는 아이디어를 훨씬 많이 만들어낼 수 있다.

말하지 않은 것까지 들어라

마지막으로, 과거의 성공에 대한 질문을 할 때 보이는 몸짓언어에 주의를 기울여라. 상대방의 기준선, 즉 기본적인 자세나 표정, 어조의 변화를 알아채는 것이 가장 유용하다. 상대방의 기본적인 몸짓언어가 협상할 때 뒤로 기대는 경향으로 보이는 것인데, 갑자기 자세를 바로 하거나 심지어 앞으로 몸을 숙인다면, 그것은 당신이 상대방의 관심을 사로잡는 데 긍정적인 효과를 미쳤다는 신호일 수 있다. 상대방의 목소리 톤이 올라갈 수도 있다. 웃음을 더 보이거나, 눈을 더 크게 뜰 수도 있다. 의사소통의 많은 부분이 비언어적이다. 따라서 그런 단서를 잡는다면, 협상에 도움이 되는 정보를 훨씬 많이 얻을 수 있을 것이다.

당신은 방금 상대방이 과거의 성공을 논하는 것을 도움으로써 지금 당신 앞에 놓인 문제를 해결하는 데 도움이 될 단서를 얻었다. 마지막 질문에서, 당신은 모든 것을 정리하고 미래에 대해 생각하기 시작할 것이다. 다음 장이 끝날 무렵이면, 당신은 성공할 가능성이 최대인 상태로 미래를 향해 나아갈 준비를 마칠 것이다.

10장

목표를 이루기 위한 단계를 설정하라
: 첫 단계는 무엇일까요?

데이비드 그린월드는 불과 2년 만에 자신의 회사인 프리드, 프랭크, 해리스, 슈라이버 앤드 제이콥슨 유한책임조합(프리드 프랭크 로펌)의 주요 직원 만족도 지표를 하위 2퍼센트에서 상위 10퍼센트로 올려놓음과 동시에 생산성과 근무 시간을 늘렸다.[1] 이 모든 것은 뜻밖의 첫 단계에서 시작됐다.

그린월드가 2013년 말 국제 로펌인 프리드 프랭크에 합류해서 회장 자리에 앉았을 때, 그의 앞에는 여러 시급한 현안이 놓여 있었다.[2] 그린월드는 이렇게 말했다. "수익이 줄었고, 이익은 훨씬 더 줄었습니다. 특히 그 해외 재정적 결과는 디 형편없었습니다. 그런데 그 한 해만이 아니었습니다. 지난 10여 년을 돌아보며 비슷한 규모의 회사와 비교해보니, 프리드 프랭크는 분명히 뒤처져 있었습니다.”

또 다른 주요 현안은 소속 변호사의 만족도가 바닥이라는 점이었다. 로펌에서 소속 변호사는 회사의 구성원이나 소유주가 아닌 변호사를 가리킨다. 프리드 프랭크와 같은 큰 회사에서는 소속 변호사가 회사 변호사의 대다수를 차지하는데,[3] 대체로 파트너 변호사 수보다 네 배 이상 많다. 그러므로 많은 소속 변호사가 불행하다면, 직원의 대다수가 불행하다는 뜻이다.

미국 법률 전문지 〈아메리칸 로이어〉는 매년 미국 대형 로펌의 순위를 매기는데,[4] 그 여러 지표 중 하나가 3, 4, 5년차 중간급 소속 변호사의 만족도다.[5] 그 밖에도 전반적인 만족도 순위는 소속 변호사의 업무 만족도, 혜택과 보수, 파트너 변호사와 소속 변호사의 관계, 교육과 지도, 회사 전략과 구성원에게 주어지는 기회에 대한 경영진의 개방성, 무료 변론과 상담 시간에 대한 회사의 태도, 2년 뒤에 그 회사에 있을 가능성 등을 고려한다.[6]

2013년 설문에 참여한 미국의 대형 로펌 134곳 중 프리드 프랭크 소속 변호사의 만족도는 132위였다.[7]

그린월드는 내게 이렇게 말했다. “저는 다음 파트너 변호사 회의에 들어가서 말했습니다. ‘음, 첫 번째 좋은 소식은 더 떨어질 여지가 별로 없다는 것입니다. 두 번째 좋은 소식은 올라갈 여지가 많다는 것이죠.’”

회사를 둘러보면서, 그린월드는 프리드 프랭크 소속 변호사의 만족도 문제가 순위에 반영된 것 이상임을 알게 됐다. “소속 변호사의 사기가 낮다는 것이 두어 가지 방식으로 나타났습니다. 첫째, 이직률이 높았습니다.[8] 현재 로펌은 일반적으로 이직률이 높고, 그중 일부는 예상됩니다. 하지만 진짜 문제는 그 사람들이 어디로 가고 있느냐는 것입니다. 그들이 회사를 그만두는 진짜 이유는 무엇일까? 사람들은 불만을 품은 채 우리 회사를 떠났습니다. 하지만 그들은 우리 사무실이 없는 고향 시카고로 돌아가거나, 법과 관련된 다른 업종으로 간 것이 아니었습니다. 그들은 우리와 비슷한 회사로 가고 있었습니다. 즉, 그들은 큰 회사에서 변호사로 일하고자 하는 사람들이었고, 단지 프리드 프랭크에서 일하기 싫었을 뿐이었습니다. 그리고 우리는 변호사들이 일하기 싫어하는 회사를 바꿔야 했습니다." 그린월드는 신입 모집 인원 수도 살펴봤으며, 프리드 프랭크가 일을 제대로 하지 못하고 있다고 생각했다.

회사의 문제를 파악하는 데 얼마간의 시간을 들인 후, 그린월드는 소속 변호사와 파트너 변호사가 소통하는 문화를 바꾸는 작업에 착수했다. 그리고 그 작업을 처음부터 다시 했다. 2015년 초반부터 그는 매년 2차례 공개 토론회를 열어서 모든 소속 변호사와 함께 회사의 전략을 포함한 실질적 문제에 대한 이야기를 나눴다.[9] 소규모의 소속 변호사 위원회도 정기적으로 만났다.[10] 그리고 그가 그 모임에서 가장 먼저 한 일은 소속 변호사들에게 상황을 개선하기 위해 자신이 어떤 조치를 취해야 하는지 묻는 것이었다. 2015년 봄 그린월드가 소속 변호사들을 만나서 그들의 생각을 물어본 뒤, 〈아메리칸 로이어〉가 프리드 프랭크의 소속 변호사 만족도를 다시 조사했다.[11] 100위 밑에 있던 프리드 프랭크의 만족도 순위가 조사 대상인 로펌 101곳 중 16위로 치솟았다.[12]

그러고 나서는 소속 변호사들이 아이디어를 제시하기 시작했다. 그리고 그것은 그린월드가 전혀 예상치 못한 일이었다. 수년 동안 소속 변호사들은 뉴욕 본사에 소속 변호사 전용 휴게실을 만들어서 사무실에 있는 동안 그곳에서 회의를 하거나, 일을 하거나 혹은 그냥 쉴 수 있게 해달라고 요청했다. 하지만 그들의 요청은 번번이 수포로 돌아갔다. 그린월드는 그 기회를 놓치지 않았다. 소속 변호사들은 2015년 9월 15일에 휴게실을 요청했고 파트너 변호사들은 즉각적으로 그것을 승인했다. 그리고 추수감사절에 그 사실을 회사에 공표했으며, 몇 달이 지난 2월에 마침내 휴게실이 생겼다.

소속 변호사 휴게실에는 테이블 축구, 탁구대, 대형 TV, 휴식을 위한 푹신한 가구, 그리고 과자와 음료가 준비되어 있었다. 하지만 그것이 소속 변호사에게 의미하는 바는 훨씬 더 컸다. 그린월드는 이렇게 말했다. "그 휴게실이 소속 변호사와 우리의 관계에 기여한 바는 엄청났습니다. 동업자로서 신뢰를 쌓게 해줬죠. 그들이 뭔가를 요구했는데, 우리가 즉시 그것을 해줬으니까요. 그것이 신뢰를 쌓는 데 도움이 됐습니다. 또 더 일반적인 측면에서, 우리의 논의 수준을 높여줬습니다. 제가 보기에 이전에 소속 변호사들은 무시당하는 것에 익숙해서 우리에게 실질적인 문제에 대해 질문하지 않았습니다. 하지만 이제 우리는 국제 전략과 재무 성과, 다양성, 검토 과정 등 모든 것에 대해 이야기를 나눕니다. 그들은 자신들의 의견이 고려된다는 것을 알자마자 훌륭한 질문을 쏟아내고 회사에 관심을 쏟기 시작했습니다."

그린월드는 말을 이어갔다. "우리의 소속 변호사들이 우리 회사의 미래입니다. 그들이 우리 회사 변호사의 대다수를 차지합니다. 언젠가 그들 중 한 명이 제 일을 맡을 겁니다. 그래서 그들이 매우 중요합니다. 우리는 그들이 동기를 부여받고 행복하기를 원하며, 또 그래야 합니다. 휴게실은 그 목표를 향해 나아가는 훌륭한 첫걸음이었습니다."

2016년 봄 〈아메리칸 로이어〉는 프리드 프랭크의 소속 변호사 만족도를 다시 조사했다. 프리드 프랭크의 만족도 순위는 10위권 안으로 진입해서 8위에 올랐다.[13]

더욱 놀라운 점은 소속 변호사들이 더 만족하면서도 더 많은 시간을 일한다는 것이었다. 프리드 프랭크가 132위로 바닥을 친 해인 2013년과 로펌 94곳 중 8위를 기록한 2016년 사이에 소속 변호사의 근무 시간이 10퍼센트 이상 증가했다. 그리고 회사의 재무 실적도 호전됐다.[14] 2018년 회사 역사상 처음으로 프리드 프랭크는 파트너 변호사 1인당 이익이 300만 달러를 돌파했는데,[15] 그것은 2013년에 비해 100퍼센트 성장한 수치였다.

최근 한 기자가 그린월드를 찾아가 프리드 프랭크의 변화에 대해 인터뷰했다. 기자는 소속 변호사 휴게실을 둘러보게 해달라고 했다. 데이비드가 말했다. "음, 원한다면 볼 수는 있죠. 하지만 우리는 들어갈 수 없습니다. 제 출입 카드가 작동을 안 하거든요." 기자는 못 믿겠다는 듯 되물었다. "회장님이신데, 회사에 있는 문을 전부 열 수 있는 거 아닌가요?" 데이비드는 소속 변호사들이 자신들만을 위한 공간을 원했다고 설명했다. 그들은 같이 복도를 걸어가서 그린월드의 출입 카드를 사용해봤지만 그 카드로는 소속 변호사를 위한 휴게실에 들어갈 수 없었다. 그는 약속을 지켰다.

첫 단계에 대해 질문해야 하는 이유

이 책에서 지금까지 협상에 관한 많은 영역을 다루었다. 상대방에게 상황에 대한 견해를 물었고, 그들의 걱정과 욕구를 파고들었으며, 그 욕구가 구체적으로 어떤 것인지도 물었다. 그들이 과거에 이와 같은 문제를 성공적으로 해결한 방법을 다루면서 유용한 정보도 수집했다. 이제 상대방과 당신의 상황을 가능한 한 또렷하게 볼 수 있게 해줄 마지막 질문을 살펴볼 차례다.

이 단계에서 "첫 단계는 무엇일까요?"라고 묻는 것은 여러모로 중요하다. 이 질문은 거래할 때 유용하며, 협상의 해결책을 위해 가능한 많은 선택지를 만들어내는 데 도움이 된다. 다시 말하지만, 상대방의 말을 귀담아듣는다고 해서 들은 것을 모두 받아들여야 하는 것은 아니다. 하지만 질문을 하면, 그들이 제시하는 선택지나 그 선택지의 변형이 1부에서 당신이 발견한 자신의 욕구를 충족시킬 가능성이 커진다.

다음으로, 이 질문은 협상가인 당신과 상대방 모두에게 여러모로 도움이 된다. 상대방에게 첫 단계를 위한 아이디어를 묻는 것은 당신이 상대방을 협상 파트너로 대한다는 것을 뜻한다. 그러면 당신이 그들의 아이디어를 경청하고 존중한 것처럼 그들이 당신의 아이디어를 받아들일 가능성이 커질 것이다. 심리학 교수 로버트 치알디니에 따르면, 사람들은 협상할 때 몸짓을 주고받는 경향이 있는데,[16] 이는 당신이 상대방을 위해 어떤 행동을 한다면, 상대방이 그에 대한 반응으로 똑같은 행동을 당신에게 할 가능성이 커짐을 의미한다.[17] 다른 사람, 특히 직장 동료나 사랑하는 사람에게 아이디어를 물어보면, 그들은 리더십을 발휘하고 목적의식을 가질 기회를 얻을 수 있다.[18] 그러면 그들은 사무실이나 집에서 어떤 일을 하든 행복감을 더 느끼게 된다. 그리고 연구에 의하면, 상대방에게 아이디어를 물어봄으로써, 당신은 스탠퍼드대학교의 심리학자 캐럴 드웩이 "성장 마인드셋"이라고 부르는 능력을 키워서 더 많은 것을 배우고 성취하게 된다.[19]

마지막으로, 첫 단계가 무엇인지 묻는 것이 중요한 이유는 아직 밟아나가고자 하는 모든 단계를 알지 못하더라도, 그것을 통해 추진력을 얻고 앞으로 나아갈 길을 확립할 수 있기 때문이다.

실패한 아이디어에도 큰 가치가 있다

협상할 때 우리의 목적 중 하나는 목표를 달성하게 해줄 아이디어를 가능한 한 많이 내놓는 것이다. 과학자들은 사람들의 삶에서 유용하게 사용되는 아이디어는 대부분 많은 아이디어, 특히 많은 실패한 아이디어 속에서 나온다는 것을 알고 있다. 브리스톨 대학교의 류마티스학 교수 존 커원은 실제로 23년 동안 자신의 아이디어 중 정확히 몇 퍼센트가 성공했는지 알아내기 위한 연구에 착수했다.[20]

그는 의학계에서 많은 성공을 거두었고,[21] 많은 논문이 출판되고 인용됐다. 그렇지만 그의 아이디어 중 상당수가 실패했다.[22] 그의 연구에 따르면, 그가 자신의 기록물에서 찾아낸 185개의 아이디어 중 75퍼센트가 출판되지 않았다.[23] 그가 자체적으로 평가해보니, 그의 아이디어 중 2.7퍼센트만이 '매우 훌륭한' 것으로 간주되는 기준을 충족했다.[24]

커원 교수는 온라인 잡지 〈쿼츠〉와의 인터뷰에서 이런 수치에도 불구하고, 모든 실패한 아이디어가 큰 가치가 있다고 말했다. "문제는 과학에서 그리고 어쩌면 삶 전체에서 우리가 쓸모없는 아이디어를 많이 가지고 있다는 점을 인식하는 것입니다.[25] 그 아이디어가 효과가 있을지 없을지 처음에는 알 수 없습니다.[26] 그것을 알아내려면 탐구하고 공을 들여야 합니다. 이것은 필수적인 과정으로, 이 과정은 효과가 없는 것으로 드러날 아이디어를 탐구하느라 시간을 낭비하는 것이 아니라, 좋은 아이디어를 만들어 내기 위한 필수적인 과정입니다."

우리가 스스로 혁신적인 아이디어를 아무리 많이 내놓더라도, 협상 파트너가 미래를 어떻게 생각하는지 또는 어떤 아이디어를 가지고 있는지 알 수는 없다. 프리드 프랭크 로펌의 사례에서처럼, 상대방의 욕구와 당신의 욕구를 동시에 충족하는 아이디어를 찾아낼 수 있을지도 모른다. 내가 아는 몇몇 부모들은 자녀들과 협상을 하자, 자녀들이 창의적인 아이디어를 냈다고 한다. 예를 들어 집안에서 침실과 식탁 같은 곳에 전자기기가 없는 구역을 설정하거나, '화면 없는 토요일'에 온 가족이 야외 활동을 하자고 하거나, 집안일이나 숙제 계획표를 만들었다.

협상에서 한쪽이 가능성 있는 선택지의 집합을 찾아내는 데 필요한 대부분 또는 모든 전문지식을 가지고 있는 경우에도, 상대방이 의견을 말하도록 요청하면 장기적인 합의를 끌어내는 데 도움이 된다. 예를 들어 최근의 연구와 학설에 따르면, 의사가 환자와 치료법에 대해 상담하면, 환자가 치료법을 평소보다 더 잘 따르게 되고 결과적으로 더 빨리 건강을 되찾게 된다.[27] 〈뉴욕 타임스〉의 기사 '의사들에게 협상 기술을 가르치기'에서 드루브 쿨라 박사는 이렇게 말했다. "의료업은 더는 의사가 정해진 치료 과정을 환자에게 지시하고, 환자는 그것을 따르기만 하는 것이 아닙니다.[28] 그보다는 임상의와 환자가 여러 치료법에 대해 신중하게 생각하고,[29] 비용과 편익을 함께 저울질하며, 최선의 행동 방침을 결정하는 것입니다." 의사가 어떤 치료를 할지에 대해 환자와 상담하면 환자가 의사에게 더 만족할 뿐만 아니라,[30] 분명한 치료 계획을 고수할 가능성이 커져서, 더 나은 결과를 얻고 의료비를 절감할 수 있다.

마지막으로, 협상할 때 상대방에게 미래 지향적인 아이디어를 말해달라고 하면, 협상에 반대하는 사람들을 상대할 때 도움이 된다. 이런 사람들은 자신의 아이디어는 전혀 제시하지 않으면서 다른 이들의 아이디어를 비난만 하곤 한다. 하지만 그런 사람들에게 목표를 달성하기 위한 첫 단계가 무엇인지 질문을 하면, 그들이 해결책을 찾는 과정에 좀 더 생산적으로 참여하게 유도할 수 있다.

신뢰와 존중을 위한 최고의 방법

첫 단계를 묻는 것은 협상하는 사람들에게도 도움이 된다. 의사결정 과정에서 상대방과 제휴하면, 단기적인 이익(예를 들어, 비용은 거의 들지 않지만 사기를 북돋는 소속 변호사 휴게실에 대한 아이디어)을 얻을 뿐만 아니라 장기적인 이익(어려운 문제를 해결하기 위해 더 적극적으로 참여하는 소속 변호사)도 얻을 수 있다.

한 사람이 협상 주제와 관련해 더 많은 전문지식을 가지고 있을 때도 상대방에게 선호하는 첫 단계를 물어보면, 양쪽 모두 이득을 얻을 수 있다.

의사와 환자의 예를 다시 보자. 의학 연구에 따르면, 환자에게 가능한 선택지의 목록을 제시하고[31] 생각을 물어보면, 어떤 치료법을 선택하든 환자가 그것을 더 잘 따르게 돼서 의사와 환자 모두가 이득을 얻는다.[32] 환자가 치료 계획을 잘 따르면, 환자는 재발이나 부수적인 결과와 관련된 돈을 절약할 수 있고, 의사는 통계 자료를 개선해서 병원과 보험사가 돈을 절약하게 할 수 있다.[33] 환자들이 치료를 따르지 않으면 수십억 달러가 소요되는 상황에서,[34] 치료 과정을 결정하는 작업에 환자를 참여시키는 것만으로도[35] 협상의 당사자 모두가 상당한 이익을 얻을 수 있다.

마지막으로, 상대방에게 첫 단계에 대한 아이디어를 물어보면, 관계를 형성하는 데 도움이 되어서 협상가가 이득을 얻을 수 있다. 사람들이 동료와의 연대감을 바탕으로 성장하는 직장에서뿐만 아니라,[36] 직장 밖의 관계에서도 마찬가지다. 전문가들은 무엇이 건전한 인간관계를 낳는지 그 어느 때보다 열심히 연구하고 있으며[37], 그 답에는 공감과 배우자의 고민에 대한 반응, 신뢰와 같은 성향이 포함된다. 다른 사람의 생각을 물어보고 그들의 답에 진심으로 귀를 기울이면, 이런 모든 성향을 증가시킬 수 있다.

협상 방법에 대해 생각할 때, 항상 협상이 끝나면 이 사람과 어느 정도 협력할 필요가 있을지 고려하는 것이 타당하다. 모든 산업은 아무리 규모가 커도 결국은 한 동네처럼 느껴질 수 있으며, 특히 최고위층에게는 더 그렇다. 최고의 스포츠 에이전시인 엑셀 스포츠 매니지먼트의 총괄 고문 변호사 가브리엘 마투스는 다음과 같이 말했다. "우리 산업은 의외로 작습니다. 일급 운동선수들을 관리하다 보면, 같은 사람을 몇 번이고 보게 됩니다. 이런 전문적인 서비스에서는 좋은 관계를 유지하는 것이 중요합니다."

상대방의 생각을 묻는 행위는 존중과 협력을 나타낸다. 그것은 신뢰의 초석을 놓는 마지막 단계이며, 그 위에 장기적이고 생산적이며 수익성이 있는 동업 관계를 구축하게 된다. 이것은 개인적으로든 직업적으로든, 당신이 상대방에게 관심이 있다는 것을 상대방에게 알려주는 것이다.

요컨대, 협상을 할 때 상대방의 생각을 물어보는 것은 일반적으로 아무런 비용도 들이지 않으면서 당신에게 큰 이득을 가져다줄 수 있다.

인생을 바꾸는 중요한 한 걸음

첫 단계에 대해 질문을 하면, 논의 중인 모든 문제와 관련된 더 포괄적인 해결책이 나올 수 있다. 대화에서 많은 아이디어가 쏟아져 나오더라도 그린월드가 소속 변호사 문제에서 그랬던 것처럼 한 곳에서 시작하는 편이 낫다. 그린월드는 그 한 단계면 단순히 소속 변호사들이 시간을 보낼 장소를 마련하는 것을 훨씬 넘어서는 상징적인 이익을 얻으리라는 것을 알았다. 그것은 회사가 그들의 말을 귀담아듣고 존중했다는 사실을 물리적이고 실질적으로 보여주는 상징물이었다.

하지만 때로는 해결책을 한 번에 한 단계씩 밟아나가야 한다. 아마도 현재로서는 오직 한 단계만 실현할 수 있거나, 다음 단계로 넘어가기 전에 밟고 싶거나 밟아야 하는 단계가 있을 것이다.

예를 들어보자. 제이미는 미국 대학 농구 1부 리그 소속 선수인데, 심각한 허리 질환(추간판 탈출증 같았는데, 이는 휴식을 취한다고 해서 낫지 않는다)으로 메이오 클리닉에 가서 진단을 받았다.[38] 그녀와 의사, 그녀의 가족은 가능한 해결책이 몇 가지 있다는 것을 알았다.[39] 즉, 보존적인 방식을 택해서 물리치료를 하거나, 수술을 선택할 수 있었다. 의사는 환자와 가족에게 첫 단계로 무엇을 하기 원하는지 물었다.[40] 2학년인 제이미는 일단 노력을 해서 2학년 농구 시즌을 끝내고 싶다고 했다. 보존적인 방식으로 그것이 가능할 것 같았고,[41] 수술 전에 모든 것을 시도해봤다는 사실에 마음도 편해질 것 같았다. 의사는 그 선택을 지지했다.[42]

제이미는 물리치료를 열심히 받기로 약속했고,[43] 그 시즌을 마무리할 수 있었다. "시즌 내내 뛰었는데, 비교적 괜찮았어요. 허리가 아프긴 했지만, 경기할 수 있을 정도로 관리할 수 있었어요. 물리치료가 정말 도움이 많이 됐거든요."[44] 그녀는 나중에 메이오 클리닉에 이렇게 말했다. 시즌이 끝날 무렵, MRI 검사에서 상태의 변화가 보이지 않자, 제이미는 수술을 택했다.[45] 물리치료가 도움이 됐지만, 만성적인 통증이 사라지지는 않았다.[46] 첫 단계로 보존적인 방식을 택한 제이미와 가족은 다음으로 택할 단계를 안다는 것에 만족감을 느꼈다.[47] 수술은 성공적이었고 제이미는 가을에 코트를 다시 밟았다.[48]

때로는 한 걸음이 생명을 구하기도 한다. 10여 년 전 브롱크스의 작은 방에 나와 두 여성이 함께 있었는데, 그들은 탁자 맞은편에 앉아 있었다. 그들은 같은 아파트 단지 거주자였는데, 둘 사이에서 계속된 신경전이 몸싸움으로 번진 상태였다. 긴장감이 극에 달해서 가족, 목사, 그리고 심지어 경찰까지 대형 폭력 사태가 벌어질 것을 우려해서 중재를 권할 정도였다.

일단 자리에 앉자, 두 여성은 자신들이 현재의 갈등이 계속되면 어떤 일이 벌어질지에 대해 허심탄회하게 말했다. 한 여성이 다른 여성에게 말했다. "있잖아, 난 널 해칠 수도 있어. 그런 생각을 해봤어. 하지만 그러면 난 감옥에 갈 거야. 우리 애들은 보호기관으로 끌려갈 거고. 나한테는 애들을 맡아줄 친척이 없으니까. 걔들은 남의 집 자식이 될 거야. 그런 일이 있어선 안 돼. 그러니까 우리에겐 다른 방법이 필요해." 화해도, 우정도, 행복한 포옹도 없으리라는 것이 분명했지만 우리는 각 여성에게 경찰의 개입이나 교도소 생활을 고려할 필요 없는 미래를 위한 첫걸음이 무엇일지 생각해보라고 했다. 그들은 이 질문에 대해 깊이 생각했고 서로를 해치지 않기로 합의했다. 우리는 목사의 기도로 중재를 끝냈다. 그들의 여정은 인생을 바꾸는 중요한 한 걸음으로 시작됐다.

첫 단계를 위한 질문법

어떻게 하면 첫 단계에 대한 질문을 효과적으로 할 수 있을까? 질문을 축소하거나 변경하지 않고 이 질문을 명확히 표현할 수 있는 몇 가지 방식을 알아보자.

- **첫 번째 단계는 무엇일까요?**
- **여기서 첫 번째 단계는 무엇이라고 생각하시죠?**

상대방과 의사소통을 생산적으로 하고 있거나, 한 단계 이상 나아갈 수 있다는 느낌이 든다면, 다음처럼 물어도 좋다.

- **미래를 위해 어떤 아이디어를 가지고 있나요?**
- **우리가 앞으로 나아갈 수 있는 방법에 대해 어떤 생각을 가지고 계시죠?**

이 질문을 성공적으로 하고, 그 이후에 발행할지도 모르는 몇몇 문제를 해결하는 데 도움이 되는 몇 가지 방법에 대해 알아보자.

핵심만을 단도직입적으로 물어라

당신은 방금 상대방에게 첫 단계에 대한 아이디어를 물어봤다. 이제 그들의 대답을 듣기 위해 기다려라. 이 질문은 당신과 상대방에게 예상치 못한 유용한 해결책을 제공할 수도 있다.

침묵의 시간을 즐겨라

첫 단계에 대한 아이디어를 묻는 것은 자신의 미래를 설계하는 작업에 상대방이 참여하도록 요청하는 것이다. 상대는 이미 이 질문에 대한 대비를 마쳤을 수도 있고, 아이디어를 준비했을 수도 있다. 아니면 시간이 필요할 수도 있다. 내가 여기서 시간이라고 한 것은 2초를 넘기는 것을 의미한다. 나는 이 짧은 순간에 협상가들이 흔들리는 모습을 많이 봤다. 그들은 질문하고 2초를 기다린 다음, 다른 질문을 하거나 자신의 아이디어를 제시한다. 예를 들어 다음과 같이 말하는 것이다. "앞으로 나아가기 위한 아이디어가 무엇이죠? …월급부터 시작할까요?" 하지만 이 순간에는 더 이상 질문하지 않고 참아야 한다. 단순히 다른 질문을 덧붙이는 행위도 토론을 중단시키고 결과를 편향되게 한다. 상대방이 도움을 원하는지는 그들이 도움을 요청하면 알게 될 것이다. 도움을 요청하지 않는다면, 조용히 있어라.

후속 질문을 하라

상대방이 아이디어를 제시하고 당신이 그것에 대해 더 알고 싶다면, "더 말해주세요"가 적합한 질문이다. 아이디어가 모호하거나 그것을 실행에 옮길 방법을 잘 모르겠다면, 가령 상대방이 "고객과 더 잘 소통하고 싶습니다"라고 말한다면, 7장의 후속 질문("무엇을 원하시죠?")으로 돌아가서 "고객과 더 잘 소통한다는 것은 구체적으로 어떤 것일까요?"라고 반문할 수 있다.

그런데 비생산적인 것을 제안하는 사람을 상대한다면 어떻게 해야 할까? 나는 뉴욕시에서 소송을 중재하는데, 이곳의 사무실에서는 쓸데없는 협박이 날이면 날마다 벌어진다. 나는 소액 사건 법원에서 문제를 해결하기 위한 첫 단계가 무엇인지 물은 적이 있는데, 한 당사자가 상대편 앞에서, "내가 아이디어를 하나 제시하지. 나는 저 인간한테 테이저건을 쏴버릴 수 있어"라고 말했다.

당신은 이런 상황에 처하지 않기를 바라지만, 혹시라도 그런 일이 생길지 모르니, 그럴 때 대처하는 방법을 알아보자. 나는 그저 이렇게 묻는다. "그에게 테이저건을 쏘는 것이 오늘 여기서 우리가 목표를 달성하는 데 어떤 도움이 되죠?" 내가 그들의 말을 귀담아들었다면, 나는 그들의 목표와 욕구, 걱정을 이미 알고 있을 것이다. 그러므로 나는 그들이 바라는 내용을 간단히 반복할 수 있고, 그의 비생산적인 아이디어가 그것을 달성하는 데 어떤 도움이 되냐고 물을 수 있다. 예를 들어, 그들이 자신들의 삶을 계속 이어가야 한다고 말했다면, 나는 이렇게 말할 것이다. "당신은 제게 여기서 당신의 목표가 이 문제를 해결해서 당신의 삶을 계속 이어갈 수 있게 하는 것이라고 말했습니다. 그에게 테이저건을 쏘는 것이 그 목표를 달성하는 데 어떤 도움을 주죠?"

이런 후속 질문이면 더 유용한 답변을 얻기에 충분하다. 만약 그것으로 안 된다면, 더 생산적인 논의를 할 수 있을 때까지 휴식을 취하기를 권한다.

요약하고 피드백을 요청하라

다시 한 번 말하지만, 당신이 들은 내용을 요약하고 피드백을 요청해야 한다. 때로는 상대방의 아이디어를 듣고 그 내용을 상대방에게 반복해서 들려주면, 그 과정에서 그것에 대해 깊이 생각해서 변화를 불러일으킬 수 있다. 예를 들어, 소속 변호사 휴게실 계획에 대한 그린월드의 요약을 듣는 것은 추가적인 문제를 해결하는 데 도움이 됐으며, 나아가 협력 문화를 조성하는 데 도움이 됐다.

말하지 않은 것을 들어라

언제나 그렇듯이, 첫 단계에 대한 질문을 하는 동안 보이는 모든 비언어적 의사소통에 주의를 기울여야 한다. 그리고 다음과 같이 말해준다면, 상대로부터 더 많은 아이디어를 얻을 수 있을 것이다. "제가 틀렸다면, 바로잡아주세요. 하지만 제가 당신에게 생각을 말해달라고 할 때, 미심쩍어하시는 것 같더군요. 제가 진심으로 당신의 생각을 듣고 싶어 하는 것인지 궁금해하는 것 같습니다. 과거에 우리가 항상 소통을 잘해온 것은 아니지만, 저는 이제 그것을 바꾸고 싶습니다. 당신의 생각이 중요합니다. 당신이 말하는 모든 것에 동의한다고 약속할 수는 없지만, 귀담아듣겠다는 것만큼은 확실하게 약속하겠습니다."

첫 단계를 파악하기 힘든 순간

이제 첫 단계에 대해 질문을 하는 방법을 살펴봤으니, 이 질문을 할 때 직면할지도 모르는 몇 가지 문제에 대처하는 방법을 알아보자.

집단 협상을 할 때

가족이나, 동료, 국가 사이에서 집단 협상을 하고 있다면, 단순히 현장에 있는 상대방에게 질문하는 것보다 아이디어를 도출하는 방식에 대해 더 신중히 접근해야 한다. 오랫동안 사람들은 집단 브레인스토밍,[49] 즉 사람들이 모여서 생각나는 대로 많은 아이디어를 이야기하는 과정이 가장 좋고 훌륭하고 혁신적인 결과를 도출한다고 생각했다.[50] 하지만 최근의 연구에 따르면, 집단 브레인스토밍은 대체로 효과적이지 않다.[51] 그 이유는 특별히 중요하거나 도전적인 문제를 해결할 때, 추가적인 시험을 통과하지 못하는 얄팍하고 피상적인 아이디어를 만들어내기 때문이다.

당신은 사람들에게 생각할 시간을 준 다음 아이디어를 가지고 돌아오도록 해야 한다. 개별적으로 작업한 뒤에 그것을 집단 안에서 갈고 닦는 것이 아이디어를 생산하는 훨씬 좋은 방법이다.[52] 사람들이 협상에서 첫 단계를 고안하는 것을 도울 때, 나는 보통 일단 개별적으로 아이디어를 내라고 한 다음, 나중에 같이 모여서 그것을 평가한다.

그렇다면 아이디어를 내기 위해 개별적인 시간을 갖는다는 것은 어떤 의미일까? 이는 자신의 아이디어를 내놓기 위해 모든 사람이 함께 모일 때까지 기다렸다가 협상을 벌이는 사람들보다 당신이 이미 앞서가고 있다는 것이다. 당신은 이미 선택할 수 있는 첫 단계에 대해 생각하기 시작했고, 자신이 해야 할 일을 끝낸 상태다. 그리고는 다른 사람들에게 선택할 수 있는 첫 단계에 대해 논의하라고 요청함으로써 당신이 한 개별적인 작업을 그들이 하도록 요구하고 있다. 이제 당신이 그랬던 것처럼 다른 사람들도 약간의 숙고할 시간을 갖도록 해야 한다.

상대방이 준비되어 있지 않을 때

당신이 첫 단계에 대해 질문하는 순간에 상대방이 준비되어 있지 않을 수 있다는 것에 대비하라. 상대방은 앞서 받은 네 가지 질문과 당신이 요약한 답에서 얻은 정보를 소화할 시간을 원할 것이다. 그런 경우라면 논의할 준비가 됐을 때 다시 만나자고 하거나, 당신이 낸 아이디어를 공유한 다음 후속 대화를 요청해서 그들의 생각을 들을 수 있다.

예상치 못한 다음 단계가 있을 때

그런데 시나리오가 이와 정반대로, 다음 단계가 자동으로 따라오거나 과정에 포함되어 있는 것 같다면 어떻게 해야 할까? 예를 들어, 방금 인사부를 상대로 소개 면접을 마쳤는데, 그다음 단계는 경영진과의 2차 면접이라는 얘기를 들은 적이 있을 것이다. 나는 그런 경우에도 이렇게 물을 것이다. "다음 단계에 대해 더 말씀해주실 수 있나요?" 그러면 다음 단계를 진행할 시기가 언제인지, 의사결정자는 누가 될 것인지, 또는 심지어 당신의 지원서가 통과할 가능성에 대해서까지 추가적인 정보를 놀랄 만큼 많이 얻을 수 있을 것이다. 질문하는 행위는 당신을 더 의욕적이고 체계적인 사람으로 보이게 해준다. 요컨대, 정보를 더 많이 얻기 위해 노력하는 것이 언제나 더 낫다.

상사와 협상을 해야 할 때

만약 당신이 상하 관계에서 아랫사람인데, 전문적으로 계획을 세워야 하는 상황이라면 어떻게 해야 할까? 당신의 상사가 실제로 이런 질문을 당신에게 던진다면 어떨까? "첫 단계는 뭐지? 음, 자네가 내게 말해줘야 하는 거 아냐?" 앞의 네 가지 질문에서 했듯이, 상대방이 말한 뒤에 가장 먼저 해야 할 일은 후속 질문을 하기 전에 요약하는 것이다. 그러므로 여기서는 다음과 같이 말해야 할 것이다. "그렇죠, 제 생각이 마음에 드실 겁니다. 그렇게 말씀하실 줄 알고, 이 회의 전에 시간을 투자해서 저희가 선택할 수 있는 다음 단계에 대해 생각해봤습니다. 제게 몇 가지 아이디어가 있습니다. 아니면 먼저 아이디어를 말씀하셔도 좋습니다. 그렇게 하면 제 아이디어가 더 잘 이해되실 겁니다. 어떻게 하시겠습니까?"

상대방에게 아이디어가 없을 때

첫 단계에 대해 질문했는데 상대방에게 아무런 반응을 얻지 못한다면 어떻게 하는 것이 좋을까? 내가 가끔 시도하는 몇 가지 방법이 있다. 첫째, 상대방을 신뢰한다면, 내가 도울 수 있도록 대답을 가로막는 장애물에 대해 더 물을 것이다. "이 질문에 대답하기 어려운 이유가 무엇이죠?" 이렇게 상대방에게 장벽을 뚫고 말할 기회를 주면, 결국 좋은 아이디어가 나올 것이다.

그리고 의심스러울 때는 언제나 "최악의 아이디어"를 떠올려라. 상대방에게 당신이 과거에 아이디어를 내는 데 도움이 된 요령이 있다고 말한 다음, 이렇게 질문하라. "당신이나 우리가 택할 수 있는 최악의 조치는 무엇일까요?" 때로는 무엇이 효과가 없을지 알면, 무엇이 효과가 있을지에 관한 훌륭한 단서를 얻을 수 있다.

지금까지 나와 상대방을 이해하게 해줄 열 가지 질문에 대해 모두 설명했다. 당신은 이 분야의 어떤 전문가보다 많은 정보를 축적했다. 그리고 그 과정에서 자신의 협상에 대한 해결책까지 발견했을 수도 있다. 이제 당신은 최선을 다해서 승리할 준비가 됐다.

맺음말

협상을 성공적으로
마무리하기 위해

지금까지 우리는 자신에게 열린 질문을 하고, 답에 귀를 기울이고, 그렇게 알아낸 내면의 지혜를 요약했다. 그런 다음 고객이나 친구, 배우자, 동료 등 다른 사람에게 다섯 가지 열린 질문을 던져서 새로운 정보의 세계에 다가가 귀를 기울이고, 상대방에게 말할 여지를 주고, 후속 질문을 하고, 요약했다. 그리고 장애물을 통과하고 관계를 발전시켰다. 다른 협상가들과 출발점과 비교했을 때, 당신은 아주 좋은 위치에 있다.

어쩌면 다음과 같은 것을 궁금해할지도 모른다. "좋아, 나는 여러 가지 질문을 했어. 이제 어쩌지?" 이제는 당신의 미래를 올바른 방향으로 이끌기 위해 다음 단계를 밟을 때다. 이 책에서 알게 된 정보를 거래하든, 고객을 설득하든, 관계 문제를 해소하든, 소송을 해결하든, 개인적인 직업적 목표를 추구하든 간에, 어떤 협상에서든 도움이 될 것이다.

내가 이 책을 쓴 이유는 질문하는 것이 협상에서 평생의 가치를 창출하는 최고의 방법임을 알기 때문이다. 또 먼저 자신에게 귀를 기울이고 그다음에 다른 사람에게 귀를 기울일 때, 자신과 다른 사람에게 더 많은 것을 요구할 수 있는 능력을 갖추게 된다는 것을 알기 때문이다. 이 책에 있는 도구를 활용해서 당신이 원하는 것과 꿈꾸는 것 그리고 당신과 다른 사람을 위한 가치를 창출해줄 것을 대담하게 요구하길 바란다. 어떻게 그렇게 할 수 있는지 궁금하다면, 다음의 내용을 끝까지 읽어보자.

수집한 정보를 분류하라

이 책의 목적은 협상할 때 과거를 탐구하고, 현재를 이해하며, 더 나은 미래를 설계하기 위한 올바른 질문을 하도록 돕는 것이다. 열 가지 질문마다 각각의 목적이 있다. 이제 모든 질문을 끝마쳤으니, 지금까지 당신의 앞에 있던 그림이 다음과 같이 보이기 시작할 것이다.

다음의 도표는 각 장의 마지막 부분에 있는 요약 혹은 유용하다고 생각하는 다른 정보를 적어두기 위한 것으로, 이 책의 끝에 자료로 첨부해두었으니 필요한 순간마다 각 질문과 그에 대한 대답

거울	창문
문제/목표에 대한 내 정의	문제/목표에 대한 상대방의 정의
내 욕구/그것의 구체적인 모습	상대방의 욕구/그것의 구체적인 모습
내 감정/관심사	상대방의 감정/걱정
내 과거의 성공	상대방의 과거의 성공
내 첫 단계	상대방의 첫 단계

을 정리하는 데 사용하길 바란다.

사람들은 주로 시각적으로 사고한다. 그러므로 실제로 협상장에서 이 도표를 앞에 놓고 협상 내용과 관련된 질문을 적는다면 유용할 것이다. 협상 상대와 친하거나, 어려운 상황 끝에 신뢰를 쌓으려 하고 있다면, 질문을 보여주고 당신이 그 협상에서 새로운 접근법을 시도하고 있음을 알려주는 것도 좋은 방법이다. 즉, 어떤 사람에게는 노트를 보여주고 그들의 바로 앞에서 일을 처리하는 것이 신뢰를 쌓고 앞으로 나아가는 중요한 단계가 될 수 있다.

목표에 초점을 맞추고 협상하라

목표에 초점을 맞추고 협상에 임하는 협상가들이 잃을 수 있는 것에 초점을 맞추는 사람들보다 더 성공하는 경향이 있다. 이 책의 질문과 대답을 사용해서 당신의 목표를 적재적소에 설정할 수 있는 방법에는 다음과 같은 것들이 있다.

첫째, 우리는 목표가 욕구에 기초한다는 것을 안다.[1] 5장("첫 단계는 무엇인가?")의 끝에서 나는 2장("나는 무엇을 원하는가?")의 욕구를 살펴보고 어떤 단계가 당신의 욕구를 완전하게 충족시키는지 생각해보라고 했다. 이제 두 가지 답을 한꺼번에 다시 살펴보자. 5장의 단계가 당신의 욕구를 충분하고 완전하게 충족하는가? 그렇지 않다면 5장의 질문에 대해 답변한 내용에 다른 것을 더 추가하거나, 한 차원 높은 답변을 해야 한다.

다음으로, 당신의 목표가 정당하다는 것을 확인해야 하는데,[2] 여기서 1부의 질문이 도움이 될 것이다. 가능하다면, 당신의 목표를 객관적인 것과 결부시켜야 한다.[3] 예를 들어, 집값을 제시하기 전에 비교할 수 있는 집을 찾아보거나, 제품 가격을 정하기 전에 사업 운영 비용을 검토해야 한다. 하지만 1부에서 살펴봤던 다섯 가지 질문, 즉 문제에 대한 정의, 욕구, 감정, 성공, 그리고 미래에 대한 생각에 관한 상대방의 답을 살펴보면, 상대방이 당신의 제안을 어떻게 생각할지 알 수 있다.

당신이 조금 이루기 어려운 목표를 가지고 있다면, 이 다섯 가지 답 중 적어도 하나는 정당한 것임을 설득할 수 있어야 한다. 당신의 목표가 보수를 20퍼센트 올리는 것이고, 상사의 주요 목표는 지금 당장 현금 손실을 최소한으로 줄이는 것이라고 가정하자. 이 경우 당신은 회사가 급여를 올려줌으로써 또 다른 욕구(이를테면 이직률 감소)를 충족할 수 있음을 시사하거나, 급여 인상이 회사의 단기적 재무 목표와 양립할 수 있음(이를테면, 덜 필수적인 직원 수를 줄일 수도 있고, 아니면 나중에 지급될 당신의 지분을 늘려줄 수도 있다)을 보여줄 수 없다면, 난관에 봉착할 수도 있다.

생각의 틀을 짜라

일단 자신의 생각과 목표를 알아냈다면, 성공하기 위해 틀을 짜야 한다.

'틀을 짠다는 것'이 무슨 뜻일까? 생각의 틀을 짠다는 것은, 사진작가와 예술가들이 훌륭한 작품에 사용해온 기술로, 그것을 보는 사람에게 반향을 일으킬 말을 이미지로 그려내는 것이다. 어떤 종류의 주제와 말, 생각이 올바른 화음을 낼 것인지 파악하는 감각이 없다면, 청중을 위한 틀을 짤 수 없다. 즉, 먼저 경청하지 않으면, 설득할 수 없다.

틀을 짜는 것은 반드시 필요한 과정이다. 모든 협상가가 이 핵심 기술을 알고 숙달해야 한다. 예를 들어, 당신 부서의 예산을 늘려야 하는 이유를 두고 논쟁을 벌이는 중이고, 당신은 담당자에게 부서 간의 형평성을 고려해야 한다고 호소하고 있다. 하지만 담당자가 진짜로 우려하는 것은 예상 투자 수익률이라면, 논쟁은 끝나지 않을 것이다. 아들에게 아는 사람이 하나도 없는 모임에서 새로운 활동을 해보라고 설득하고 있는데, 아들의 걱정거리는 뭔가를 처음 시작할 때 바보같이 보이는 것이라면, 새로운 친구를 사귈 수 있다고 설득하는 것은 효과가 없을 것이다.

간단히 말해서, 협상의 틀을 짜기 위해서는 세 가지 승리 공식을 주목해야 한다.

첫 번째 공식은 가능하다면, 자신뿐만 아니라 상대방의 문제 정의와 욕구, 걱정, 아이디어에 실제로 부응하는 방식으로 제안의 틀을 짜는 것이다. 당신이 주택 보수 프로젝트를 따내고 주택 소유자들이 경쟁 입찰보다 당신의 제안에 더 많은 금액을 지불하도록 설득하려고 한다면 품질과 신뢰, 내구성에 대한 그들의 욕구를 파악해서 당신이 그 욕구를 어떻게 충족할 것인지 알려줘야 한다. 또 아이들이 저녁에 TV나 스마트폰을 보는 시간을 줄이려고 한다면, 아이들이 아침에 피곤하다고 말하는 것을 듣고 밤에 TV나 스마트폰을 보지 않으면 아침을 상쾌하게 시작할 수 있다고 말해야 한다. 상대방의 말을 경청하고 나면, 정보를 어떻게 처리할지 훨씬 더 잘 이해할 수 있고 당신의 제안을 최선의 방식으로 제시할 수 있다.

둘째, 상대방이 잃을 수 있는 것보다 얻을 수 있는 것에 집중하도록 하라. 연구에 따르면, 인간은 손실을 회피하는 경향이 아주 강한데,[4] 이는 우리가 이익을 얻기를 바라는 것보다 손실을 피하려는 경향이 훨씬 더 강하다는 것을 의미한다. 손실에 초점을 맞추면 협상 상대의 유연성과 타협 의지가 줄어든다. 예를 들어, 직원 두 명에게, "자네들이 가장 친한 친구 사이인 건 알지만, 사무실 내 파벌을 줄이려 하는 중이라, 두 사람은 따로 앉아야겠어"라고 말하는 대신, "두 사람 모두 자신의 경력을 위해 부서 사람들과 더 많이 협력해서 진행할 수 있는 일을 맡고 싶다고 했지? 그래서 앞으로 승진에 중요한 역할을 할 새로운 사람들과 함께 일할 수 있는 자리를 마련했네"라고 말하는 것이다. 이 두 가지 진술은 모두 사실이다. 둘 중 하나는 당신을 뒷걸음질 치게 할 것이고, 다른 하나는 당신을 앞으로 나아가게 할 것이다.

마지막으로, 진실하고, 명확하고, 직접적으로 말해야 한다. 주장의 틀을 짤 때, 최대한 좋은 인상을 주고 싶겠지만, 사실과 상황이 일관적이어야 할 필요도 있다. 틀을 짠다는 것은 당신이 사진에서 강조하고 싶은 부분에 사람들이 주의를 집중하게 만드는 것을 포함한다. 하지만 그것이 사람들에게 백악관 사진을 보여주면서 여러분은 지금 기자의 피라미드를 보고 있다고 말하는 것을 의미하지는 않는다.

명확하고 직접적으로 말하는 것은 공감을 끌어내서 관계를 주도할 수 있는 최고의 방법이다. 우리는 진정한 감정과 진정한 욕구를 불분명하게 만들어서 대화를 망치기 일쑤다. 예를 들어, "당신이 내 씀씀이에 대해 말할 때, 나는 정말 수세에 몰리는 느낌이 들어"라고 말하는 대신, 다음과 같이 잘못을 숨기고 공격성을 보인다. "음, 휴가를 가자고 제안한 건 넌데, 네가 내 씀씀이에 대해 말하다니 정말 어처구니가 없다." 이것은 사건의 핵심에 도달하지 못하고 감정이 고조되는 결과를 낳는다. 직접적인 방법, 즉 당신이 실제로 뜻하는 바를 말하는 것이 일반적으로 가장 효과적이다.

투명성이 신뢰를 낳는다. 자신과 상대방을 더 분명히 보면, 더 분명히 말할 수 있다. 그렇게 함으로써, 상대방에게 당신을 볼 수 있는 창문도 제공하는 셈이다. 그리고 상대방이 당신의 제안을 더 잘 이해해서, 성공을 위한 최고의 기회를 당신에게 선사하게 된다.

충분한 시간을 가져라

그렇다면 질문을 한 직후에 그 자리에서 주장이나 제안을 해야 할까? 앞으로 나아갈지 말지를 결정하는 작업에는 당신에게 시간이 얼마나 있는지 분석하는 작업이 포함된다. 이것이 아주 희귀하고 귀중한 기회라면, 바로 그 자리에서 앞으로 나아가고 싶을 것이다. 하지만 나라면 당신의 생각을 이해하고 당신의 기분을 가라앉히기 위해 잠깐이라도 휴식 시간을 갖자고 할 것이다.

당신이 동료와 단골 고객, 배우자처럼 장기간 관계를 맺고 있는 사람을 상대하고 시간 압박이 없다면, 그저 질문을 다 하고 상대방이 내놓는 모든 자료를 얻는 것만으로도 성공으로 이끌기에 충분하다. 그렇지만 실제로는 알게 된 정보를 소화하고 앞으로 나아갈 길을 고려하기 위해 시간을 들이는 것이 좋다.

예를 들어, 상대방에게 당신을 만나주고 관심사 이상을 공유해줘서 고맙다고 할 수 있다. 당신이 그것을 얼마나 감사히 여기고, 그것이 당신에게 생각할 거리를 얼마나 많이 제공했는지 말해보자. 그러고 나서, 다음에 만날 시간을 정하고 당신이 알게 된 정보를 사용해서 앞으로 나아갈 길을 만들어내라.

앞으로 나아갈지 아니면 휴식을 취할지 결정할 때는 당신이 생각을 재빨리 정리하는 유형인지, 아니면 다음 행동을 하기 전에 생각할 시간이 필요한 유형인지도 고려해야 한다. 그리고 협상 상대도 마찬가지다. 나는 두 종류의 상사와 함께 일하고 있다. 한 상사는 언제나 "이걸 합시다!"라고 말하고, 한 상사는 "정보를 제공해줘서 고마워요. 다음 주에 대화할 시간을 정합시다"라고 말한다. 자신과 다른 사람이 어떤 유형인지 알면, 당신을 성공으로 이끌 결정을 내리는 데 도움이 된다.

상대방이 피로하거나 감정적으로 소진된 후에 징후를 보이는지도 확인해야 한다. 대화를 얼마나 오래 했는가? 어떤 주제에 대해 이야기했는가? 질문에 대한 상대방의 반응이 어땠으며, 대화가 끝날 무렵에 그들은 기분이 어땠을까? 기운을 얻어서, "다음은 뭐죠?"라고 물었는가? 아니면 피로한 기색을 보였는가? 상대방이 시계를 두드리거나 이메일을 확인하고 있다면, 그것은 바쁜 업무 때문에 스트레스를 받고 있다는 신호일 수 있으니, 이런 경우에는 다른 시간을 정해서 질문해야 한다. 당신은 상대방이 완전히 주의를 기울이기를 원할 것이다.

또 자신이 피로를 느끼며 감정적으로 소진되지 않았는지도 반드시 확인하라. 상대방의 말에 귀를 기울이려면 집중력이 많이 필요하다. 대화가 얼마나 지속되고 어떤 감정을 느꼈는지에 따라 앞으로 나아가기 전에 휴식이 필요할 수도 있다. 학생들과 함께 중재하는 작업이 온종일 지속될 때가 있다. 그럴 때 우리는 보통 하루를 나눠서 오전에는 과거에 관해 이야기하고 오후에는 미래에 관해 이야기한다. 그렇다면 중간에는 무엇을 할까? 점심을 먹는다. 휴식은 우리 모두가 문제를 해결하기 위한 집중력과 에너지를 회복하게 해준다.

만약 나중에 회의를 재개하기로 했다면, 회의를 끝낼 때 할 일은 다음과 같다. 첫째, 먼저 진행 상황과 공유한 정보를 요약하라. 둘째, 상대방에게 시간을 내서 열린 마음으로 적극적으로 회의에 임해줘서 고맙다고 말하라. 당사자 중 한 명이 다음 회의까지 정보나 문서를 수집하는 등 어떤 일을 하기로 약속했다면, 그것도 요약하라.

토론을 통해 결론을 도출하라

질문을 마친 뒤에 앞으로 나아가기로 했다고 해보자. 1부의 다섯 가지 질문을 하고 요약을 한 뒤에 상대방이 마음을 열고 당신에게 같은 질문을 할 수도 있다. 예를 들어, 당신이 상대방의 욕구에 대해 질문한 뒤 상대방이 당신의 욕구에 대해 질문한다면, 당신은 준비가 되어 있을 것이다. 상대방이 질문하지 않고 대신 미래를 이야기할 준비가 되어 있는 것처럼 보인다면, 당신은 이 대화를 위해 근거가 확실한 아이디어와 제안을 준비했음을 상대방에게 알려줄 수 있다. 그런 다음 당신이 원하는 만큼 당신의 답을 공유하고, 그것을 활용해서 제안의 틀을 짤 수 있다.

당신이 아이디어와 제안을 준비하는 데 공을 들이면 그만큼 풍부한 정보를 얻을 수 있다. 예를 들어, 그들의 욕구(7장, "무엇을 원하시죠?")와 당신의 욕구(2장, "나는 무엇을 원하는가?")가 일치한다면, 그 점을 활용해서 쌍방에게 효과가 있는 해결책을 고안할 수 있다. 또 당신의 미래상(5장, "첫 단계는 무엇인가?")이 상대방의 미래상(10장, "첫 단계는 무엇일까요?")과 일치하거나 그것을 보완한다면, 그 점을 활용해서 무엇이 각자를 만족시킬 가능성이 큰지 결정할 수 있다. 그리고 상대방의 감정(8장, "무엇을 걱정하시죠?")을 안다면, 자신의 감정(3장, "나는 어떤 감정을 느끼는가?")을 고려해서 성공 가능성을 극대화하는 방식으로 자신의 제안을 구성할 수 있을 것이다.

상대방과 대화를 하면서 다양한 문제가 나온다면, 어떤 것을 가장 먼저 다룰 것인가? 여기 몇 가지 아이디어가 있다.

손쉬운 문제부터 해결하라 양 당사자가 어떤 것에 동의한다면, 그 부분부터 시작하는 것이 좋다. 서로 동의한 내용을 요약해서 제안해보라. 또는 입장이 꽤 비슷한 문제가 있다면, 그 격차를 줄여서 추진력을 만들어내라.

사실 나는 사람들이 협상하는 것을 도울 때, 일반적으로 노트에 다음과 같은 표를 만든다.

당사자1	공통점	당사자2
문제/목표에 대한 정의 욕구/그것의 구체적인 모습 감정/관심사 과거의 성공 첫 단계		문제/목표에 대한 정의 욕구/그것의 구체적인 모습 감정/관심사 과거의 성공 첫 단계

중간에는 내가 들은 공통적인 정보를 적는다. 두 협상가가 첫 단계에 합의한다면, 출발이 좋은 셈이다.

공통적인 욕구나 감정의 문제부터 해결하라 두 당사자가 같은 욕구나 감정을 가지고 있다면, 그것도 좋은 출발점이 될 수 있다. 위의 차트에서 공통적인 감정이나 관심사를 포착해서 거기서부터 앞으로 나아갈 길을 찾아내라.

하지만 주의해야 할 것이 있는데, 문제에 대한 관심사, 감정, 또는 아이디어가 같지만, 그 문제를 어떻게 처리해야 할지에 대한 생각은 다를 때가 있다. 예를 들어, 당신과 부서장 모두가 직원을 경쟁사에 빼앗기고 있는 상황에 대해 우려하고 있다고 가정하자. 그런데 당신은 직원을 지키기 위한 첫 단계가 재택근무를 더 늘리는 것이라고 생각하는 반면, 부서장은 급여 인상 외에는 어떤 것도 효과가 없을 것이라고 말한다. 나는 이런 경우에 공통적인 감정과 욕구, 그리고 그것을 충족하기 위한 다양한 선택지를 요약하는 것이 도움이 된다고 생각한다. 당신은 부서장과 함께 추가적인 아이디어를 내놓고(또는 직원이 원하는 바를 조사하고) 당신의 해결책을 활용해 전략을 세울 수 있을 것이다.

단기적인 문제부터 해결하라 문제가 계속 진행 중이거나 지속적인 관계를 유지하며 협상을 하는 경우라면, 당신은 몇 주나 몇 달 동안 뭔가를 시도해본 다음, 두 번째로 만나서 그 방법을 평가하고 그것이 어떻게 진행됐는지 살펴볼 수 있다. 예를 들어, 당신이 각자 언제 육아에서 벗어나는 시간을 가질 것인지 대해 배우자와 더 잘 소통하기 위해 애쓰고 있다면, 한 가지 방법을 시도해본 다음, 그것이 어떻게 진행됐는지 이야기해보고 다음 계획을 세우는 것이 도움이 된다. 신제품 유통업체와 재고나 진열대 배치에 대해 협상하고 있다면, 단기계약을 하고 당신 제품의 품질이 소비자에게 반향을 일으킬 것이라고 기대하면 더 큰 성공을 거둘 것이다.

반복되는 주제부터 해결하라 한 가지 욕구나 감정이 반복적으로 나타나면, 다른 어떤 것보다 그것을 먼저 처리해야 한다. 일단 그것과 씨름하고 다른 것들은 나중으로 밀어두는 것이 좋다. 예를 들어, 직장에서 어떤 사람을 채용할지를 놓고 부서가 둘로 갈라졌고, 채용 과정에서 양측 모두가 소외감을 느꼈다면, 채용 여부를 논하기 전에 먼저 그 과정에 대해 질문해야 한다. 고객과 함께 대형 웹 디자인 프로젝트를 진행 중인데, 고객이 당신 회사가 소통을 제대로 하지 않는다고 계속 말한다면, 실질적인 프로젝트에 대해 논의하기 전에 먼저 의사소통에 대해 이야기해야 한다.

예상치 못한 문제에 직면했을 때

언제나 그렇듯이, 협상을 끝낼 준비를 하면서 마주칠 수 있는 뜻밖의 문제에 대한 조언이 있다.

열린 질문이 효과가 없을 때

어떤 사람은 열린 질문을 받았을 때 마음을 열 준비가 되어 있지 않다. 그런 경우에는 관계를 형성하고 다른 방법을 찾아라. 나는 내 학생 노나와 함께 뉴욕시에서 엄마와 10대 아들 사이의 학교 결석 사건을 중재했던 때를 결코 잊지 못할 것이다. 엄마는 아들이 학교에 가기를 간절히 원했다. 아들은 결석을 많이 해서 졸업이 위태로울 정도였다. 우리는 중재를 위해 자리에 앉았다. 노나는 아들에게 열린 질문을 많이 던졌지만, 아들은 그저 어깨를 으쓱할 뿐 한 마디도 하지 않았다.

마침내, 그녀는 엄마에게 우리가 아들과 단독으로 이야기를 나눌 수 있는지 물어봤다. 엄마는 즉시 짐을 싸며 말했다. "좋아요, 당신들이 얘기하세요! 어쩌면 당신들한테는 말을 할지도 모르죠!" 그리고 우리와 아들만 남겨둔 채 방을 나갔다. 노나는 다시 한 번 그에게 열린 질문을 했다. 그는 아무 말도 하지 않았다.

마침내, 그녀는 자기 의자를 내게서 멀리 돌려서 아들 쪽으로 향하게 했다. 그녀는 몸을 앞으로 숙이며 말했다. "그래, 네가 기본적으로 여기 있는 이유는 그렇게 하라고 강요당해서지, 응?" 이것은 열린 질문이 아니었다. 하지만 효과가 있었다. 마침내 그가 고개를 들었다가 다시 어깨를 으쓱했다. 하지만 그의 관심을 끄는 데는 성공했다. 그녀는 말을 계속했다. "나도 그래. (나를 가리키며) 저기 계신 저 분이 내 교수님이셔. 교수님은 내가 매주 수업에 참석하지 않으면, 수업에서 낙제할 거라고 말씀하시지."

기발한 생각이었다. 그러자 10대 아들은 마음을 열고 말하기 시작했다. 열린 질문이 실패하자, 그녀는 연결점을 찾았고 그것을 사용해서 상대방의 마음을 열었다. 당신이 비슷한 장애물에 부딪힌다면, 열린 질문은 옆으로 밀어둬라. 그리고 먼저 탁자 건너편에 있는 사람과 관계를 맺고 신뢰를 쌓아라. 두 사람이 다 준비가 되면 언제든 열린 질문으로 돌아올 수 있다.

상대방이 예상치 못한 대응을 할 때

남편과 나는 내가 이 책에서 경청을 배운 뒤에 사귀었다. 하지만 당신이 당신답지 않게 말한다는 것을 상대방이 알아차린다면,

관계가 어떻게 될까? 상대방이 당신의 새로운 열린 스타일에 "술 마셨어?"라고 반응하거나 불신의 눈빛을 보낸다고 해도 상관없다. 이에 대한 내 조언은 솔직하라는 것이다. 사랑하는 사람에게 당신이 무엇을 하고 있으며 그것이 어떻게 당신뿐만 아니라 그에게도 도움이 될 것인지 말하는 것이다.

이런 상대의 반응에 대응할 수 있는 한 가지 방법은 다음과 같다. "네 말이 전적으로 옳아. 이건 내가 보통 말하는 방식이 아니야. 나는 내 의사소통 방법을 개선하고, 주변 사람들 말을 더 잘 경청하려고 애쓰고 있어. 지금부터 그걸 해볼 작정이야." 직장에서는 다음과 같이 해볼 수 있다. "저는 협상장에서 그리고 직장에서 대화를 더 잘하기 위해 사람들이 무엇을 할 수 있는지에 대해 공부해왔습니다. 저는 이것을 우리 모두에게 가장 적합한 방식으로 적용해보고 싶습니다."

열린 질문으로 목표를 달성할 수 없을 때

그런데 이런 질문들로 목표를 달성할 수 없는 상황이라면 어떻게 해야 할까? 예전에 내 수업을 듣는 한 학생이 학기 말에 주간 보고서를 제출했는데 첫 장에 다음과 같은 글이 적혀 있었다. "제 주간 보고서입니다. 지나치게 사적인 내용이라면 죄송합니다." 나는 거기까지만 읽고도 그것이 "제가 수업을 듣는 진짜 이유를 말하겠습니다"를 의미한다는 것을 알았다. 그녀는 보고서에서 자기애성 성격장애가 있는 어머니에 대해 말했다. 그녀가 중재 실습에 등록한 이유 중 하나는 자신의 법조계 경력에 도움이 될 만한 기술을 배우고 싶었기 때문이다. 하지만 그녀가 정말로 원하는 것은 어머니와의 관계를 치유할 방법을 찾는 것이었다.

그녀의 말에 따르면, 그녀가 배운 열린 질문과 요약 기술은 그녀의 목표를 명확히 하고 어머니와의 소통을 더 안전하게 유지하는 데 크게 도움이 됐다. 하지만 궁극적으로 어머니와의 관계가 진전되지는 못했는데, 이 학생이 공통적인 욕구를 알아내고 앞으로 나아갈 길을 제시할 때마다 어머니가 계속해서 골대를 옮겼기 때문이었다. 학생은 어머니가 자신과의 갈등을 일으킬 새로운 문제를 계속해서 찾아내는 것 같았다. 그녀는 내게 이 상황을 개선할 다른 아이디어가 있는지, 또는 자신이 뭔가 놓친 것이 있는지 물었다.

나는 조심스럽게 학생이 잘못된 질문을 하고 있는지도 모른다고 말했다. 어쩌면 이것은 그녀가 결코 통제할 수 있는 일이 아닐 수도 있었다. 어쩌면 어머니는 어떤 식으로든 이 갈등을 필요로 하고, 그것을 해결하거나 바꾸려는 노력에 저항하고 있는지도 몰랐다. 그러므로 아마도 학생이 할 일은 1부의 질문을 사용해서 자신의 욕구와 한계를 파악하고, 자신을 안전하게 지키기 위해 그것을 명확히 표현하는 일이었을 것이다.

요컨대, 앞에서 살펴본 질문들은 특정한 조건을 전제로 한다. 이 질문들은 상대방이 선의로 거래한다고 가정한다. 상대방이 성격장애, 또는 갈등을 필요로 할 이유를 가지고 있지 않다고 가정한다. 하지만 그런 상황에서도 이 질문들을 하면 상당히 도움이 될 것이다. 첫째, 문제에 대한 자신의 이해, 즉 자신의 욕구와 감정, 과거의 성공, 미래에 대한 생각을 명확히 하게 될 것이다. 이런 단계 중 일부는 당신이 통제할 수 있는 범위 안에 있을 것이며, 이제 당신은 그것을 달성하는 길로 향하고 있다. 또 갈등이나 문제를 해결하려고 시도했다는 것에서 만족감을 느낄 것이다. 해보기 전까지는 알 수 없다. 시도해봤지만, 어떤 이유 때문에 성공하지 못했다면, 그것이 유용한 정보가 된다. 이제 당신은 상대방과 협력하지 않아도 되는 다른 길을 모색할 수 있다. 내 학생의 경우, 그녀는 이 질문들을 사용해서 자신의 욕구를 명확히 하고 어머니와의 경계를 정했다. 비록 그녀가 꿈꾸던 관계는 아니었지만, 그녀는 그렇게 함으로써 더 안정감을 느끼고 상황을 있는 그대로 받아들이게 됐다.

결론

내가 이 책을 쓴 이유는 당신이 삶을 살아가며 협상이나 관계를 개선하기 위해 사용할 수 있는 기술을 전해주기 위해서다. 이 방법을 통해 당신의 삶 자체를 개선하길 바란다.

이 기술은 내 삶을 확실히 향상시켰다. 나는 이 기술을 처음 배웠을 때, 나 자신 그리고 다른 사람과 협상을 더 잘하게 됐을 뿐만 아니라 훨씬 더 행복해졌다. 동시에 더 자신감 있고 주변 사람들과 더 잘 교류하는 사람이 됐다. 그리고 이 기술을 사용해서 교수와 중재자, 협상 코치로서의 내 직업적 소명을 찾아냈다. 매일 나는 아침에 눈뜰 때, 내가 이 땅에 태어난 이유는 이 일을 하기 위해서라고 느낀다. 내가 이 책을 쓴 목적은 당신도 나처럼 그런 일을 하고 그런 기분을 느끼도록 돕는 것이다. 나는 사람들이 최고와 최상의 자신에 도달하고, 나아가 자신이 배운 것을 다른 사람과 공유하도록 돕고 싶다.

이 책을 쓰는 과정에서, 나는 내 인생의 고락 중 일부를 보여줬다. 이 책을 쓰는 작업은 여러모로 거울을 오랫동안 들여다보는 것처럼 느껴졌다. 하지만 이 책을 쓴 데는 이유가 있다. 1부의 내용부터 쓴 것은 당신이 자신으로부터 자유롭게 협상할 수 있도록 하기 위해서다. 자신에 대해 더 많이 질문할 때 완전하고 진정한 자신의 모습으로 가장 크게 성공할 수 있을 것이다.

나와 함께 하는 협상 훈련을 단 하루라도 한 사람에게 나는 마지막에 당신을 새로운 동료로 여긴다고 말한다. 이 말은 이제 그들이 나가서 자기 자신의 목표를 달성하려고 할 때조차도, 협상에서 누군가에게 "도움"이 되려 하는 공동체의 일원이 되었음을 뜻한다. 이것은 당신이 이제부터 나를 당신 일의 파트너로 생각해주고, 계속 연락하며, 지금까지 배운 것을 바탕으로 앞으로 해나갈 일을 내게 말해주길 바란다는 뜻이다. 당신이 협상과 관계에서 호기심을 잃지 않으면, 상대방은 당신을 본보기 삼아 같은 행동을 하기 시작할 것이다. 그렇게 좋은 협상가가 집에서, 직장에서, 그리고 세상에서 리더가 될 수 있다.

나와 상대방을 이해하기 위한 10가지 열린 질문

1부(거울)	2부(창문)
문제/목표에 대한 내 정의: 내가 해결하고자 하는 문제는 무엇인가?	**문제/목표에 대한 상대방의 정의:** 말해주세요.
내 욕구/그것의 구체적인 모습: 나는 무엇을 원하는가?	**상대방의 욕구/그것의 구체적인 모습:** 무엇을 원하시죠?
내 감정/관심사: 나는 어떤 감정을 느끼는가?	**상대방의 감정/걱정:** 무엇을 걱정하시죠?
내 과거의 성공: 나는 과거에 이런 문제를 어떻게 해결했는가?	**상대방의 과거의 성공:** 과거에는 이런 문제를 어떻게 해결하셨죠?
내 첫 단계: 첫 단계는 무엇일까?	**상대방의 첫 단계:** 첫 단계는 무엇인가요?

감사의 말

이 부분이 가장 쓰기 힘들었다. 이 책에 대한 아이디어를 떠올린 순간부터 이 책을 출판하는 순간까지, 가족과 친구, 동료라는 거대한 공동체가 나를 뒷받침해주었다. 모든 것이 그들의 지지 덕분이다. 오류는 전적으로 내 책임이다.

그물로 고기를 낚는 법을 처음 가르쳐준 내 멘토 캐럴 리브먼과 전국의 분쟁 해결 동료 공동체에 깊이 감사드린다.

편집자 스테파니 프레리히는 처음 통화했을 때 편집자로 일하는 동안 항상 이런 협상 책을 기다려왔다고 말해주었다. 당신은 내가 일하는 동안 항상 기다려왔던 지적인 파트너다. 사이먼 앤드 슈스터 편집팀의 편집자 킴벌리 골드스틴과 애니 크레이그, 출판인 조너선 카프, 편집자 에밀리 사이먼슨에게 감사한다. 예숱팀 로렌 피레스, 재키 서우, 톰 스페인은 이 책에 시각적이고 청각적인 생명력을 불어넣었다. 전 세계 사람들이 이 책을 읽고 더 많이 질문할 수 있게 해준 사이먼 & 슈스터의 나머지 팀원 케일리 호프먼, 얼리샤 브란카도, 프리다 손더스에게 감사한다.

내 에이전트 에스더 뉴버그와 크리스틴 벤튼에게. 나는 이들과 경영의 모든 부분에서 성 평등을 공개적으로 지지하는 에이전트 ICM 파트너스가 나를 대변한다는 것이 더할 나위 없이 자랑스럽다.

내 대학원 제자이자 다방면으로 영감을 주는 친구 크리스틴 J. 퍼거슨은 거울을 들고 내가 이 프로젝트를 개념화하는 것을 도와줬다. 내가 이 책을 낳았다면, 당신은 내 첫 산파다. 가르침을 줘서 고맙다.

컬럼비아 로스쿨의 동료인 학장 길리언 레스터, 부학장 브렛 디그넘, 모든 임상 교수 동료에게 특별히 감사드린다. 컬럼비아 로스쿨 임상 행정팀 전원, 브렌다 에버하트, 미셸 엘리스, 엘리자베스 글로더, 밀란데 메르시에, 미스티 스완에게 감사한다. 엘리자베스 에멘스, 미셸 그린버그 코브린, 에이버리 캣츠, 사라 크누키, 길리언 메츠거, 콜린 샤나한, 수전 스텀, 매슈 왁스먼을 포함해 시간을 들여 내 책을 읽거나 조언과 격려를 아끼지 않은 이들에게 감사한다. 나를 믿어준 멘토 로버트 퍼거슨과 루이스 헨킨에게 감사한다. 당신들이 여기서 이 책을 손에 들고 있으면 좋겠지만, 내가 당신들을 마음속에 품고 있다는 것만은 알아주길 바란다. 내 인생의 중재 동료 손 와츠에게는 말로 다 표현할 수 없을 만큼 감사한다.

나는 세계 최고의 학생들을 가르친다. 나의 컬럼비아 로스쿨 학생 팀 전체에게, 이 프로젝트에 아이디어를 제공하고, 편집을 담당하고, 흔들림 없는 믿음을 보여줘서 감사하다. 제니퍼 Q. 앤지, 데이비드 S. 블랙먼, 아르게미라 플로레스 펭, 하이디 L. 구즈만, 신루이 알렉스 리, 로렌 매트록 콜란젤로, 아이샤 크리스틴 맥휴, 세실리아 플라자, 에스더 포르티얀스키, 다나 M. 퀸, 신지 류, 나디아 유수프. 내 책을 담당한 팀의 "캡틴" 발데마르 곤잘레스, 이든 브레제 클라케그, 케이트 주현 리, 헤일리 링은 처음부터 작업에 참여했다. 당신들의 전문지식, 편집, 그리고 마음이 이 책의 모든 곳에 반영돼 있다.

지지하고 조언해준 가족에게. 길을 열어준 가족 작가 빌 카터와 카엘라 카터에게 특별히 감사드린다. 이 책은 카터 전집 서가의 최신 호일 뿐이다. 어머니 베라 카터는 교실과 인생에서 내 롤모델이다. 아버지 리처드 카터는 내게 투지와 회복력을 가르쳐줬다. 새엄마 니키 카터는 나를 격려해줬다. 사랑하는 형제자매, 리치와 브리태니 카터, 존과 케이티 카터, 스콧과 미셸 셰퍼드, 헨리 셰퍼드에게 감사한다. 삼촌과 고모, 엘리자베스 키팅 카터, 캐서린과 대니얼 오닐, 알렉스와 웬디 리치, 돔 리치에게 감사드린다. 브리지트, 크리스티나, 댄, 대노, 지니, 메리 프랜시스, 사브리나를 포함한 나의 멋진 사촌들은 이 프로젝트와 나의 모든 노력을 지지해주었다. 돌아가신 조부모님, 리차드와 테레사 카터, 프랜시스와 티베리오 리치, 딕 리젠에게 감사드린다. 멋진 시댁 식구들, 톰과 레지나 렘브리크, 엘렌 렘브리크, 댄 애즈헤드에게 감사드린다.

이 책을 쓰느라 애쓰는 내내 나를 격려해준 가까운 친구들에게 감사한다. 던 베르만, 파올로 보이어, 제니퍼 브릭, 앨리슨 치카노버, 쇼샤나 아이젠버그, 데버라 엥겔, 엘리제 엡스타인, 루스 하트먼, 말리아 룰런 허먼, 메러디스 카츠, 레슈마 케티카르, 리사 랜더스, 마르시아 레보, 마리 맥게히, 로라 멈몰로 콜린스, 멜라니 팡방, 디나 프레셀, 레베카 프라이스, 메건 시켓.

이야기와 피드백, 조언, 논평, 지지와 관련해 나는 여기에 담을 수 있는 것보다 많은 사람에게 빚을 졌다. 크리스티 브라이스, 케이트 뷰캐넌, 오텀 칼라브리스, 줄리 차이나, 리사 코트니, 루이스 가예고스 대사, 데이비드 그린월드, 자밀라 홀, 재닛 스톤 허먼, 아트 힌쇼, 카일리 홀리데이, 밀라 제이지, 헤더 개스던, 보니 라우, 조디 리퍼, 슈바 만달, 다니엘레와 셀리아 만, 가브리엘 마투스, 벤 매캐덤스, 줄리 저드 매캐덤스, 제이미 마이어, 그레이와 수전 섹스턴, 안드라 샤피로, 리투 샤르마, 셰리 스파라가, 조지 M. 소네프, 멜로디 탄, 메리 서루, 아나스타샤 치울카스, 에이미 월시, 대니얼 와이츠, 엘리사 비젤, 친애하는 마크 L. 울프 님, 그리고 메이 쉬.

UN과 UNITAR의 동료들. 니킬 세스 사무차장, 마르코 수아

조 대사, 펠라요 알바레즈, 존스 허틀, 줄리아 마시엘, 그리고 우리 강좌에 참석하여 그들의 경험을 통해 이 책에 공헌한 수백 명의 모든 외교관에게 감사한다.

나를 지지해준 전 세계의 친구와 동료에게. 일본의 리카르도 엘리콕 대사, 준코 히비야 ICU 회장, 마이클 카와치와 가족, 그리고 나의 나머지 일본 가족들. 브라질의 중재 동료이자 친구이자 자매인 릴리아 마이아 드 모라이스 살르스 교수과 가족, 구스타부 페이토자 교수, 그리고 고인이 되신 조제 아예통 비달 케이로스 박사와 파티마 베라스 학장을 포함한 포르탈레자 대학교의 모든 식구들.

포르티에 홍보사의 홍보 담당자 마크 포르티에와 멜리사 코너스, 타깃 마케팅 디지털의 케네스 질레트와 팀, 7 레이어 스튜디오의 브랜디 베르노스키, 엘사 아이작, 타라 로렌, 그레고리 패터슨, 레이철 조렐은 이 책의 메시지를 세상에 전하는 데 도움을 주었다.

이 책의 모든 단어가 당신에게 전해진 것은 내 친구 엘라나와 야니브 리브네가 소유한 뉴저지 밀번의 리브 브레즈에서 발견한 최상급 커피와 탄수화물 덕이다.

그리고 뉴저지 메이플우드의 내 고향 공동체에, 내가 이 책을 세상에 내놓기 위해 작업하는 동안 나와 내 가족을 사랑해줘서 고맙다.

머리말

1 Carl Sagan, *Cosmos* (New York: Random House, 1980), 193. 한국어판은 홍승수 옮김, 《코스모스》(사이언스북스, 2006).

2 Leigh Thompson, *The Mind and Heart of the Negotiator* (New Jersey: Pearson/Prentice Hall, 2005), 77. 한국어판은 김성환 · 김중근 · 홍석우 옮김, 《지성과 감성의 협상기술》(한울아카데미, 2020).

3 같은 책

4 "Negotiation," *Macmillan Dictionary*, October 2, 2019, https://www.macmillandictionary.com/us/dictionary/american/negotiation#targetText=formaldiscussionsinwhichpeople,contractnegotiations.

5 "Negotiation," *Collins English Dictionary*, October 2, 2019, https://www.collinsdictionary.com/us/dictionary /english/negotiation.

6 Tasha Eurich, *Insight: The Surprising Truth About How Others See Us, How We See Ourselves, and Why the Answers Matter More Than We Think* (New York: Random House, 2017), 99 – 101; Thompson, 77. 한국어판은 김미정 옮김, 《자기통찰: 어떻게 원하는 내가 될 것인가》(저스트북스, 2018).

7 James E. Campbell, Polarized: Making Sense of a Divided America (2016), 31; John Sides & Daniel J. Hopkins, *Political Polarization in American Politics* (2015), 23.

8 Wendy L. Bedwell, Stephen M. Fiore & Eduardo Salas, "Developing the Future Workforce: An Approach or Integrating Interpersonal Skills Into the MBA Classroom," *Academy of Management Learning and Communication* 13, no. 2 (2013): 172.

1부 나를 돌아보는 다섯 가지 질문

1   Tasha Eurich, *Insight: The Surprising Truth About How Others See Us, How We See Ourselves, and Why the Answers Matter More Than We Think* (New York: Random House, 2017), 154.

2   같은 책, 8.

3   같은 책

4   같은 책

5   같은 책

6   같은 책, 11 – 13.

7   같은 책, 101.

8   같은 책, 98 – 102.

9   Karen Zraick & David Scull, "Las Vegas, Puerto Rico, Tom Petty: Your Tuesday Evening Briefing," *New York Times*, October 3, 2017, https://www.nytimes.com/2017/10/03/briefing/las-vegas-donald-trump-puerto-ricotom-petty.html.

10 Eurich, 100.

11 "Study Focuses on Strategies for Achieving Goals, Resolutions," Dominican University of California, October 2, 2019, https://www.dominican.edu/dominicannews/study-highlights-strategies-for-achieving-goals.

12 Mark Murphy, "Neuroscience Explains Why You Need to Write Down Your Goals if You Actually Want to Achieve Them," *Forbes*, April 15, 2018, https://www.forbes.com/sites/markmurphy/2018/04/15/neuroscience-explainswhy-you-need-to-write-down-your-goals-if-you-actually-wantto-achieve-them/#40a5f44e7905.

1장 문제를 올바로 정의하라

1   Erika Andersen, "Start the New Year Like Albert Einstein," *Forbes*, December 20, 2011, https://www.forbes.com/sites/erikaandersen/2011/12/30/start-the-newyear-like-albert-einstein/#6f3d58dd3e12.

2   Fred Vogelstein, "The Untold Story: How the iPhone Blew Up the Wireless Industry," *Wired*, January 9, 2008, https://www.wired.com/2008/01/ffiphone/.

3   Mic Wright, "The Original iPhone Announcement Annotated: Steve Jobs' Genius Meets Genius," TNW, September 9, 2015, https://thenextweb.com/apple/2015/09/09/genius-annotated-with-genius/.

4   같은 글.

5   같은 글.

6   같은 글.

7   Vogelstein, "The Untold Story: How the iPhone Blew Up the Wireless Industry."

8   같은 글.

9   같은 글.

10   같은 글.

11   같은 글.

12   같은 글.

13   Peter Cohan, "How Steve Jobs got ATT to Share Revenue," *Forbes*, August 16, 2013, https://www.forbes.com/sites/petercohan/ 2013/08/16/how-steve-jobs-got-att-to-sharerevenue/#527ef4f0391c.

14   "5 Years Later: A Look Back at the Rise of the iPhone," Comscore, June 29, 2012, https://www.comscore.com/Insights/Blog/5-Years-Later-A-Look-Back-atthe-Rise-of-the-iPhone.

15   Kevin Ashton, "How to Fly a Horse: The Secret of Steve," October 2, 2019, http://howtoflyahorse.com/the-secret-of-steve/. 한국어판은 이은경 옮김,《창조의 탄생: 창조, 발명, 발견 뒤에 숨겨진 이야기》(북라이프, 2015).

16   "The Problem," Attendance Works, Oct. 2, 2019, https://www.attendanceworks.org/chronicabsence/the-problem/.

17   같은 글.

18   같은 글.

19   Emily S. Rueb, "Schools Find a New Way to Combat Student Absences: Washing Machines," *New York Times,* Mar. 13, 2019, https://www.nytimes.com/2019/03/13/us/schools-laundry-rooms.html.

20   Ashton, "How to Fly a Horse: The Secret of Steve."

21   John Kennedy, "Darrell Mann: 98pc of Innovation Projects Fail, How to Be the 2pc that Don't," *Silicon Republic,* February 23, 2013, https://www.siliconrepublic.com/innovation/darrell-mann-98pc-of-innovation-projects-fail-how-to-be-the-2pc-that-dont.

22   Erik van Mechelen, "Substituting a Hard Question for an Easier One: Daniel Kahneman's *Thinking, Fast and Slow,*" Yukaichou (blog), October 2, 2019, https://yukaichou.com/behavioral-analysis/substituting-hard-question-easier-one-danielkahnemans-thinking-fast-thinking-slow/.

23   Michael Cooper, "Defining Problems: The Most Important Business Skill You've Never Been Taught," *Entrepreneur,* September 26, 2014, https://www.entrepreneur.com/article/237668.

24   같은 글.

25   Andrea Kupfer Schneider, "Aspirations in Negotiations," *Marquette Law Review* 87, no. 4 (2004): 675.

1   Sheiresa Ngo, "The Real Difference Between Needs and Wants Most People Ignore," Cheatsheet, November 6, 2017, https://www. cheatsheet.com/money-career/real-difference-between-needs-and-wants-people-ignore.html/.

2   Sidney Siegel & Lawrence E. Fouraker, *Bargaining and Group Decision Making* (New York: Mc-Graw-Hill, 1960), 64.

3   G. Richard Shell, Bargaining for Advantage: Negotiation Strategies for Reasonable People (New York: Viking, 1999), 30 - 34. 한국어판은 박헌준 옮김,《협상의 전략》(김영사, 2006).

4   Andrea Kupfer Schneider, "Aspirations in Negotiations," *Marquette Law Review* 87, no. 4 (2004): 676.

5   같은 글.

6   Abraham H. Maslow, "A Theory of Human Motivation," *Psychological Review* 50, no. 4 (1943): 394 - 395.

7   Edith M. Lederer, "UN: Conflict Key Cause of 124 Million Hungry Who Could Die," AP News, March 23, 2018, https://www.apnews. com/c37f7a8da9cc4eaebf3fe7c48711aa37.

8   같은 글.

9   같은 글.

10 같은 글.

11 Annie McKee, *How to Be Happy at Work: The Power of Purpose, Hope, and Friendship* (Boston: Harvard Business Review Press, 2018), 13.

12 "Respect," Merriam-Webster, October 16, 2019, https://www. merriam-webster.com/dictionary/respect.

13 John Mordechai Gottman & Nan Silver, *The Seven Principles for Making Marriage Work* (New York: Random House, 1999), 29 - 31,

65 -66. 한국어판은 임주현 옮김, 《행복한 부부 이혼하는 부부》(문학사상사, 2002).

14   같은 책, 27.

15   Robert Cialdini, "The Six Principles of Successful Workplace Negotiation," Controlled Environments, September 4, 2015.

16   같은 글; Jeswald Salacuse, "The Importance of a Relationship in Negotiation," Program on Negotiation, Harvard Law School, June 18, 2019, https://www.pon.harvard.edu/daily/negotiation-training-daily/ negotiate-relationships/.

17   Bert R. Brown, "Saving Face," *Psychology Today* 4, no. 12 (May 1971), 56 -57.

18   "Dignity," Merriam-Webster, October 16, 2019, https://www. merriam-webster.com/dictionary/dignity.

19   Jonathan M. Mann, "Dignity, Well-Being and Quality of Life," in *Longevity and Quality of Life: Opportunities and Challenges,* ed. Robert N Butler & Claude Jasmin (New York: Kluwer Academic, 2000), 149.

20   Roger Fisher & Daniel Shapiro, *Beyond Reason: Using Emotions as You Negotiate* (New York: Viking Penguin, 2005), 211. 한국어판은 이진원 옮김, 《감성으로 설득하라: 논리와 이성을 뛰어넘어》(도서출판두드림, 2007).

21   Sue Grossman, "Offering Children Choices: Encouraging Autonomy and Learning While Minimizing Conflicts," *Early Childhood News,* October 16, 2019, www.earlychildhoodnews.com/earlychildhood/ article_view.aspx?ArticleID=607.

22   Evelyn J. Hinz, *The Mirror and the Garden: Realism and Reality in the Writings of Anais Nin* (1973), 40.

1   Jim Camp, "Decisions are Largely Emotional, Not Logical: The Neuroscience Behind Decision-Making," Big Think, June 11, 2012, https://bigthink.com/experts-corner/decisions-are-emotional-not-logical-the-neuroscience-behind-decision-making.

2   Antonio Damasio, *Descartes' Error: Emotion, Reason, and the Human Brain* (New York: G.P. Putnam, 1994), 38-39, 50, 63. 한국어판은 김린 옮김, 《데카르트의 오류: 감정, 이성 그리고 인간의 뇌》(눈출판그룹, 2017).

3   Jonah Lehrer, "Feeling Our Way to Decision," *Sydney Morning Herald*, February 28, 2009, https://www.smh.com.au/national/feeling-our-way-to-decision-20090227-8k8v.html.

4   Barbara L. Friedrickson, "What Good are Positive Emotions?," *Review of General Psychology* 2, no. 3 (1998): 300.

5   Christopher Bergland, "How Does Anxiety Short Circuit the Decision-Making Process?," *Psychology Today*, March 17, 2016, https://www.psychologytoday.com/us/blog/the-athletes-way/201603/how-does-anxiety-short-circuit-the-decision-making-process.

6   Jessica J. Flynn, Tom Hollenstein & Allison Mackey, "The Effect of Suppressing and Not Accepting Emotions on Depressive Symptoms: Is Suppression Different for Men and Women?," *Personality and Individual Differences* 49, no. 6 (2010): 582.

7   Brene Brown, "List of Core Emotions," March 2018, https://brenebrown.com/wp-content/uploads/2018/03/List-of-Core-Emotions-2018.pdf.

8   John F. Kennedy, "Inaugural Address," CNN, January 20, 1961, http://www.cnn.com/2011/POLITICS/01/20/kennedy.inaugural/

index.html.

9   Barbara Fredrickson, "Are you Getting Enough Positivity in Your Diet?," *Greater Good Magazine*, June 21, 2011, https://greatergood. berkeley.edu/article/item/are_you_getting_enough_positivity_in_ your_diet

10   Meina Liu, "The Intrapersonal and Interpersonal Effects of Anger on Negotiation Strategies: A Cross-Cultural Investigation," *Human Communication Research 35*, no. 1 (2009): 148–69; Bo Shao, Lu Wang, David Cheng & Lorna Doucet, "Anger Suppression in Negotiations: The Roles of Attentional Focus and Anger Source," *Journal of Business & Psychology 30*, no. 4 (December 2015): 755.

11   Program on Negotiation Staff, "Negotiation Strategies: Emotional Expression at the Bargaining Table," Harvard Law School Program on Negotiation: Daily Blog, June 6, 2019, https://www.pon.harvard.edu/ daily/negotiation-skills-daily/emotional-expression-in-negotiation/.

12   Jeff Falk-Rice, "In Negotiations, A Little Anger May Help," Futurity, March 15, 2018, https://www.futurity.org/anger-in-negotiations-emotions-1704482/.

13   Keith G. Allred, John S. Mallozzi, Fusako Matsui & Christopher P. Raia, "The Influence of Anger and Compassion on Negotiation Performance," *Organizational Behavior and Human Decision Processes 70*, no. 3 (June 1997): 177.

14   Mithu Storoni, "It Pays to Get Angry In a Negotiation—If You Do It Right," Inc., May 11, 2017, https://www.inc.com/mithu-storoni/it-pays-to-get-angry-in-a-negotiation-if-you-do-it-right.html.

15   Alison Wood Brooks & Maurice E. Schweitzer, "Can Nervous Nelly Negotiate? How Anxiety Causes Negotiators to Make Low First Offers, Exit Early, and Earn Less Profit," *Organizational Behavior and Human*

Decision Processes 115, no. 1 (May 2011): 51.

4장 과거의 경험에서 방향을 찾아라

1   Joris Lammers, David Dubois, Derek D. Rucker & Adam D. Galinsky, "Power Gets the Job: Priming Power Improves Interview Outcomes," *Journal of Experimental Social Psychology* 49, no. 4 (July 2013): 778.

2   같은 글.

3   Kimberlyn Leary, Julianna Pillemer & Michael Wheeler, "Negotiating with Emotion," *Harvard Business Review,* January – February 2013, 96, 99, https://hbr.org/2013/01/negotiating-with-emotion.

4   Theresa Amabile & Steven Kramer, *The Progress Principle: Using Small Wins to Ignite Joy, Engagement, and Creativity at Work* (Boston: Harvard Business Review Press, 2011), 69. 한국어판은 윤제원 옮김, 《전진의 법칙: 리더는 무엇을 해야만 하는가》(정혜, 2013).

5   Leary et al., "Negotiating with Emotion."

5장 한 단계씩 나아가라

1   Mei Xu, "Chesapeake Bay Candle: Mei Xu," interview by Guy Raz, *How I Built This,* NPR, March 6, 2017, Audio, 10:16, https://www.npr.org/2017/03/06/518132220/chesapeake-bay-candle-mei-xu.

2   "Chesapeake Bay Candle," Newell Brands, October 10, 2019, https://www.newellbrands.com/ourbrands/chesapeake-bay candle.

3   Brad McRae, *Negotiating and Influencing Skills: The Art of Creating and Claiming Value* (California: SAGE Publications, 1998), 19.

4   같은 책.

5   같은 책.

6   같은 책.

7   같은 책.

8   같은 책.

9   같은 책.

10   같은 책.

11   같은 책.

12   같은 책.

13   같은 책.

14   같은 책.

15   Ayse Birsel, "Your Worst Idea Might Be Your Best Idea," *Inc.,* February
     16, 2017, https://www.inc.com/ayse-birsel/your-worst-idea-might-
     be-your-best-idea.html.

16   같은 책.

17   John Geraci, "Embracing Bad Ideas to Get to Good Ideas," *Harvard
     Business Review,* December 27, 2016, https://hbr.org/2016/12/
     embracing-badideas-to-get-to-good-ideas.

18   "Reverse Thinking: Turning the Problem Upside Down," Post-it, 3M,
     October 6, 2019, https://www.post-it.com/3M/en__US/post-it/
     ideas/articles/reverse-thinking/.

2부 상대방을 파악하기 위한 다섯 가지 질문

1   Ernest Hemingway, "Quotes," Goodreads, October 6, 2019, https://
     www.goodreads.com/quotes/1094622-when-people-talk-listen-
     completely-don-tbe-thinking-what-you-re.

2   같은 글.

3   Will Tumonis, "How Reactive Devaluation Distorts Our Judgment," *Ideation Wiz*, December 17, 2014, https://www.ideationwiz.com/reactive-devaluation/.

4   Ralph G. Nichols & Leonard A. Stevens, "Listening to People," *Harvard Business Review*, September 1957, https://hbr.org/1957/09/listening-to-people.

5   Leigh Thompson, *The Mind and Heart of the Negotiator* (Upper Saddle River, NJ: Pearson/Prentice Hall, 2005), 77.

6   Michael Suk-Young Chwe, *Jane Austen, Game Theorist: Updated Edition* (Princeton, NJ: Princeton University Press, 2013),

7   Sharon Myers, "Empathic Listening: Reports on the Experience of Being Heard," *Journal of Humanistic Psychology* 40, no. 2 (2000): 171.

8   Stephen R. Covey, *The 7 Habits of Highly Effective People: Powerful Lessons in Personal Change* (New York: Simon & Schuster, 1989), 239-40. 한국어판은 김경섭 옮김, 《성공하는 사람들의 7가지 습관》 (김영사, 2017).

9   Allan & Barbara Pease, "The Definitive Book of Body Language," *New York Times*, September 24, 2006, https://www.nytimes.com/2006/09/24/books/chapters/0924-1st-peas.html; Albert Mehrabian: Silent Messages: Implicit Communication of Emotions and Attitudes (Belmont, CA: Wadsworth Publishing Co., 1981).

10   Chwe, *Jane Austen, Game Theorist: Updated Edition*, 17.

11   같은 책.

12   Carol Kinsey Goman, "How to Read Business Body Language Like a Pro-5th Tip," *Forbes*, December 28, 2012, https://www.forbes.com/sites/carolkinseygoman/2012/12/28/how-to-read-business-body-language-like-apro-5th-tip/#54e7b7a463b5.

1   Libby Coleman, "There's a Reason He's the Highest-Ranking Dem in Utah," Ozy, February 20, 2017, https://www.ozy.com/politicsand-power/theres-a-reason-hes-the-highest-ranking-dem-inutah/75784.

2   Lee Davidson, "It's Over. Democrat Ben McAdams Ousts Republican Rep. Mia Love by 694 Votes," *Salt Lake Tribune*, November 21, 2018, https://www.sltrib.com/news/politics/2018/11/20/its-over-democrat-ben/.

3   Coleman, "There's a Reason He's the Highest-Ranking Dem in Utah."

4   같은 글.

5   Jared Page, "Ben McAdams Quiets Critics with Willingness to Listen, Compromise," *Deseret News*, August 12, 2012, https://www.deseretnews.com/article/865560557/Ben-McAdamsquiets-critics-with-willingness-to-listen-compromise.html.

6   Jesse McKinley & Kirk Johnson, "Mormons Tipped Scale in Ban on Gay Marriage," *New York Times*, November 14, 2008, https://www.nytimes.com/2008/11/15/us/politics/15marriage.html.

7   Page, "Ben McAdams Quiets Critics with Willingness to Listen, Compromise."

8   Page; "Buttars Shames LDS Church," Deseret News, January 30, 2006, https://www.deseret.com/2006/1/30/19935132/buttars-shames-lds-church.

9   같은 글.

10 같은 글.

11 같은 글.

12 같은 글.

13 같은 글.

14 같은 글.

15 Alison Wood Brooks & Leslie K. John, "The Surprising Power of Questions," *Harvard Business Review*, May – June 2018, 60, 64, https://hbr.org/2018/05/the-surprising-power-of-questions.

16 Douglas Stone, Bruce Patton & Sheila Heen, *Difficult Conversations* (New York: Penguin Books, 2010), 16 – 20. 한국어판은 김영신 옮김, 《대화의 심리학》(21세기북스, 2003).

17 "Assemblywoman Mila Jasey Named Deputy Speaker of General Assembly," *The Village Green*, September 22, 2016, https://villagegreennj.com/towns/assemblywoman-mila-jasey-named-deputy-speaker-general-assembly/.

18 "NJSBA Applauds End of Unnecessary Superintendent Salary CAP," New Jersey School Boards Association, July 20, 2019, https://www.njsba.org/news-publications/press-releases/njsba-applauds-end-of-unnecessary-superintendent-salary-cap/.

19 Joe Hernandez, "N.J. Considers Eliminating Cap on Superintendent Pay," Whyy, June 10, 2019, https://whyy.org/articles/n-j-considers-eliminatingcap-on-superintendent-pay/.

20 Jolie Kerr, "How to Talk to People, According to Terry Gross," *New York Times*, November 17, 2018, https://www.nytimes.com/2018/11/17/style/self-care/terry-gross-conversation-advice.html.

21 같은 글.

7장 상대방의 욕구를 파악하라

1 Charles Vincent, Magi Young & Angela Phillips, "Why Do People Sue

Doctors? A Study of Patients And Relatives Taking Legal Action," The Lancet 343, no. 8913 (June 1994): 1611 – 13.

2   Katie Shonk, "Principled Negotiation: Focus on Interests to Create Value," Program on Negotiation, Harvard Law School, May 9, 2019, https://www.pon.harvard.edu/daily/negotiation-skills-daily/principled-negotiationfocus-interests-create-value/; Douglas Stone, Bruce Patton & Sheila Heen, *Difficult Conversations* (Penguin Books, 2010), 210 – 216.

3   "Interviewing Skill Development and Practice," *Georgia Division of Family and Children Services,* March 2007, 10, dfcs.dhr.georgia.gov/sites/dfcs.georgia.gov/files/imported/DHR-DFCS/DHR_DFCS-Edu/Files/PG_intermediate%20interviewing_rev03-07.pdf.

8장 상대방의 우려를 먼저 해결하라

1   Caroline Cenzia-Levine, "Stuck in a Negotiation? Five Steps to Take when You Hear No to Your Request," *Forbes,* August 12, 2018, https://www.forbes.com/sites/carolinecenizalevine/2018/08/12/stuck-in-a-negotiation-fivesteps-to-take-when-you-hear-no-to-your-request/#69a7aea2737c.

2   PON Staff, "Negotiating Skills: Learn How to Build Trust at the Negotiation Table," *Program on Negotiation,* Harvard Law School, September 9, 2019, https://www.pon.harvard.edu/daily/dealmaking-daily/dealmaking-negotiationshow-to-build-trust-at-the-bargaining-table/; Ilana Zohar, " 'The Art of Negotiation': Leadership Skills Required for Negotiation in Time of Crisis," *Procedia - Social and Behavioral Sciences* 209 (July 2015): 542.

3   Alison Wood Brooks, "Emotion and the Art of Negotiation," Harvard
     Business Review, December 2015, https://hbr.org/2015/12/emotion-
     andthe-art-of-negotiation?referral=00060.

9장 과거의 성공을 기억하게 하라

1   Paul E. Smaldino & Peter J. Richerson, "The Origins of Options,"
     Frontiers in Neuroscience, April 11, 2012, https://www.frontiersin.org/
     articles/10.3389/fnins.2012.00050/full.

2   같은 글.

3   Joris Lammers, David Dubois, Derek D. Rucker & Adam D. Galinsky,
     "Power Gets the Job: Priming Power Improves Interview Outcomes,"
     Journal of Experimental Social Psychology 49, no. 4 (2013): 778.

4   같은 글.

5   Smaldino & Richerson, "The Origins of Options."

6   Lammers, Dubois, Rucker & Galinsky, "Power Gets the Job: Priming
     Power Improves Interview Outcomes," *Journal of Experimental Social
     Psychology* 49, no. 4 (2013): 778.

7   "Business School Professor Explores the Effects of Power," *Columbia
     News,* June 28, 2013, https://news.columbia.edu/news/business-
     schoolprofessor-explores-effects-power.

8   같은 글.

9   Pamela K. Smith & Yaacov Trope, "You Focus on the Forest When
     You're in Charge of the Trees: Power Priming and Abstract Information
     Processing," *Journal of Personality and Social Psychology* 90, no. 4
     (2006): 580 ("Priming power should function in the same manner
     as actually experiencing it. Like any other concept, power is linked in

memory to a host of characteristics and behavioral tendencies.").

10   Alain P.C.I. Hong & Per J. van der Wijst, "Women in Negotiation:
      Effects of Gender and Power on Negotiation Behavior," *Negotiation
      and Conflict Management Research, International Association for
      Conflict Management* 6, no. 4 (2013): 281.

11   PON Staff, "Power in Negotiation: The Impact on Negotiators and the
      Negotiation Process," *Program on Negotiation, Harvard Law School,*
      July 25, 2019, https://www.pon.harvard.edu/daily/negotiation-skills-
      daily/how-power-affects-negotiators/.

10장 목표를 이루기 위한 단계를 설정하라

1   Meghan Tribe, "Fried Frank Keeps Up Growth, Doubling Partner
      Profits over Five-Year Span," *The American Lawyer,* March 21, 2019,
      https://www.law.com/americanlawyer/2019/03/21/fried-frank-
      keeps-upgrowth-doubling-partner-profits-over-five-year-span/.

2   Leigh McMullan Abramson, "Top Goldman Lawyer Helped Turn
      Around a Struggling Law Firm," *Big Law Business,* July 15, 2016,
      https://biglawbusiness.com/top-goldman-lawyer-helped-turn-
      around-astruggling-law-firm.

3   "The Responsibility Factor, AKA the Partner-Associate Ratio,"
      Chambers Associate, October 10, 2019, https://www.chambers-
      associate.com/law-firms/partner-associate-leverage.

4   "Surveys & Rankings," *The American Lawyer,* October 10, 2019,
      https://www.law.com/americanlawyer/rankings/.

5   ALM Staff, "Which Firms Keep Midlevel Associates Happiest? The
      2019 National Rankings," *The American Lawyer,* August 26, 2019,

https://www.law.com/americanlawyer/2019/08/26/where-are-midlevel-associates-happiest-the-2019-national-rankings/.overall.

6   같은 글.

7   "The 2013 Associate Survey: National Rankings," *The American Lawyer*, September 1, 2013, https://www.law.com/americanlawyer/almID/1202614824184/.

8   Sam Reisman, "Turnover High At Many Firms Despite Greater Pay, Benefits," *Law360*, October 18, 2017, https://www.law360.com/articles/975882/turnover-high-at-many-firms-despite-greater-pay-benefits.

9   Dearbail Jordan, "How to Revive a Law Firm," *The Lawyer*, December 5, 2016, https://www.friedfrank.com/files/PressHighlights/TL%20-%20Feature%20Fried%20Frank%20-%20reprint.pdf

10 같은 글.

11 "The Best Places to Work," *The American Lawyer*, August 24, 2015, https://www.law.com/americanlawyer/almID/1202735469012/.

12 같은 글.

13 MP McQueen, "Survey: Midlevel Associates are Happier Than Ever," *The American Lawyer*, September 1, 2016, https://www.law.com/americanlawyer/almID/1202765213979/Survey-Midlevel-Associates-Are-Happier-Than-Ever/.

14 Tribe, "Fried Frank Keeps Up Growth, Doubling Partner Profits over Five-Year Span."

15 같은 글.

16 Robert Cialdini, "The Six Principles of Successful Workplace Negotiation," Controlled Environments, September 4, 2015.

17 같은 글.

18 Annie McKee, "The 3 Things You Need to Be Happy at Work," *Annie*

McKee, September 5, 2017, www.anniemckee.com/3-things-need-happywork/.

19   Carol S. Dweck, *Mindset: The New Psychology of Success* (New York: Random House, 2006), 7. 한국어판은 김준수 옮김, 《마인드셋: 스탠퍼드 인간 성장 프로젝트》(스몰빅라이프, 2017).

20   Corinne Purtill, "Exactly How Many Bad Ideas Does It Take to Produce a Good One? One Scientist Tried to Find Out," *Quartz,* Aug. 30, 2017, https://qz.com/1062945/thevalue-of-bad-ideas-according-to-a-scientist/.

21   같은 글.

22   같은 글.

23   같은 글.

24   같은 글.

25   같은 글.

26   같은 글.

27   Kelly B. Haskard Zolnierek & M. Robin DiMatteo, Physician Communication and Patient Adherence to Treatment: A Meta-Analysis, *Medical Care* 47, no. 8 (August 2009): 826–834.

28   Dhruv Khullar, "Teaching Doctors the Art of Negotiation," *New York Times,* January 23, 2014, https://well.blogs.nytimes.com/2014/01/23/teaching-doctors-theart-of-negotiation/.

29   같은 글.

30   같은 글.

31   "Strategy 6I: Shared Decisionmaking," *Agency for Healthcare Research and Quality,* October 2017, https://www.ahrq.gov/cahps/quality-improvement/improvement-guide/6-strategies-for-improving/communication/strategy6i-shared-decisionmaking.html#ref8.

32   Zolnierek & DiMatteo; National Business Coalition on Health,

"NBCH Action Brief: Shared Decision Making," Patient-Centered Primary Care Coalition, July 2012, https://www.pcpcc.org/sites/default/files/resources/NBCH_AB_DECISIONMAKING_C.pdf.

33 Elizabeth C. Devine & Thomas D. Cook, "A Meta-Analytic Analysis of Effects of Psychoeducational Interventions on Length of Postsurgical Hospital Stay," *Nursing Research* 32, no. 5 (1983): 267.

34 Brian Fung, "The $289 Billion Cost of Medication Noncompliance, and What to Do About It," *The Atlantic*, September 11, 2012, https://www.theatlantic.com/health/archive/2012/09/the-289-billion-cost-of-medication-noncompliance-and-what-to-doabout-it/262222/.

35 Floyd J. Fowler Jr., Carrie A. Levin & Karen R. Sepucha, "Informing and Involving Patients to Improve the Quality of Medical Decisions," *Health Affairs* 30, no. 4 (2011): 699–700.

36 Annie McKee, *How to Be Happy at Work: The Power of Purpose, Hope, and Friendship* (Boston: Harvard Business Review Press, 2018), 9.

37 Bhali Gill, "Empathy is Crucial to Any Personal or Professional Relationship—Here's How to Cultivate It," *Forbes,* November 17, 2017, https://www.forbes.com/sites/bhaligill/2017/11/17/empathy-is-crucial-to-any-personal-or-professional-relationship-heres-howto-cultivate-it/#73b0f3ae7961; Masoumeh Tehrani-Javan, Sara Pashang & Maryam Mashayekh, "Investigating the Empathy Relationship and Interpersonal Relationships Quality Among Senior Managers," *Journal of Psychology & Behavioral Studies* 4, no. 1 (2016): 17.

38 Sharing Mayo Clinic, "After Back Surgery, Jamie Ruden's on the Court Again and Looking to Help Others," Mayo Clinic, July 31, 2019, https://sharing.mayoclinic.org/2019/07/31/after-back-surgery-jamie-rudens-onthe-court-again-and-looking-to-help-others/.

39 같은 글.

40 같은 글.

41 같은 글.

42 같은 글.

43 같은 글.

44 같은 글.

45 같은 글.

46 같은 글.

47 같은 글.

48 같은 글.

49 Alex Faickney Osborn, *Principles and Procedures of Creative Writing* (New York: Scribner, 1957), 228-229.

50 같은 책.

51 Donald W. Taylor, Paul C. Berry & Clifford H. Block, "Does Group Participation When Using Brainstorming Facilitate or Inhibit Creative Thinking?," *Administrative Science Quarterly 3,* no. 1 (June 1958): 43.

52 Marvin D. Dunnette, John Campbell & Kay Jaastad, "The Effect of Group Participation on Brainstorming Effectiveness for 2 Industrial Samples," *Journal of Applied Psychology* 47, no. 1 (1963): 36-37.

맺음말 협상을 성공적으로 마무리하기 위해

1 Andrea Kupfer Schneider, "Aspirations in Negotiations," *Marquette Law Review* 87, no. 4 (2004): 676.

2 G. Richard Shell, *Bargaining for Advantage: Negotiation Strategies for Reasonable People* (New York: Viking, 1999), 30-34.

3 Roger Fisher, William Ury & Bruce Patton, *Getting to Yes: Negotiating*

Agreement Without Giving In (New York: Houghton Mifflin, 1991), 88. 한국어판은 박영환 · 이성대 옮김, 《Yes를 이끌어내는 협상법》(장락, 2014).

4   Daniel Kahneman, Jack L. Knetsch & Richard H. Thaler, "Experimental Tests of the Endowment Effect and the Coase Theorem," *Journal of Political Economy* 98, no. 6 (Dec. 1990): 1328.

찾아보기

KI신서 9796

원하는 것을 얻는 10가지 질문법

1판 1쇄 인쇄 2021년 9월 3일
1판 1쇄 발행 2021년 9월 10일

지은이 알렉산드라 카터
옮긴이 한재호
펴낸이 김영곤
펴낸곳 (주)북이십일 21세기북스

출판사업부문 이사 정지은
정보개발본부장 이남경
책임편집 이종배 **정보개발팀** 김지영 이종배
해외기획실 최연순
표지디자인 이유나 **본문디자인** 박지영
마케팅1팀 배상현 한경화 김신우 이보라
영업1팀 김수현 최명열
제작팀 이영민 권경민

출판등록 2000년 5월 6일 제406-2003-061호
주소 (10881) 경기도 파주시 회동길 201(문발동)
대표전화 031-955-2100 **팩스** 031-955-2151 **이메일** book21@book21.co.kr

(주)북이십일 경계를 허무는 콘텐츠 리더

21세기북스 채널에서 도서 정보와 다양한 영상자료, 이벤트를 만나세요!

페이스북 facebook.com/jiinpill21   포스트 post.naver.com/21c_editors
인스타그램 instagram.com/jiinpill21   홈페이지 www.book21.com
유튜브 www.youtube.com/book21pub

당신의 인생을 빛내줄 명강의! 〈유니브스타〉
유니브스타는 〈서가명강〉과 〈인생명강〉이 함께합니다.
유튜브, 네이버, 팟캐스트에서 '유니브스타'를 검색해보세요!

ⓒ 알렉산드라 카터, 2021

ISBN 978-89-509-9639-0 03320